EUROPA-FACHBUCHREIHE
Bibliothek der Schulpraxis

ABC der Kurs- und Seminargestaltung

Arbeitskreis Lungershausen

VERLAG EUROPA-LEHRMITTEL · Nourney, Vollmer GmbH & Co.
Düsselberger Straße 23 · 42781 Haan-Gruiten

Europa-Nr.: 77762

Idee, Konzeption und Lektorat:

Helmut Lungershausen

Das vorliegende Buch wurde auf der **Grundlage der neuen amtlichen Rechtschreibregeln** erstellt.

Autoren:

Elke Brunkenhövers, Northeim

Wilfried Kappher, Hannover

Helmut Lungershausen, Hannover

Thomas Mahlau, Göttingen

Gerhard Regenthal, Braunschweig

Michael Szewczyk, Osnabrück

Reinhold Thiel, Trier

Peter Voß, Hildesheim

1. Auflage 2000

Druck 5 4 3 2 1

Alle Drucke derselben Auflage sind parallel einsetzbar, da sie bis auf die Behebung von Druckfehlern untereinander unverändert sind.

ISBN 3-8085-7776-2

Umschlaggestaltung: Michael M. Kappenstein, 60385 Frankfurt a. M.

Satz: Satz+Layout Werkstatt Kluth GmbH, 50374 Erftstadt

Druck: Media-Print, 33100 Paderborn

Inhaltsübersicht 3

aktiv statt passiv
gemeinsam statt einsam
integriert statt isoliert
vernetzt statt linear
kreativ statt reproduktiv
positiv statt negativ
handeln statt reden

Einleitung

Täglich finden Hunderte von Kursen, Seminaren und Fortbildungsveranstaltungen statt. Viele davon rauschen an den Teilnehmerinnen und Teilnehmern vorbei, sie werden schnell vergessen. An einige dieser Veranstaltungen erinnern sich alle, die dabei waren, jedoch gern. Sie waren etwas Besonderes!
Wie gestalten Sie einen Kurs oder ein Seminar, so dass das Ereignis als etwas Besonderes wahrgenommen wird und in den Köpfen der Beteiligten nachhaltig wirkt? Es sind eine ganze Anzahl von Entscheidungen, die unter den Gesichtspunkten von Lehr-Lern-Konzept und Veranstaltungsdramaturgie getroffen werden müssen.
Für alle wichtigen Punkte gibt es Veröffentlichungen, Materialien und Hinweise in großer Zahl. Diese widmen sich jedoch häufig nur ausgewählten Aspekten und gehen auf spezielle Probleme ein, oder sie sind theorielastig und es fehlt ihnen der praktische Bezug. Das war der Ausgangspunkt für das ABC der Kurs- und Seminargestaltung.
Wer kauft sich schon einen Stapel Bücher für die Vorbereitung eines Kurses oder die Planung eines Seminars?
Und wer gewinnt und behält den Überblick für sich allein? Gebündelte Information und Team-Arbeit sind notwendig. Ist es da nicht sinnvoller, den Sachverstand und die Erfahrungen von Menschen zu sammeln, die häufig solche Veranstaltungen erfolgreich durchführen?
Auf dieses Konzept haben sich nach meinem Vorschlag eine Autorin und sechs Autoren[1] eingelassen. Sie alle sind im Bereich der Schule, der freien, gewerkschaftlichen und kirchlichen Bildungsarbeit sowie der Lehrerinnen- und Lehrerfortbildung tätig. Sie beschreiben, was sie selbst tun, geben ihre Erfahrungen und Anregungen aus erster Hand weiter und belegen alle Ausführungen mit praktischen Beispielen, Checklisten, Bildern und Fotos.

Alle Kapitel sind gleich aufgebaut: Auf den rechten Seiten des Buches stehen die Ausführungen als Text, auf der linken Seite werden die Ausführungen illustriert durch Beispiele, Grafiken, Tabellen, Checklisten oder Bilder. Mit einem Pfeil (◁) wird im Text auf die nebenstehende Abbildung Bezug genommen. Dies ist ein Versuch, über die gleichzeitige Ansprache der linken und rechten Gehirnhemisphäre ein verbessertes Wahrnehmen, Verstehen und Verarbeiten zu ermöglichen.[2]
In 26 Kapiteln werden alle wesentlichen Aspekte und Problemkreise für die Planung und Durchführung einer Kurs- oder Seminarveranstaltung behandelt. Das ABC versteht sich als Handbuch für die praktische Hilfestellung. Es sollte zum Suchen von Anregungen und zum Nachschlagen genutzt werden. Querverweise (☞) zeigen Beziehungen auf und fördern ein vernetztes Denken und Planen.
Der breite Seitenrand bietet Ihnen die Möglichkeit, Anmerkungen und Ideen direkt im Buch zu notieren. Zögern Sie nicht, Ihr Exemplar auf diese Weise zu „beleben"!
Die meisten Anregungen, Tips und Ideen sind nicht isoliert in den Köpfen der Autoren entstanden. Sie wurden in der Praxis erfahren oder bei der Lektüre gefunden, aufgenommen, weiterentwickelt und erprobt. Haben Sie deshalb keine Scheu, mit den Vorschlägen in diesem Buch ebenso zu verfahren. Wir wünschen Ihnen dabei viel Erfolg!

Hannover, 1999

Helmut Lungershausen

---

[1] *Vorstellung der Autorin und der Autoren siehe S. 294 f.*

[2] *Vgl. Birkenbihl, V.F.: Stroh im Kopf? Gebrauchsanleitung fürs Gehirn. Speyer, 32. Aufl. 1997;*
Decker, F.: Die neuen Methoden des Lernens und der Veränderung, München und Lichtenau 1996, S. 27 ff.

Inhaltsverzeichnis

Wer nicht weiß, wohin er will, darf sich nicht wundern, wenn er ganz woanders ankommt!

Informationsquellen für Weiterbildungsbedarfsanalysen

- ↲ persönliche Kontakte/Gespräche mit Auftraggebern und Teilnehmern
- ↲ betriebsinterne Berichte
- ↲ Fachzeitschriften
- ↲ Stellenangebote/Stellenanzeigen (regional und überregional)
- ↲ Fachmessen
- ↲ Beobachtung der Konkurrenz (Auswertung ihrer Kursankündigungen und Bildungsprogramme)
- ↲ Teilnehmerbefragung im Anschluss an jeden Kurs

Abb.: A-1

A. Kursziele und Kursplanung

1. Bedarfsermittlung
2. Zielorientierung
3. Kursplanung

1. Bedarfsermittlung

Bildungs- und Weiterbildungsanbieter stehen – aufgrund knapper Ressourcen der öffentlichen Hand und Mittelstreichungen – in einem schärfer werdenden Wettbewerb zwischen privaten, freien sowie öffentlichen Weiterbildungsträgern. Es entwickelt sich in dem Bereich zunehmend marktwirtschaftliches Geschehen, nur die staatliche Lehrerfortbildung mit Monopolstellung tummelt sich noch unangetastet in einer Marktnische. Marktwirtschaftliche Bedingungen und sich verschärfender Wettbewerb zwischen den Anbietern zwingen zu nachfrage- bzw. bedarfsorientierten Kursangeboten, die – in Verbindung mit einer hohen Qualität der Kursdurchführung – den Erfolg der Weiterbildungsanbieter am Markt gewährleisten können (◁ A-1).
Wenn auch schon in der Mitte der 70er Jahre Bundeskanzler Helmut Schmidt prophezeite, dass die Weiterbildung in Zukunft zum Ausgleich von Mängeln in der Erstausbildung, zur Minderung von Risiken im Arbeitsleben und als Voraussetzung für wirtschaftliches Wachstum immer wichtiger werden wird, so fehlen dennoch bis heute wissenschaftliche Weiterbildungsstatistiken und orientierende Ergebnisse der Erwachsenenbildungsforschung. „Für den völlig unsystematischen Markt haben Forschung und Staat bisher keine verbindlichen Qualitätsstandards entwickelt. Lückenhafte Bedarfsermittlung, fehlende strategische Ausrichtung, falsche Planung und mangelhaftes Bildungscontrolling dürften deshalb die betriebliche Weiterbildung trotz aller Professionalisierungsdebatten kennzeichnen.“ (Marc Horch, Viel Lärm um nichts, SZ Nr. 37, 14./15 Febr. 1998).
Zwar haben Betriebe und Organisationen längst erkannt, dass mit der technischen Fortentwicklung gleichzeitig Personal- und Organisationsentwicklung betrieben werden muss, da jede neue Marktstrategie, jede Investition und jede Zielkorrektur eine Qualifikationsanpassung des Personals erfordert, jedoch reicht die klassische Defizitorientierung der Weiterbildung längst nicht mehr aus, um dem strukturellen Wandel in der Arbeitsorganisation gerecht zu werden. Auch im Bereich der Erstausbildung – also in den Schulen – zeigt sich Strukturwandel, der neue Anforderungen an Lehrerfort- und -weiterbildung stellt, ohne dass diese systematisch vorbereitet würden.
Es gibt also eine hohe Notwendigkeit von Weiterbildung bei sich verschärfendem Wettbewerb auf den Weiterbildungsmärkten, ohne dass Grundlagen für

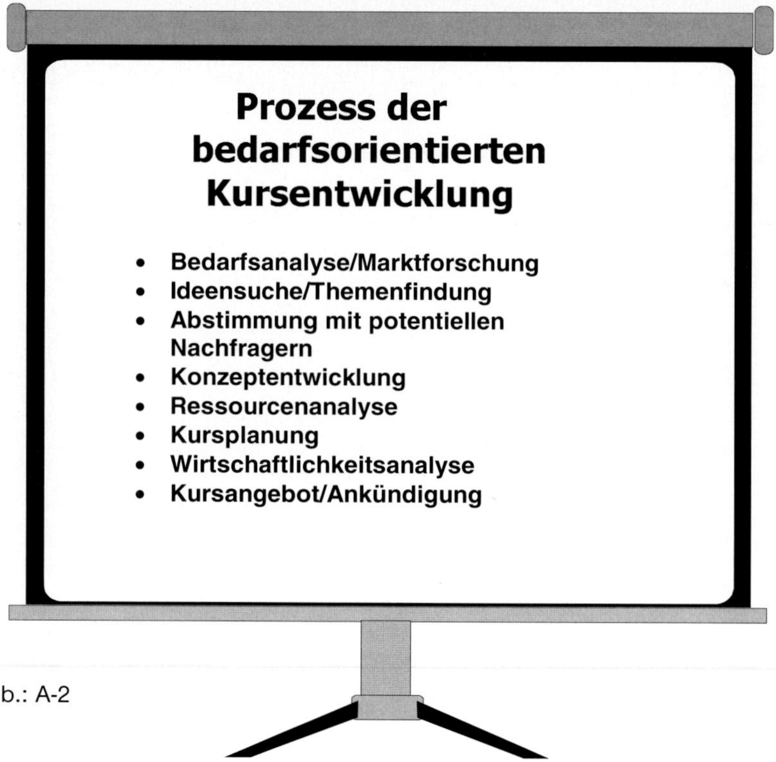
Prozess der
bedarfsorientierten
Kursentwicklung
• Bedarfsanalyse/Marktforschung
• Ideensuche/Themenfindung
• Abstimmung mit potentiellen Nachfragern
• Konzeptentwicklung
• Ressourcenanalyse
• Kursplanung
• Wirtschaftlichkeitsanalyse
• Kursangebot/Ankündigung

Abb.: A-2

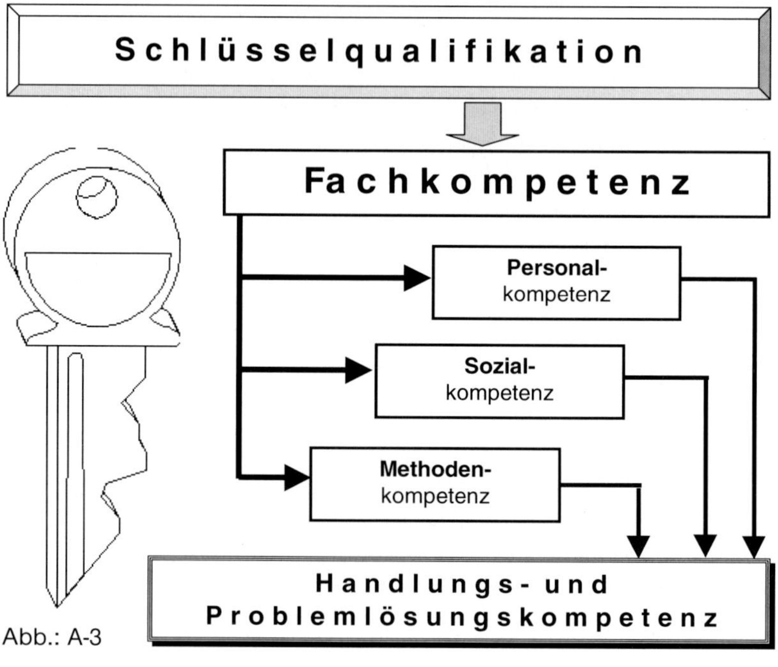
Schlüsselqualifikation
Fachkompetenz
Personal-kompetenz
Sozial-kompetenz
Methoden-kompetenz
Handlungs- und Problemlösungskompetenz

Abb.: A-3

Orientierungen durch eine systematisch betriebene Bedarfsermittlung im Sinne einer Weiterbildungsmarktforschung existieren. Das bedeutet, Anbieter von Weiterbildungsmaßnahmen müssen „das Gras wachsen hören", das „Ohr am Puls der Zeit haben" und selbst Marktbeobachtung betreiben, wenn sie Bildungsangebote entwickeln wollen, die den Markt treffen und deshalb über die Planungs- auch in die Realisierungsphase gelangen können (◁ A 2). Das Prognosedefizit wird geringer, wenn sich die Weiterbildungskonzepte nicht – gleich dem Spiel zwischen Hase und Igel – nur an der Behebung konkreter Kenntnisdefizite orientieren, sondern auch auf die Fähigkeit zur Gestaltung des permanenten Wandels in den Arbeitsprozessen vorbereiten.

2. Zielorientierung

Menschen scheuen Veränderung, halten lieber am Gewohnten fest. Erkennen lässt sich dieses an der verbreiteten Formulierung, mit der neuen Mitarbeitern etwas erklärt wird: „Bei uns machen wir das immer so". Gleichzeitig wissen wir, dass wir am Ende des Zeitalters von Routine und Wiederholung stehen.
Deshalb ist zum Ziel von Bildungs- bzw. Weiterbildungsarbeit der selbstreflexive und seinen Weiterbildungsprozess selbst steuernde Lernende geworden, dessen permanente persönliche Kompetenzentfaltung den kontinuierlichen Verbesserungsprozess betrieblicher oder schulischer Entwicklungen trägt und mit Intelligenz versieht.
Der konzeptionellen Gestaltung von Fort- und Weiterbildung kommt dabei auch die Funktion zu, die Kluft zwischen traditionell geprägter Lernerwartung der Teilnehmerinnen und Teilnehmer und neuen Lernanforderungen zu schließen. Mit dem Ansatz der Vermittlung und Entfaltung von „Schlüsselqualifikationen" in den Bereichen der Sozial-, Personal- und Methodenkompetenz (◁ A-3) kann eine Lernkultur geschaffen werden, in der Menschen die Eigeninitiative und Selbsttätigkeit bei der Durchführung ihrer Weiterbildungsprozesse zeigen und üben dürfen, die man an den Arbeitsplätzen inzwischen selbstverständlich von ihnen erwartet, ohne dass sie vermittelt wurde. Entwickelt werden solche personalen, sozialen und methodischen Kompetenzen in Verbindung mit Fachwissen und können zusammen mit diesem erworben werden. Sie weisen jedoch gleichzeitig über die engen Grenzen rasch überholter Sachkenntnisse und Fachkompetenz hinaus und ermöglichen dem selbstständigen Lerner zusammen mit der Entfaltung der Methoden-, Personal- und Sozialkompetenz auch sein persönliches Fachwissen, seine eigene Sachkompetenz kontinuierlich und prozessorientiert weiterzuentwickeln. So können Mitarbeiter und Mitarbeiterinnen zu permanenter Kompetenzentfaltung gelangen, die ihrerseits die notwendigen kontinuierlichen Verbesserungsprozesse betrieblicher, behördlicher und schuli-

Zielsuche
Zielformulierung und -konkretisierung
Rangfolge der Ziele bestimmen
Prüfung der Realisierbarkeit vornehmen
Umsetzung in der Planung
Entscheidung / Selektion
Verwirklichung / Kursdurchführung
Überprüfung / Evaluation

Abb.: A-4

scher Entwicklungen trägt. Wenn die Vorbereitung auf die Gestaltung von Veränderungen und Wandel in den Arbeitsprozessen allgemeine Zielorientierung von markt- und nachfrageorientierten Weiterbildungsmaßnahmen ist, so muss die Kursplanung auf ganzheitliche Lernprozesse und teilnehmeraktive Methoden ausgerichtet sein. Allerdings können umfassende Kompetenzen nicht in Crash-Kursen 'mal eben so' vermittelt und erreicht werden, sondern nur in lebendigen Lernkulturen durch erfahrungsbezogenes, ganzheitliches und selbstaktives Lernen wachsen (☞ E. Lernformen und Arbeitsmethoden).

Weiterbildung wird auch zukünftig auf den Ebenen von konkreten Kenntnissen und Fähigkeiten, von Fachwissen und Handlungswissen Anpassungsqualifizierung leisten, doch wird sie diese stärker in Prozessen selbstgesteuerten Lernens entfalten müssen, um personale, soziale und methodische Kompetenzen zu fördern.

Neben der grundsätzlichen Orientierung von Kursplanung und -durchführung an der Vermittlung von Schlüsselqualifikationen sollten auf der Ebene darunter konkrete Kursziele realistisch gesteckt und hinreichend präzisiert sein (◁ A-4), um einen Ausschnitt des Lernprozesses genauer evaluieren zu können (☞ Z. Evaluation und Rückmeldung). Die Realisierbarkeit von Kurszielen lässt sich nach Decker mit folgenden Fragen prüfen:

- *Lassen sich die Ziele im Rahmen des gesetzten Zeitrahmens und unter Zugrundelegung der zu beschaffenden Ressourcen realisieren?*
- *Reichen das Leistungspotenzial, die Zahl der Mitarbeiter, deren Qualifizierung und das organisatorische Potenzial, um die Ziele zeitgerecht zu realisieren?*

Planungsdaten

- Θ Kundendatei (Nachfrager nach Weiterbildungsangeboten)
- Θ Seminarraumdatei/Bildungshäuser
- Θ Referenten- und Dozentendatei (mit Themenschwerpunkten)
- Θ Medien- und Materialdatei
- Θ Konkurrentendatei
- Θ Teilnehmerdatei

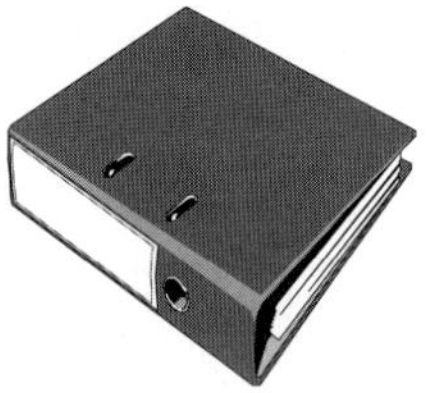

Abb.: A-5

3. Kursplanung

In der Planung von Kursen und Weiterbildungsseminaren sollte an die Interessen, das Vorwissen und an die beruflichen Erfahrungen der Teilnehmerinnen und Teilnehmer angeknüpft werden, um eine reflektierte Vertiefung, Erweiterung oder Veränderung bisheriger Qualifizierungen im Sinne zunehmend selbstorganisierter Kompetenzentwicklung zu ermöglichen. Um dieses aber zu können, müssen Informationen darüber vorliegen. Ist der Teilnehmerkreis bekannt, so können Informationen über Vorwissen, Interessen und Kenntnisstand vorab erhoben oder erfragt werden. Ist dieses nicht der Fall, so sollte diese Informationslücke zu Beginn des Kurses geschlossen werden, was in jedem Fall eine Planung unter Unsicherheit bedeutet. Den Teilnehmerinnen und Teilnehmern muss der Sinn der Lernangebote deutlich werden, sie sind nach Möglichkeit an der Kursplanung und Auswertung zu beteiligen und mit geeigneten Lernformen zur Selbsttätigkeit zu führen.
Kursplanung als systematisch-methodischer Vorgang auf der Basis von konkreten Planungsdaten (◁ A-5) bezieht sich auf die Ebenen der notwendigen oder gewünschten organisatorischen Voraussetzungen incl. technischer Ausstattung von Haus und Räumen (☞ G. Haus und Räume, (☞ H. Einrichtung und Medien), auf Kursinhalte und Arbeitsweisen. Die Planung hat also das Kursprogramm (☞ F. Ankündigung und Programm) zum Ergebnis und trifft Entscheidungen über das Leitungsteam und seine Aufgabenverteilung im Kurs (☞ D. Kursleitung und Seminarregie). Die Entscheidungen auf den genannten Ebenen müssen so zusammengefügt werden, dass am Ende der Planungsphase eine Lösung steht, die reif für die Realisierung und Durchführung des Kurses ist.

EB

LITERATUR

Arnold, R.: *Weiterbildung: Didaktische Grundlagen, 1996.*
Decker, F.: *Bildungsmanagement für eine neue Praxis, Lichtenau 1995.*

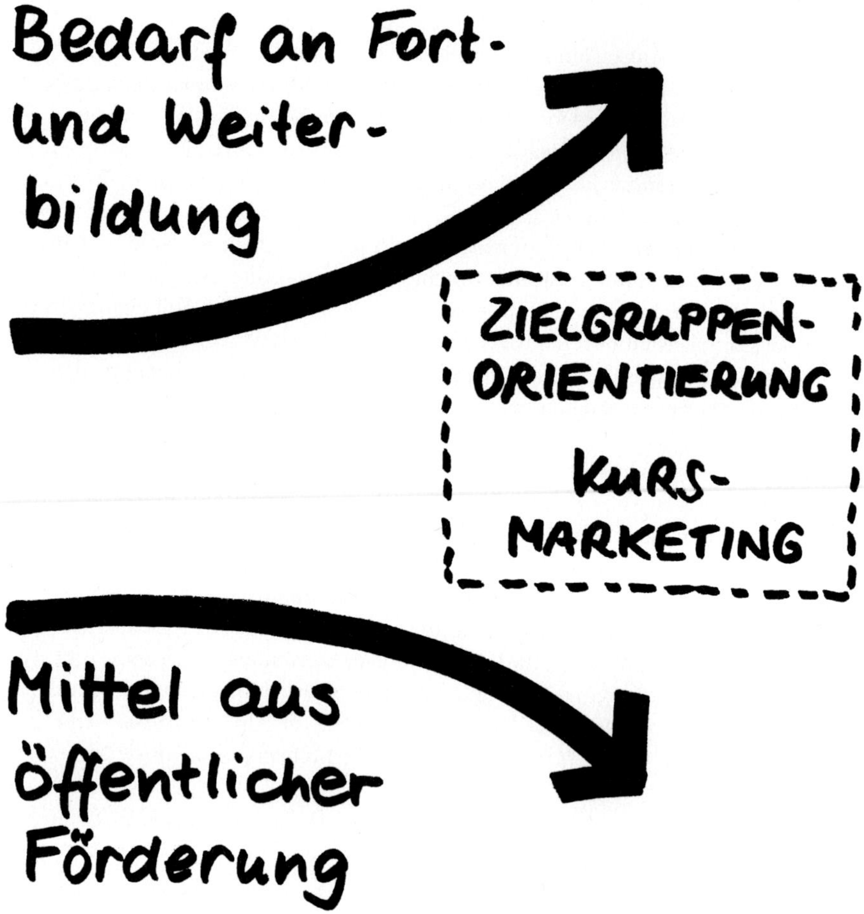
Bedarf an Fort- und Weiterbildung
ZIELGRUPPEN-ORIENTIERUNG
KURS-MARKETING
Mittel aus öffentlicher Förderung

Abb.: B-1

B. Zielgruppen und Kursmarketing

1. Argumente für ein Kursmarketing

Das jährliche Umsatzvolumen der Bildungsaktivitäten in der Bundesrepublik wird auf ca. 9 Milliarden Deutsche Mark geschätzt. Abteilungen der betrieblichen Weiterbildung werden immer häufiger aus Firmen ausgegliedert (Outsourcing). Die Anzahl privater Bildungsanbieter in Form von kleinen Firmen, freiberuflich tätigen Dozenten/-innen oder Trainern/-innen oder als Franchise-Unternehmen steigt stetig. Welche Seminarthemen mit öffentlicher Förderung durch Bund oder Länder realisiert werden dürfen, ist in der Diskussion, und die Mittel hierfür werden tendenziell immer stärker gekürzt.
Das quantitative Angebot an Bildungsangeboten wird hierdurch nicht unbedingt reduziert, die Zugänge zu den Angeboten werden aber neu geregelt. Der Anpassungsdruck durch einen angespannten Arbeitsmarkt und eine zunehmende Einsicht in die Notwendigkeit eines sog. lebenslangen Lernens aufgrund eines raschen technischen und sozialen Wandels führt immer häufiger dazu, dass Fortbildungswillige selbst Ausschau nach Angeboten halten, die ihnen für ihre Zielsetzungen als nützlich erscheinen (◁ Abb. B-1).
Immer häufiger setzt sich auch die Überzeugung durch, dass es durchaus hilfreich sein kann, Bildungsangebote von ‚externen' bzw. neuen Bildungsanbietern durchführen zu lassen. Insbesondere in Phasen der Neustrukturierung der öffentlichen Verwaltungen und der Suche nach neuen Rollen- und Selbstverständnissen in unterschiedlichen Berufsgruppen wird dies als sinnvoll empfunden.
In dieser Ausdifferenzierungs- und Umstrukturierungsphase des Bildungsmarktes wird auch die Frage „Was darf Bildung kosten?" immer stärker diskutiert. Dies gilt sowohl für Politiker, Bildungsanbieter als auch die potenziellen Teilnehmerinnen und Teilnehmer von Bildungsangeboten.
Bei knapper werdenden Mitteln sowohl auf Seiten der Bildungsanbieter wie auch der Nachfrager von Bildungsangeboten wird es immer notwendiger, das tatsächliche und das mögliche Bildungsangebot bekannt zu machen und hierbei die Möglichkeiten der Kundengewinnung und -bindung zu nutzen, die für das produzierende Gewerbe oder auch für andere Dienstleistungsanbieter längst zum Alltag gehören.

Argumente für ein Kursmarketing

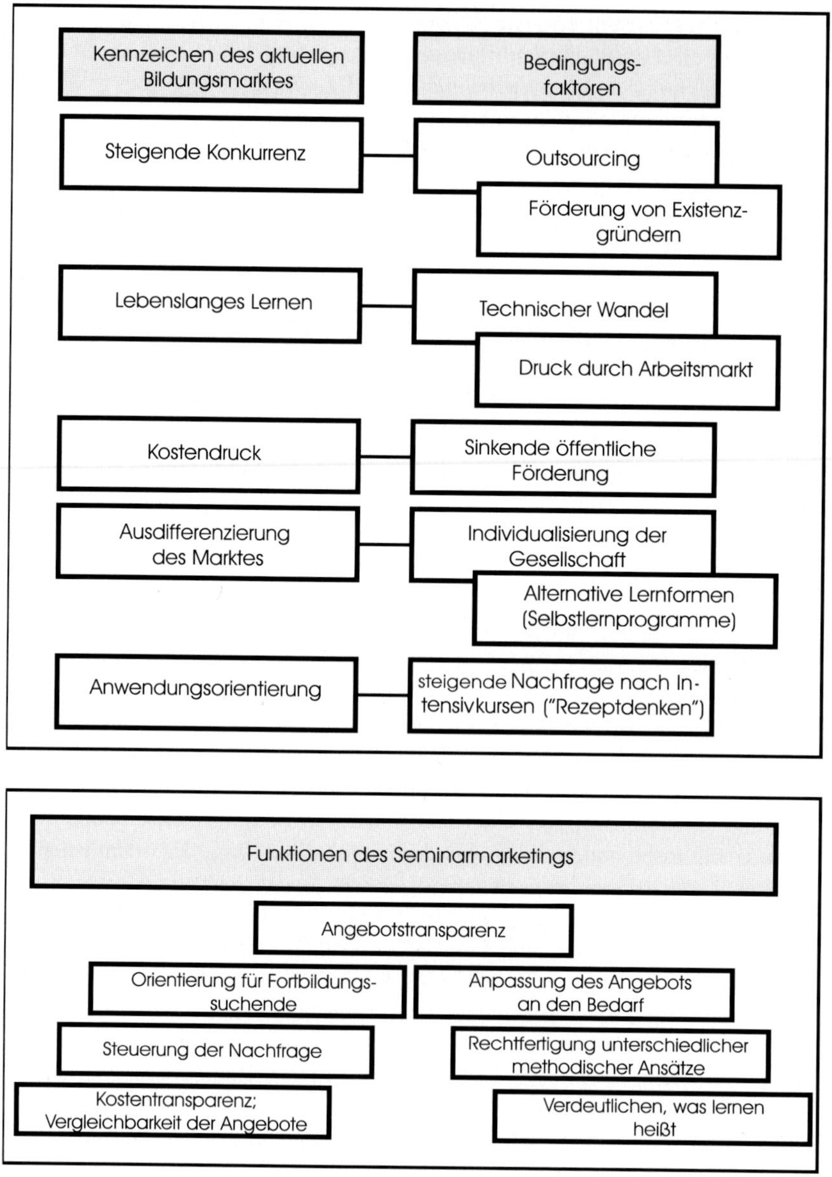

Abb.: B-2

Hinzu kommt, dass die Zuordnung zu bestimmten Bildungsanbietern aufgrund der Zugehörigkeit zu einer Partei, Gewerkschaft, Religion oder Berufsgruppe wegen der individualisierenden Ausdifferenzierungsprozesse nicht mehr selbstverständlich ist und die Auswege aus den institutionellen Problemlagen immer häufiger gerade bei berufsgruppenfremden Bildungs- oder Beratungsanbietern gesucht werden.
Nicht zuletzt tragen zahlreiche Konkurrenzprodukte in Form von Selbstlernprogrammen oder virtuellen Bildungseinrichtungen z. B. im Internet dazu bei, dass die traditionellen Bildungsanbieter unter eine Art Legitimationszwang geraten. Sie müssen immer stärker deutlich machen, warum Lernen in Gruppen in einer Seminarsituation immer noch der angemessene Weg ist, um Wissen und Kompetenz zu erweitern (☞ U. Multimedia und computergestütztes Lernen).
Als letztes hier aufzuführendes Argument für eine Marketingplanung sei noch der Hinweis erlaubt, dass die Nachfrage nach kurzfristigen Intensivkursen ständig steigt. Die hiermit verbundene tendenziell erhöhte Anzahl von anzubietenden Einzelseminaren macht das gesamte Bildungsangebot unübersichtlicher. Instrumente zur Orientierung im Angebotsdschungel werden also notwendig. Eine transparente Zielgruppendefinition kanalisiert hier die Interessen von Teilnehmerinnen und Teilnehmern in nicht zu unterschätzender Weise (◁ Abb. B-2).

2. Gegenstand eines Marketingplanes

Mit den Instrumenten des Marketings bzw. der Öffentlichkeitsarbeit wird wesentlich mehr transportiert als nur die Seminarthemen mit inhaltlichen Stichpunkten, Kosten, Terminen und Veranstaltungsorten:

- Die potenziellen Kunden machen sich ein Bild vom Bildungsanbieter. Es wird ein bewusster oder unbewusster Zusammenhang zwischen dem Ausschreibungslayout und den angebotenen Inhalten hergestellt, und es werden Rückschlüsse gezogen auf die Professionalität der Bildungsangebote aufgrund der Zielgruppenbeschreibung und einer Klärung der erforderlichen Vorkenntnisse als Voraussetzung für eine erfolgreiche Seminarteilnahme (☞ F. Ankündigung und Programm).
- Aus den Seminarankündigungen werden Anzeichen für die in der Zukunft notwendigen Qualifikationen herausgelesen.

Beantworten Sie diese Fragen zu Ihrem Marketingplan

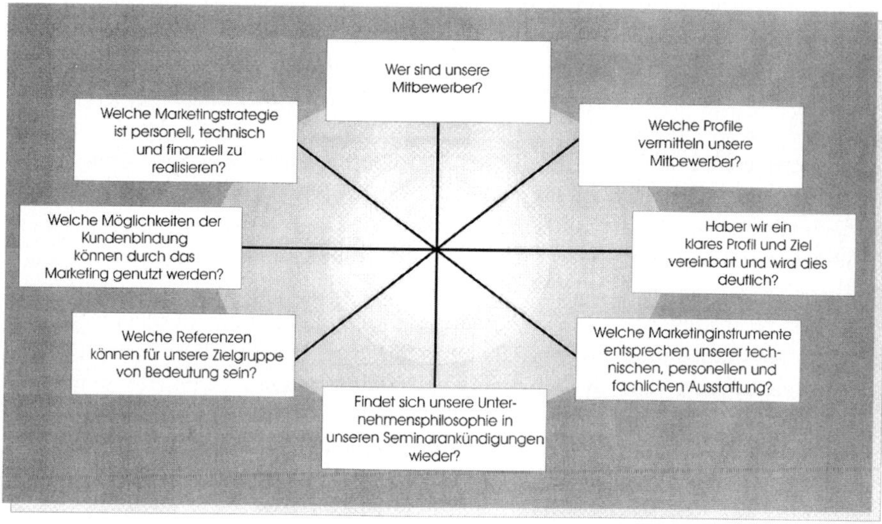

Abb.: B-3

Welches Bild vermittelt Ihr Marketingkonzept?

Bild	Charakteristik	Beispiele
Wir sind die Experten für bestimmte Themen/Zielgruppen	Thematische Selbstbeschränkung und Spezialisierung	Kommunikationstraining; Netzwerklösungen
Wir sind für alle da und können alles bedienen	Angebotsbreite; Flexibilität; "Gemischtwarenhändler"	Vom Töpferkurs bis zur Supervision zu günstigen Preisen
Wir sind für SIE als Einzelperson da	Individualität; hohe Anpassungsfähigkeit	Kleine Gruppen; Einzelunterricht; Fragebogen zur individuellen Bedarfsermittlung
Wir sind professionell	Gute Ausstattung; Erfahrung; anerkannte Abschlüsse	Microsoft Solution Partner; Trainer sind zertifiziert
Wir bieten praxisorientierte Bildung an	Praktiker als Dozenten; Anspruch der Übertragbarkeit	Streetworker als Dozent für Sozialpädagogen; Erfahrungen werden ausgetauscht, Methoden kopiert
Wir sind zukunftsorientiert	Aktuelle Themen; Antizipation zukünftiger Entwicklungen; Sicherheit	Technische Themen; Verhaltenstrainings mit sichtbaren kurzfristigen Resultaten (z. B. NLP)

Abb.: B-4

Beantworten Sie die Fragen aus ◁ Abb. B-3, um Ihren Marketingplan zu erstellen.
Beispiele für das Bild, welches Sie über Ihre Marketingstrategie vermitteln, finden Sie in der ◁ Abb. B-4.

3. Ausgewählte Marketinginstrumente im Überblick

Möglichkeiten sind:
Halbjahres- oder Jahresprogramme
Die Vorteile derartiger Programmhefte:

- Interessierte erhalten eine Gesamtübersicht über das Angebotsspektrum. Nutzen Sie hier die zahlreichen Möglichkeiten zur Darstellung Ihrer Unternehmens- bzw. Organisationsphilosophie und Ihrer Instrumente zur Qualitätssicherung des Bildungsangebotes.
- Derartige Programme können bei zielgerichteter Aufgaben angemessener Arbeitsweise die Kräfte Ihrer Mitarbeiter konzentrieren und haben dadurch auch positive Auswirkungen für die Teilnehmer/-innengewinnung.
- Die Kosten halten sich in Grenzen. Arbeitsorganisatorisch kommt es zwar zu Belastungsspitzen während der Verteilung des Programms, vorteilhaft ist danach aber der eindeutige Bezug auf die Programmhefte. Informationsbrüche bei neu angebotenen Seminaren können hier vermieden werden. Das wirkt sich positiv während der Nachfragen der Fortbildungsinteressierten hinsichtlich des Außenbildes aus.

Die Nachteile können folgendermaßen umschrieben werden:

- Langfristige Planungen sind relativ unflexibel. Zwar kann in den Programmheften auf Zusatzangebote hingewiesen werden; diese werden aber leicht als Anhängsel empfunden.
- Kurzfristige Veränderungen hinsichtlich der Qualifizierungsnotwendigkeiten werden häufig nur halbherzig öffentlichkeitswirksam angeboten, da ja das zentrale Programm den wesentlichen Bezugspunkt der Arbeit darstellt, das Marketingbudget hierfür ausgeschöpft wurde und mit der Festlegung auf dieses Programm die Umsetzung der hier angebotenen Seminare Vorrang hat.
- Wiederholtes Ausfallen von Seminaren aufgrund mangelnder Teilnehmer/Innenzahl z. B. reduziert die Glaubwürdigkeit des Seminarangebotes. Dezentrale, zielgruppenspezifische und relativ kurzfristig aufgelegte Seminarangebote bergen diese Gefahr nicht in dem Maße.

Vor- und Nachteile ausgewählter Marketinginstrumente

Angebote für mehrere Veranstaltungen
mit Faltblättern, Anzeigen in Zeitungen, Fachzeitschriften

+	-
Konzentriert die Kräfte auf einen überschaubaren Zeitraum mit einer klaren Zielgruppe. Geringe Gefahr der Verzettelung. Bei kreativer Umsetzung recht wirksam.	Geringe Anpassbarkeit hinsichtlich kurzfristiger Angebote. Bedarf muss im Voraus abgeschätzt werden; dadurch Ausfallquote (20 - 30%).

Einzelausschreibungen
mit Faltblättern, Anzeigen in Zeitungen, Fachzeitschriften

+	-
Geeignet für Seminare mit speziellen Themen, Methoden oder zur Unterstützung des Gesamtangebotes. Möglichkeit kurzfristig auf konkrete Anfragen zu reagieren.	Hohe Anforderungen an arbeitsorganisatorische, personelle und finanzielle Ressourcen. Geschlossenheit des Angebotes wird nicht deutlich. Teuer.

Telefonmarketing
Als Instrument zur Kundengewinnung und -bindung

+	-
Bietet gute Möglichkeiten der Vermittlung des Arbeitsansatzes des Anbieters, seiner Flexibilität, Professionalität und Nachfrageorientierung.	Erfordert Personal, das hierfür ausgebildet sein muss. Ein "langer Atem" ist notwendig. Diese Form der technikvermittelten Kommunikation ist für viele ungewohnt.

Abb.: B-5

Möglichkeiten der Kundenbindung

Qualitätssicherung	*Betreuung*	*Beratung*	*Preisdifferenzierung*	*Flankierende Dienstleistungen*
● Teilnehmer/-innenurteile ernst nehmen und geeignete Möglichkeiten der *Seminarauswertung* anbieten. ● Passen Sie Ihr Angebot in personeller und materialer Hinsicht den Anforderungen der Teilnehmer/-innen an. ● Dokumentieren Sie Vorbereitung und Verlauf des Seminars.	● Regelmäßige Information über neue Angebote. ● Werten Sie Seminarwünsche der Teilnehmer/-innen aus. ● Unterstützen Sie Teilnehmer/-innen bei der Suche von Übernachtungsmöglichkeiten. ● Mit der Anmeldebestätigung wird eine Anfahrtskizze verschickt. ● Beantworten Sie Anfragen von Teilnehmer/-innen schnell und unbürokratisch.	● Beratungsangebote zur Ermittlung des individuellen Fortbildungsbedarfs. Arbeiten Sie mit Fragebögen oder Einstufungstests, um Vorkenntnisse zu ermitteln. ● Angebote von Veranstaltungsreihen, die ein fortgesetztes Lernen in einer stabilen Gruppe ermöglichen und Möglichkeiten der flexiblen Reaktion auf spezielle Fragen eröffnen.	● Preisnachlässe für Stammkunden. ● Gutscheine für Veranstaltungen, die von Angehörigen verschenkt werden können. ● Angebot von kostenlosen Veranstaltungsformen: Arbeitskreise, Präsentationen, stellvertretende Informationssammlung und -aufbereitung für bestimmte Gruppen (z. B. CEBIT-Neuheiten für Pflegedienste).	● Ein EDV-Trainer z. B. vermittelt günstige Einkaufsmöglichkeiten für Hardware. ● Ein Bildungsträger bietet Reisen zum Selbstkostenpreis an, die mit oder ohne Bildungsinhalte einen engeren Kontakt zu potenziellen Kunden herstellen können.

Abb.: B-6

Weitere Marketinginstrumente finden Sie in ◁ Abb. B-5.
Überlegen Sie insbesondere, welche Möglichkeiten der **Kundenbindung** Sie nutzen können (Beispiele ◁ Abb. B-6).

4. Seminarangebote im Internet

Eine Präsentation des Bildungsanbieters im Internet wird in immer mehr Firmen und Einrichtungen des Bildungsmarktes zumindest diskutiert, wenn diese nicht bereits realisiert wurde.
Das Internet ist als ergänzendes Marketinginstrument innerhalb eines vielschichtigen Marketingmixes durchaus geeignet. Relativ aufwendig und in der Regel recht kostspielig ist die Realisierung eines Anmeldeverfahrens direkt über das Internet. Hinzu kommt die Tatsache, dass längst nicht alle potenziellen Kunden über einen Internetzugang verfügen und viele nach wie vor Berührungsängste gegenüber dieser zukunftsweisenden Technologie haben.
All diesen Einwänden zum Trotz bietet das Internet aber dennoch die Möglichkeit, neue Wege der Kundenbindung und -information zu beschreiten und dies weit über die regionalen Grenzen hinaus. Auf lange Sicht gesehen ist das Internet kostengünstiger als so manches Printmedium und bietet umfangreichere relativ leicht zu realisierende Möglichkeiten des anspruchsvollen Layouts.
Von besonderer Bedeutung hinsichtlich der Kundenbindung ist die Tatsache, dass über dieses Medium der Kunde zum Anbieter kommt und nicht umgekehrt.

5. Werbung durch zufriedene Teilnehmer

Zahlreiche insbesondere kleine Bildungsanbieter favorisieren die Werbung über zufriedene Teilnehmer. Diese „Mund-zu-Mund-Propaganda" ist zweifellos zeitweise ausgesprochen wirkungsvoll und vor allem sehr kostengünstig. Insbesondere in ländlichen Regionen sind diese Mechanismen nicht zu unterschätzen. Deutlich sein muss bei einer Favorisierung eines derartigen Ansatzes allerdings: Die Anzahl der Kunden ist grundsätzlich begrenzt durch die persönlichen Kontakte zu den Teilnehmern und der ehemaligen Teilnehmer zu den potenziellen.

Teilnehmer/-innen beurteilen nach ...

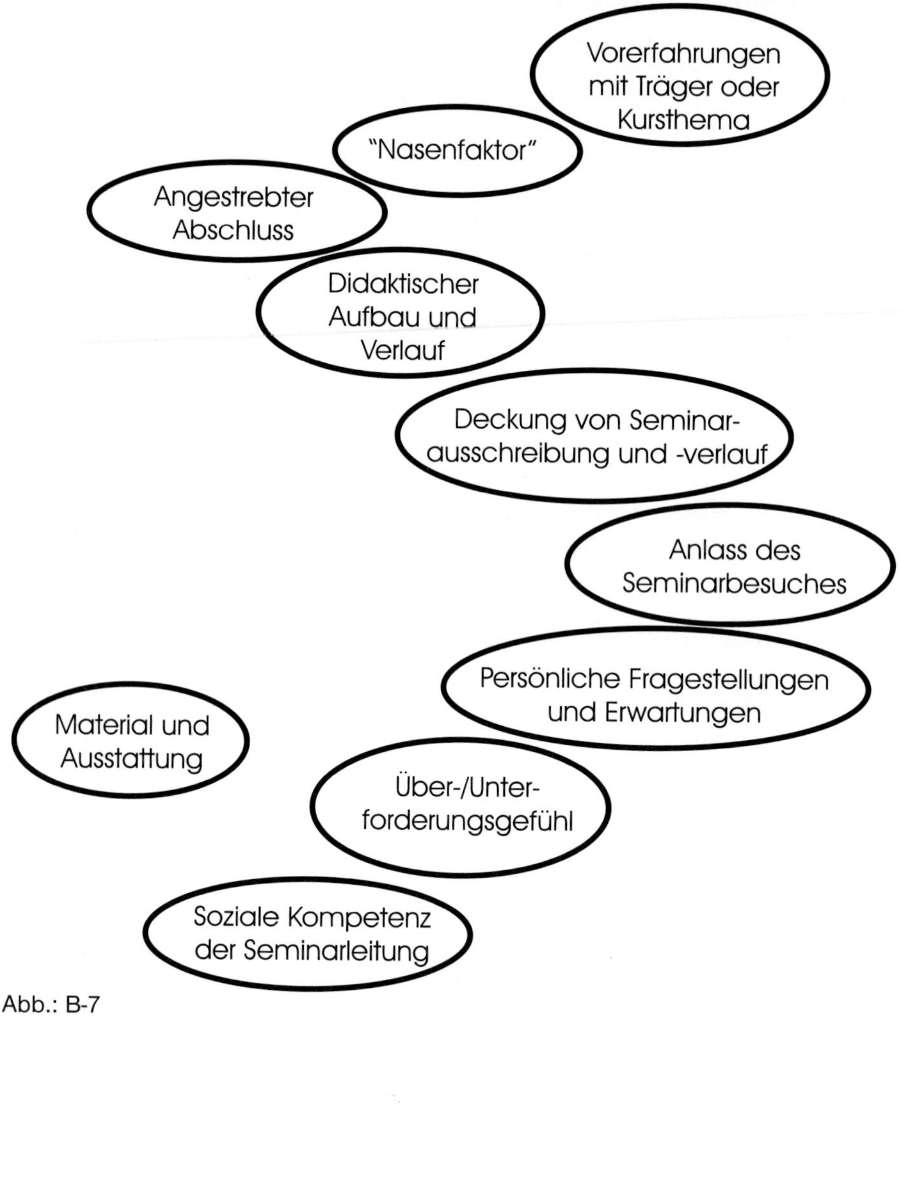

Abb.: B-7

Eine hohe Abhängigkeit von der Einschätzung des Seminarerfolges durch die Teilnehmer ist die Folge. Inwieweit Teilnehmer eine fundierte Entscheidung über den Erfolg oder Misserfolg eines Seminars in fachlicher und methodischer Hinsicht zu treffen in der Lage sind, ist eine ebenso spannende wie kontrovers diskutierte Frage. Fest steht aber auf jeden Fall, dass die hohe Abhängigkeit von der Zufriedenheit der Teilnehmer von den Dozenten ein hohes Maß an Selbstreflexion, Methodensicherheit und Zielklarheit erfordert, um nicht zum Spielball der Teilnehmer zu werden.
Zeitweise geraten Bildungsanbieter, die ausschließlich auf dieser Basis ihre Teilnehmer rekrutieren, in derartig große Abhängigkeiten, dass die Inhalte quasi von den Teilnehmern diktiert werden, alternative und z. T. zukunftsweisende Fortbildungsinhalte nicht einmal mehr angedacht oder angeboten werden. Häufig wird dann auch der Wert von Qualifizierungsinhalten mit einer guten persönlichen Beziehung zum Bildungsanbieter verwechselt (◁ Abb. B-7).
Ausgesprochen vernichtend wirkt sich dieses Konzept aus, wenn es zu Konflikten zwischen Bildungsanbieter und Teilnehmergruppen bzw. deren Wortführern kommt und diese nicht aufgearbeitet werden können.
Bei aller Teilnehmerorientierung sind Freiräume zur inhaltlichen Selbstbestimmung der Bildungsträger auch in der Erwachsenenbildung zu erhalten.
Im sich ausdifferenzierenden Bildungsmarkt wird die Zukunft vieler Anbieter von der Schaffung von Zugängen zu ihren Bildungsangeboten durch geeignete und kreative Marketinginstrumente abhängen. Die Zielgruppenbestimmung bildet hierbei nur eine Spielart, dem potenziellen Kunden eine Orientierungshilfe anzubieten. **TM**

Der Spannungsbogen
eines Kurses oder einer Seminarveranstaltung

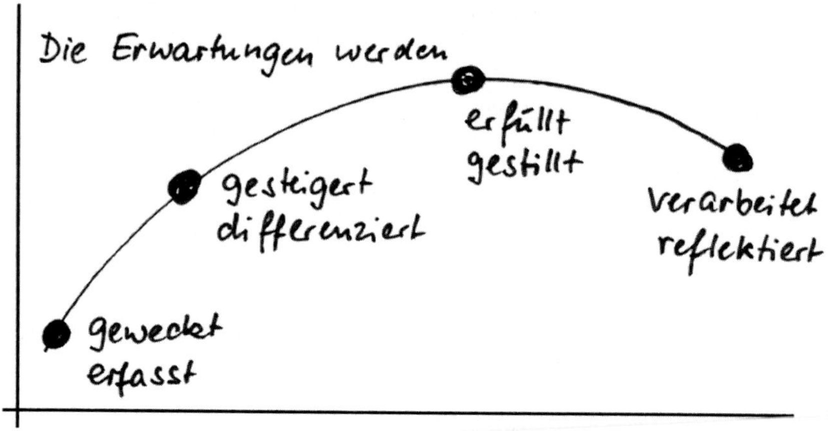

Abb.: C-1

Der Fünferschritt als Planungsraster

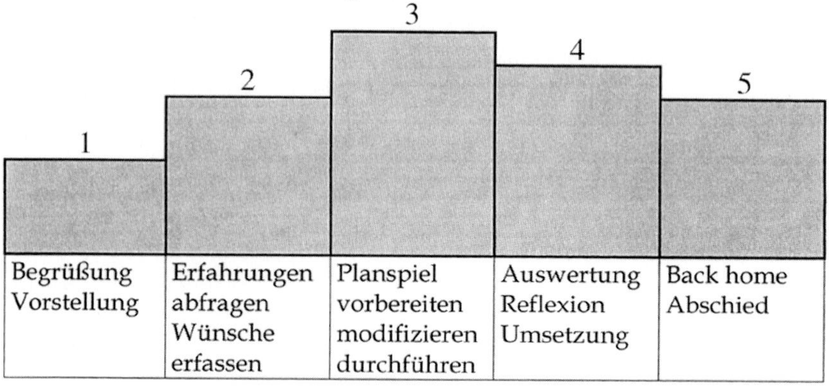

Abb.: C-2

C. Dramaturgie und Ablauf

1. Was Dramaturgie ausmacht
2. Für einen markanten Einstieg sorgen
3. Bedürfnisse und Anregungen berücksichtigen
4. Für Abwechslung sorgen
5. „Highlights“ bewusst setzen
6. Entspannungs- und Freizeitangebote machen
7. Pufferzeiten einplanen
8. Seminardisziplin wahren
9. Zu einem guten Ende führen

1. Was Dramaturgie ausmacht

Jede Kurs- oder Seminarveranstaltung erfordert eine Dramaturgie, die durch Zeitablauf und Reihenfolge von Lern- und Arbeitsformen sowie Entspannungsphasen und Pausen bestimmt wird. Fehler in der Dramaturgie einer Veranstaltung lassen sich nicht so einfach wie ein inhaltlicher Fehler korrigieren. Dramaturgische Entscheidungen wirken auf Erwartungen, Gefühle und Wertungen und beeinflussen das Urteil über eine Veranstaltung in hohem Maße. Ein anschaulicher Begriff für das, was mit Dramaturgie bezeichnet wird, ist der **„Spannungsbogen“**, den es vom Anfang bis zum Ende einer Veranstaltung zu schlagen gilt. Bei der griechischen Tragödie wird der Spannungsbogen (◁ Abb. C-1) durch die Exposition (Einleitung), Katastrophe (Höhepunkt) und Katharsis (Läuterung) konstruiert. Damit eine Veranstaltung nicht zur Katastrophe wird, muss diese durch ein **„Highlight“** ersetzt werden. Dauert die Veranstaltung mehrere Tage, müssen mehrere Höhepunkte im Programm eingeplant werden. Die Dramaturgie einer Lehrveranstaltung umfasst die Abstimmung folgender Ebenen: Lehrinhalte und Arbeitsformen, Medien und Kommunikation, Reihenfolge und zeitlicher Ablauf.
Für die dramaturgische Gestaltung einer Veranstaltung gibt es keine festen Muster. Jedoch kann man sich (analog zur Rhetorik) an einem **„Dreier-Schritt“** oder einem **„Fünfer-Schritt“** orientieren. Der Dreier-Schritt ist für kürzere Veranstaltungen geeignet und geht aus von Einstieg - Zentralteil mit Höhepunkt - Abschluss. Der Fünfer-Schritt (◁ Abb. C-2) differenziert den zentralen Teil und ist für längere Veranstaltungen anzuwenden. Zunächst sind die drei bzw. fünf Schritte zu planen, anschließend wird überlegt, was in die Übergänge hinein muss bzw. hinein passt. Dabei ist die Berücksichtigung der folgenden Faustregeln (Punkte 2–9) wirkungsvoll. Bei der Planung ist es auf jeden Fall hilfreich, sich den zeitlichen Ablauf der Veranstaltung zu skizzieren und zu unter-

<u>Kursthermometer:</u> persönliche Stimmungslage zu einem best. Zeitpunkt auf einer Skala markieren ➔

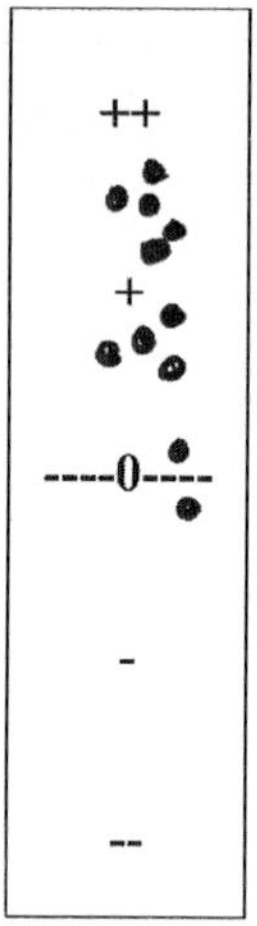

<u>Kursbarometer:</u>
persönlichen Stimmungsverlauf im Zeitraum als Kurve einzeichnen ➔

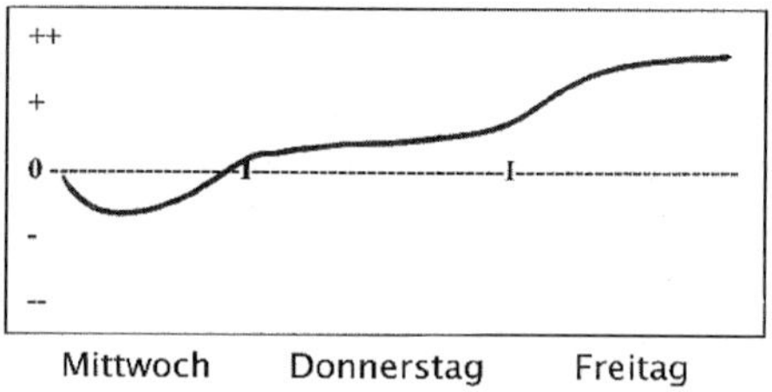

Abb.: C-3

suchen, ob er den dramaturgischen Prinzipien entspricht und ob damit ein Spannungsbogen erzeugt werden kann.

2. Für einen markanten Einstieg sorgen

Das Einstiegsritual ist aus dem Eishockey bekannt. Das Team steckt unmittelbar vor dem Spielbeginn die Köpfe zusammen und stimmt sich mit einem Schrei (Beschwörungsformel) auf das Spiel ein. Ein solcher Einstieg ist sicherlich nicht für jeden Teilnehmerkreis geeignet, das Beispiel macht jedoch deutlich, worauf es ankommt: die Sinne auf die gemeinsame Aufgabe einzustimmen und das Startsignal für eine zielgerichtete Aktivität zu setzen. In den Kapiteln ☞ J (Empfang und Eröffnung) und ☞ K (Warming up und Einstimmung) sind Hinweise zu finden, wie der Beginn eines Kurses oder einer Seminarveranstaltung in diesem Sinne geplant und durchgeführt werden kann.

3. Bedürfnisse und Anregungen berücksichtigen

Wer ein Konzert oder Musical besucht, möchte etwas geboten bekommen, das man konsumieren kann. Teilnehmer an Kurs- und Seminarveranstaltungen kommen mit einer anderen Einstellung. Sie möchten persönlich gewürdigt werden und ihre Meinung zum Programm oder zu den Kursinhalten äußern.

Eine Vorstellung aller Beteiligten ist auf jeden Fall notwendig, wenn sie noch nicht bekannt sind und über einen Zeitraum zusammen arbeiten sollen. Bei Tagesveranstaltungen reicht oft ein Namensschild, für längere Veranstaltungen können Kennenlernspiele kurs- und themenbezogen eingesetzt werden (☞ L. Vorstellung und Kennenlernen).

Seminarkommunkation sollte immer wechselseitig stattfinden. Anregungen, Bedürfnisse und Meinungen aus dem Teilnehmerkreis sind wichtig und müssen Berücksichtigung finden. Entsprechende Äußerungen sind am effektivsten anhand von Moderationsmethoden (☞ P. Referieren und Moderieren) z. B. durch die Kartenabfrage, zu ermitteln. Das gleiche gilt für die Rückmeldung zu bestimmten Kursphasen oder zur gesamten Veranstaltung. Die Meinungen der Teilnehmer ist von großer Bedeutung und kann auf unterschiedliche Weise abgefragt werden.

(◁ Abb. C-3), siehe auch ☞ Z (Evaluation und Rückmeldung).

Wenn Phasen mit ...	dann Abwechslung durch ...
Beanspruchung der L-Gehirnhälfte	Beanspruchung der R-Gehirnhälfte
auditiv ausgerichteten Lernformen	visuell ausgerichtete Lernformen
Kopfarbeit	Körperarbeit
individueller Arbeit	Gruppen- oder Partnerarbeit
Zeitdruck und Stress	Wellness und Entspannung
dichtem Programm	Muße und Pausen
passiv-rezeptivem Lernen	aktiv-produktives Lernen
längerem Sitzen	Bewegung, Gymnastik
Arbeit in Räumen	Aufenthalt im Freien
... und umgekehrt!	

Abb.: C-4

Abb.: C-5

4. Für Abwechslung sorgen

„Man kann über alles reden, nur nicht über zwanzig Minuten!" Diese Faustregel ist den meisten bekannt. Aber auch andere Darbietungsformen und Methoden verschleißen sich schnell, wenn sie zu lange oder zu oft eingesetzt werden. Ständig Gruppenarbeit ist genauso ermüdend wie die schönsten OH-Folien, wenn sie gleich stapelweise präsentiert werden. Im Programm muss deshalb für einen Wechsel gesorgt werden. Das gilt sowohl für die Arbeitsformen selbst wie auch für das Verhältnis von Arbeitszeit, Entspannungsphasen und Pausen. Die Tabelle (◁ Abb. C-4) zeigt, wann, wie und wo Abwechslung nötig und sinnvoll ist.

5. „Highlights" bewusst setzen

An die Höhepunkte der Veranstaltung sollen sich die Teilnehmer noch lange erinnern. Highlights können je nach Kurs oder Seminar ganz unterschiedlich ausfallen: der Auftritt eines Spitzentrainers, eine Nachtwanderung mit Überraschungen, ein rauschendes Kursfest, die Präsentation von Gruppenergebnissen, das mitreißende Referat eines Experten, eine Weinprobe mit Buffet oder der von Teilnehmern bestrittene musikalische Talentschuppen.
Solche Höhepunke (◁ Abb. C-5) gehören nicht in die Eröffnungsphase, denn der Teilnehmerkreis (☞ M. Gruppenarbeit und Gruppenbildung) muss erst eingestimmt und auf diese Programmpunkte vorbereitet werden. Auch das notwendige Gruppengefühl benötigt zu seiner Entwicklung Zeit. Ebenso verhält es sich mit der Abschlussphase. Auch hier haben Höhepunkte keinen Platz mehr, denn die Teilnehmer benötigen noch Gelegenheit, sie in der Gruppe zu reflektieren und zu „verdauen".

6. Entspannungs- und Freizeitangebote machen

Häufig bestehen Programme für Veranstaltungen nur aus einer Auflistung der Arbeitsphasen. Grundsätzlich darf ein Arbeitsprogramm jedoch nicht zu dicht gepackt und zu eng geschnitten sein. Zur Arbeit gehört die Pause wie die Muße zum Lernen. Es ist für die Teilnehmer motivierend, wenn bereits im Programm Pausen ausgewiesen sind und Wellness- oder Freizeitangebote (☞ W. Wellness und Entspannung) gemacht werden. Wenn Sie Bedenken haben, dass ein flotter Bewegungstanz oder eine Fantasiereise bei einigen Teilnehmern nicht ankommen, dann formulieren Sie diese Aktivität als Angebot. Jeder ist dazu aufgefordert, aber keiner **muss** mitmachen. Das ist allerdings wichtig: Wer nicht mitmacht, muss solange den Raum, in dem die anderen aktiv sind, verlassen.

Abb.: C-6

Gemeinsamer Kursabschluss
Freitag 12 – 12:30 Uhr.
Wer am an-/abschließenden Mittagessen
nicht mehr teilnehmen wird, melde sich bitte
bei mir bis 10:00 Uhr ab!

Helmut

Abb.: C-7

7. Pufferzeiten einplanen

Alle Programmpunkte, bei denen die Teilnehmer aktiv werden sollen (z. B. Gruppenarbeit), dürfen nicht zu knapp geplant werden. Sie dauern in der Regel 25 % länger, als zunächst vermutet wird. Auch wenn dies berücksichtigt wird, können unvorhersehbare Konstellationen immer noch zu notwendigen Verlängerungen bestimmter Programmpunkte führen. Diese Zeitverluste lassen sich auffangen, wenn innerhalb des Programms Pufferzeiten eingebaut sind. Puffer (◁ Abb. C-6) sind vorgesehen, wenn Programmpunkte ohne Probleme verkürzt werden oder ganz entfallen können.

8. Seminardisziplin wahren

Zur richtigen Dramaturgie gehört auch die Einhaltung des Zeitplans. Verzögerungen führen dazu, dass es am Ende knapp wird. Dann wird gehetzt oder wichtige Programmpunkte entfallen ganz. Der Beginn der Arbeitsphasen muss so gesetzt werden, dass alle die Möglichkeit haben, pünktlich zu sein. Wenn diese Voraussetzung gegeben ist, dann sollte auch ohne Verzögerung begonnen werden. Vorschläge, wie eine Arbeitsdisziplin mit Einhaltung der Zeiten geschaffen werden kann, sind weiter hinten (☞ V. Arbeitsdisziplin und Verlässlichkeit) zu finden. Abweichungen vom Kursprogramm sollten zunächst im Leitungsteam besprochen und im Teilnehmerkreis geklärt werden.

9. Zu einem guten Ende führen

Genauso bedeutsam wie ein gemeinsamer Beginn ist ein gemeinsamer Abschluss. Schon zu Beginn einer Veranstaltung sollte geklärt werden, wann der Abschluss (◁ Abb. C-7) erfolgt und dass die Teilnahme daran für alle verbindlich ist. Günstig ist es, den Abschluss vor eine Mahlzeit zu legen oder danach noch eine Tasse Kaffee anzubieten. Die Zeitgenossen, die ständig immer etwas früher los müssen, können dann auf dieses Angebot verzichten.

Der Abschluss dient der Rückmeldung untereinander und an die Adresse des Leitungsteams (☞ Z. Evaluation und Rückmeldung). Er macht den Übergang aus der Kurssituation in den Alltag bewusst (☞ Y. Abschluss und Back home).

HL

Was vor dem Seminarbeginn geklärt werden sollte

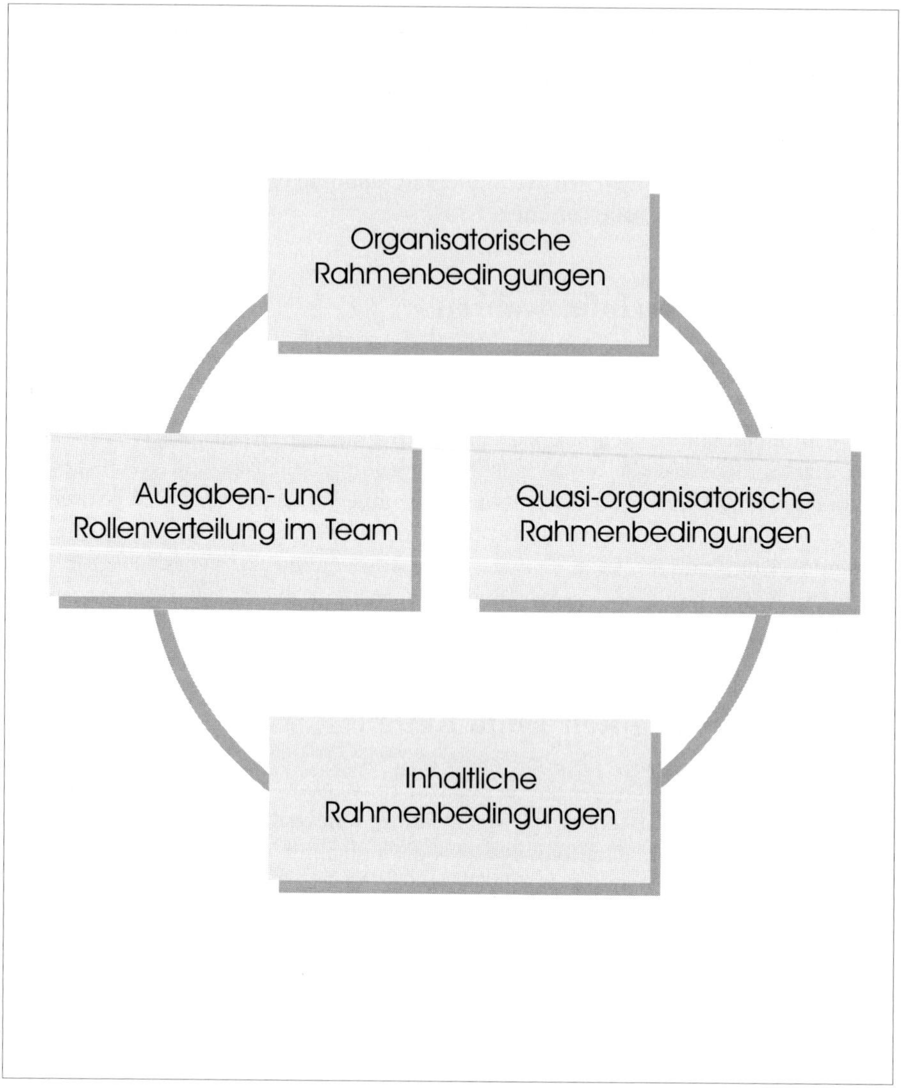

Abb.: D-1

D. Kursleitung und Seminarregie

In diesem Beitrag wird mit dem Begriff „Kursleitung" ein **Team von mindestens zwei Personen** umschrieben, das für die erfolgreiche inhaltliche und organisatorische Durchführung eines ein- oder mehrtägigen Seminars am **Seminarort** verantwortlich ist (◁ Abb. D-1).

1. Quasi-organisatorische Rahmenbedingungen

Die organisatorischen Rahmenbedingungen sollten den Teilnehmerinnen und Teilnehmern vor Beginn der inhaltlichen Arbeit visualisiert deutlich gemacht werden (☞ G. Haus und Räume).
Weitere Fragen, die weder eindeutig zu den inhaltlichen noch zu den rein organisatorischen Fragen gezählt werden können, sind:

- Setzt die Kursleitung voraus, dass die Teilnehmer/-innen das Seminar für sich protokollieren oder wird ein Protokoll zur Seminardokumentation und Ergebnissicherung erstellt?
- Gibt es Kursmaterialien, wann werden diese verteilt und welchen Charakter haben diese? (☞ X. Kursergebnisse und Dokumentation)
- Wie wird kenntlich gemacht, dass zu bestimmten Zeiten individuelle Notizen wünschenswert sind, und wie werden Seminareinheiten systematisch und schriftlich aufbereitet, die auf Erfahrungswissen abzielen?

2. Inhaltliche Rahmenbedingungen

Die Motivation, ein Seminar zu besuchen, und die Vorkenntnisse hinsichtlich des Seminarthemas können auf Seiten der einzelnen Teilnehmerinnen und Teilnehmer sehr unterschiedlich sein. Diejenigen, welche das Seminar ohne äußeren Druck aus Interesse und zur **eigenen Weiterentwicklung** besuchen, werden an die Kursleitung und den Ablauf des Seminars andere Erwartungen formulieren als diejenigen, die z. B. aus Gründen bevorstehender arbeitsorganisatorischer Umstrukturierungen eine zusätzliche verwertbare Qualifikation erwerben möchten oder gar sollen. Im zweiten Fall werden eine stärkere und offensichtlichere Zielorientierung und Wünsche nach ausgeprägten Formen der Ergebnis-

Inhaltliche Rahmenbedingungen

1. Stimmt die *Seminarankündigung* mit der aktuellen Seminarplanung der Kursleitung überein?

2. Wie wurde der Seminarverlauf (mit Inhalten, Methoden und Zielsetzungen) aufbereitet?

3. Mit welcher *Motivation* haben sich die Teilnehmer/-innen angemeldet?

4. Wie stark ist ein *Verwertungsinteresse* der Teilnehmer/-innen ausgeprägt?

5. Welche Möglichkeiten sind denkbar, um mit *praktischen Beispielen* einen Problemdruck der Teilnehmer/-innen aufzugreifen?

6. Wie sollen und können die *Erwartungen und Vorerfahrungen* der Teilnehmer/-innen differenziert ermittelt werden?

7. Stehen dem Leitungsteam Materialien, Erfahrungen und Kenntnisse zur *flexiblen Anpassung* des geplanten Seminarverlaufs an die Erwartungen der Teilnehmer/-innen zur Verfügung?

8. Wir wird das *Ergebnis des Einigungsprozesses* auf einen Seminarverlauf festgehalten bzw. visualisiert?

10. Wurden beim Aushandeln des Seminarverlaufs die *Regeln der Gesprächsführung* und Moderation beachtet?

Abb.: D-2

sicherung vermutet werden können. Die Kursleitung hat diese Erwartungen ernst zu nehmen und bereits zu Beginn des Seminars deutlich zu machen, was den Teilnehmer/-innen während des Verlaufs begegnen wird.

Maßgeblichen Einfluss auf den Seminarverlauf werden auch die unterschiedlichen Vorkenntnisse und Vorerfahrungen der Teilnehmer/-innen zum Thema haben. Von einer homogenen Gruppe ist im Vorfeld des Seminars nicht selbstverständlich auszugehen. Die Erfahrung zeigt, dass die Möglichkeiten der präzisen Vorankündigung von Seminarinhalten und damit der wirksamen Teilnehmer/-innenauswahl aus organisatorischen Gründen, Marketingüberlegungen oder infolge methodischer Entscheidungen begrenzt sind (☞ F. Ankündigung und Programm; ☞ B. Zielgruppen und Kursmarketing).

Die Vorkenntnisse und Vorerfahrungen der Teilnehmer/-innen ernst zu nehmen, indem die Verständigungsnotwendigkeit zu Seminarbeginn explizit angesprochen wird, setzt eine grundlegende Flexibilität sowohl auf Seiten der Teilnehmer/-innen wie auch der Kursleitung voraus. Hierdurch erfolgt nicht nur eine Verdeutlichung des geplanten Seminarinhalts und -verlaufs, sondern es eröffnet auch einen Aushandlungsprozess, dessen Ausgang offen ist.

Dieser Aushandlungs- oder Verständigungsprozess ist aber absolut notwendig, um zahlreichen Konfliktpotenzialen von vornherein den Nährboden zu entziehen. Und selbst bei einem unaufgelösten Interessenskonflikt hinsichtlich der inhaltlichen und methodischen Ausgestaltung ist eine offene Konfliktlinie unbedingt einer verdeckten vorzuziehen (☞ N. Konflikte und Konfliktmanagement). Darüber hinaus stellt ein derartiger Ansatz einen Baustein zur Qualitätssicherung (☞ Z. Evaluation und Rückmeldung) von Bildungsarbeit dar.

Die Ergebnisse dieser Phase des Klärungsprozesses sollten unbedingt visualisiert werden (◁ Abb. D-2). Jetzt können die Erwartungen aus der Gruppe mit einer visualisierten Form der Planungen der Kursleitung konfrontiert werden. Bereits zu diesem Zeitpunkt des Seminarverlaufs besteht die Möglichkeit, die Seminargruppe mit weiter durchzuhaltenden und häufig ungewohnten Arbeitsformen (☞ E. Lernformen und Arbeitsmethoden) vertraut zu machen. Für die Kursleitung bedeutet dies aber einen erhöhten Vorbereitungsaufwand, da auch sie die Planungen prägnant und ansprechend (z. B. *in Form eines plakativen Mindmaps oder einer Computerpräsentation*) aufzubereiten hat.

Während des Verständigungsprozesses über den inhaltlichen und methodischen Verlauf des Seminars gelten die allgemeinen Regeln der Gesprächsführung.

Checkliste zur „Rolle der Kursleitung“

Befinden sich Vorgesetzte, Personen mit umfangreichen inhaltlichen und/oder methodischen Vorerfahrungen in der Seminargruppe?	
Ist von einer homogenen Gruppe aufgrund der Zugehörigkeit zu einer *Berufsgruppe* (z. B. Lehrer) oder zu einer Gruppe von *Funktionsträgern* (z. B. Geschäftsführer) auszugehen?	
Spielen unterschiedliche *Lernerfahrungen* eine Rolle (z. B. alte und neue Bundesländer)?	
Welche *Rollen* werden für den Seminarverlauf favorisiert bzw. von den Teilnehmer/-innen erwartet? - Moderator/-in - Dozent/-in als Informationslieferant - Praktiker/-in mit großem Erfahrungsschatz - Systematiker/-in, die Theorie und Praxis strukturiert - Organisator/-in von Austauschprozessen - Trainer/-in von Verhaltensalternativen	
Wie können *Verhaltensweisen* der dominanten Selbstdarstellung von Seiten der Kursleitung vermieden werden?	
Welche Formen der *Ergebnissicherung* als Kontrollmechanismus des Moderationsverhaltens der Kursleitung können Anwendung finden?	

Checkliste „Arbeiten im Team“

Wurde ein transparenter *Seminarablaufplan* mit klar verteilten Aufgaben im Team erstellt?	
Haben sich die Kursleitungsmitglieder gegenseitig über ihre *Erfahrungen*, *Vorlieben* etc. aufgeklärt?	
Mit welchen *Befürchtungen* (negativen Vorerfahrungen) gehen die Leitungsmitglieder in das Seminar?	
Wurde eine *gleichmäßige Verteilung* der Aufgaben realisiert, so dass die Teilnehmer/-innen alle Kursleitungsmitglieder gleichberechtigt wahrnehmen können?	
Wurde ausreichend deutlich gemacht, dass die Übernahme einer Aufgabe auch die Vorbereitung der entsprechenden *Materialien* bedeutet? War Zeit, die vorbereiteten Materialien noch einmal gemeinsam anzuschauen und ggf. zu verändern?	
Wann finden regelmäßige *Teamsitzungen* statt?	
Welche *Fragen* sind hinsichtlich der Gruppenzusammensetzung wann zu klären?	
Sind Teilnehmer/-innen angemeldet, mit denen *negative Erfahrungen* gemacht wurden?	

Abb.: D-3

3. Kursleitung und Zusammensetzung der Gruppe

Die Zusammensetzung der Teilnehmer/-innen eines Seminars wirkt sich auf die selbst gewählte und von der Gruppe zugewiesene Rolle der Kursleitung aus, wenn diese eine teilnehmerorientierte flexible Gestaltung des Seminarverlaufs und der Seminargestaltung zulässt. Der Kursleitung ist zu empfehlen, bereits vor Beginn des Seminars die **Anmeldeliste** nach verwertbaren Informationen hinsichtlich dieser Aufgabenstellung zur überprüfen. Es wird einen Unterschied machen, ob sich die Seminargruppe aus bekannten oder unbekannten Personen zusammensetzt, ob sich darin ggf. sogar Vorgesetzte oder Personen befinden, die zum Seminarthema selbst Veranstaltungen anbieten, ob auch ‚berufsgruppenfremde' Personen teilnehmen. Zusätzlich ist die Seminargruppenzusammensetzung daraufhin zu überprüfen, ob aus den Angaben Schlüsse über die Lernerfahrungen der Teilnehmer/-innen zu ziehen sind.
Das Durchhalten eines Rollenverständnisses, das von den Teilnehmer/-innen nicht erwartet und gewünscht wird, begründet zahlreiche Konfliktpotenziale in Gruppen. Hieraus resultiert ein erhöhter Erklärungsbedarf und die Notwendigkeit, zahlreichere Möglichkeiten der Zwischenbilanz anzubieten, um einem ‚Kippen' der Seminarsituation vorzubeugen. Es liegt im Ermessen einer jeden Kursleitung ggf. kurzfristig von der geplanten Rollenwahrnehmung Abstand zu nehmen. Eine derartige Entscheidung hängt auch stark mit dem Seminarthema zusammen. Allgemeingültige Ratschläge können von daher hier nicht gegeben werden. Eine Auswahl möglicher Rollen finden Sie in der Checkliste (◁ Abb. D-3).
Vermieden werden sollten auf jeden Fall die zahlreichen Spielarten der dominanten Selbstdarstellung und die Überbetonung des eigenen Rückzuges aus der Kursleitung. Letzteres ist allzu häufig Ausdruck einer schlechten Vorbereitung und entspricht der Preisgabe der Leitungsverantwortung für die Erreichung der Kurs- oder Seminarziele.

Rollen- und Aufgabenverteilung des Teams

Beantworten Sie als Kursleitung in der Vorbereitung eines Seminars folgende Fragen:

1. Welche Stärken und Schwächen sind nach der Selbst- und Fremdeinschätzung der Kursleitungsmitglieder festzustellen?

2. Über welche Erfahrungen - insbesondere zum aktuellen Seminarthema - verfügen die Teammitglieder?

3. Welche Vorlieben könnten wichtig werden?

4. Welche Zielsetzungen verfolgen wir?

5. Über welche methodischen und sozialen Kompetenzen verfügen wir?

7. Wie können wir unsere Planungen ständig überprüfen und ggf. während des Seminarverlaufs revidieren oder modifizieren?

8. Wie können wir einem Teilnehmerbedürfnis nach Orientierung in der Aufgabenverteilung entsprechen?

9. Wie können wir unser Leitungsverhalten weiterentwickeln - insbesondere in ungewohnten Seminarsituationen?

10. Wie können wir die Dominanz eines Teammitgliedes vermeiden?

11. Wie können wir kurzfristige Rollenwechsel vermeiden?

Abb.: D-4

4. Zum Arbeiten als Team

a) *Absprachen sind notwendig*

Es darf nicht unterschätzt werden, dass Leitungsteams häufig aus unterschiedlich „starken" Personen zusammengesetzt sind. Dies kann sich auf die fachliche, methodische oder soziale Kompetenz beziehen.
Gerade die Arbeit im Team bietet zahlreiche Möglichkeiten der konstruktiven Einarbeitung auch unerfahrener Kursleiter/-innen. Es ist also keineswegs notwendig, den Idealfall eines Teams mit ähnlich oder gleich starken Personen anzustreben. Viel wichtiger ist das Bewusstsein um die unterschiedlichen Stärken und Schwächen, die keineswegs allein durch die Betrachtung der fachlichen Kompetenz festgestellt werden können. Im Rahmen der Vorbereitung sollten detaillierte Absprachen über die auszufüllenden Aufgaben und Rollenverteilungen im Leitungsteam erfolgen (◁ Abb. D-4). Von besonderer Bedeutung bei der Leitung von Seminaren ist die Absprache, wer die Führung der Gruppe in den unterschiedlichen Phasen/Einheiten wahrnimmt (Beispiel auf der nächsten Seite, ☞ Abb. D-5). Generell gilt: **Ein Leitungswechsel sollte nach erfolgter Absprache über die Aufgabenverteilung vermieden werden.** Ergänzungen sind möglich, aber nicht immer nötig!

b) *Feedback in der Kursleitung ist wichtig*

Zentrale Bedeutung erlangt bei einem derartigen Arbeitsansatz das Feedback der Teammitglieder untereinander. Dieses sollte regelmäßig, offen, schonungslos, ehrlich und aufgrund eines gleichberechtigten Verhältnisses erfolgen. Hier sind auch immer wieder die offenen Fragen, Befürchtungen und Einschätzungen der Teammitglieder über sich selbst, die Teilnehmer/-innen und den Seminarverlauf zu thematisieren.

c) *Teamkonflikte nicht auf die Gruppe übertragen*

Für den gesamten Seminarverlauf problematisch ist die Solidarisierung von Kursleitungsmitgliedern mit Kursteilnehmer/-innen gegen ein anderes Kursleitungsmitglied. Bemerkungen aus der Gruppe zu anderen Kursleitungsmitgliedern sollten unkommentiert bleiben. Vielmehr sollte auf die Möglichkeit der direkten Kommunikation mit der entsprechenden Person hingewiesen werden und eine **professionelle Distanz** im Interesse der Gesamtgruppe gewahrt bleiben.

Beispiel für eine Seminarplanung mit transparenten Absprachen innerhalb der Kursleitung

Aufgabe	Methode	Material	Material vorbereitet?	Wer macht's?	Zeitrahmen
I. Begrüßung				Gertrud	30 Min.
II Kurze namentliche Vorstellung der Leitungsmitglieder	Folie mit „Herzlich Willkommen“ und Namen	➔ OHP ➔ Folie: „Welcome“	☐ ☐	Gertrud	
III. Klärung der organisatorischen Rahmenbedingungen	Mindmap auf Metaplantafel	➔ Metaplantafel; ➔ Plakat: „Orga“	☐ ☐	Helmut	
IV. Namentliche Vorstellung der TN mit Nennung der Einrichtung etc., aus der sie kommen.	TN stellen sich kurz nacheinander vor. Freiwilliger Anfang oder direkte Aufforderung.	➔ Namensschilder und ➔ Karten, die auf ➔ Plakat: „Sitzordnung“ für alle sichtbar aufgeklebt werden ➔ Kleber	☐ ☐ ☐ ☐	Gertrud	15 Min.
V. Erwartungen der TN sammeln, sortieren, zusammenfassen	Kartenabfrage zu - Motivation - Inhalt - Methode	➔ Flipchart mit Fragestellungen und Farberklärungen ➔ 3 x 3 farbige Karten pro TN und ➔ Stifte	☐ ☐ ☐	Gertrud	30 Min.
VI. Planungen des Teams vorstellen	Mindmap, Computerpräsentation	➔ Mindmap mit Ablaufplanung und ➔ Computerpräsentation mit inhaltlichen Stichpunkten zur Ergänzung	☐ ☐	Helmut Gertrud	15 Min.
VII. Einigung auf Seminarverlauf und mögliche Arbeitsweisen	Moderation	➔ Karten zur Ergänzung von Stichpunkten	☐	Helmut	30 Min.
VIII. Zusammenfassung der Ergebnisse				Gertrud	
Pause – mindestens 30 Min.					

Abb.: D-5

Ebenso problematisch ist die Übertragung von Konflikten aus dem Kursleitungsteam auf die Gruppe. Die Begeisterungsfähigkeit für den Seminarinhalt bzw. bestimmte Positionen ist der Aufgabe der Kursleitung nachzuordnen. Im konkreten Konfliktfall werden die Beziehungs- und Machtverhältnisse im Leitungsteam zu analysieren sein, um nicht einen Kampf in der Gruppe über die inhaltliche Ebene auszutragen, obwohl hier nicht die Ursachen des Konfliktes liegen.

d) Das Arbeiten mit Zielen anstreben

Für die erfolgreiche Arbeit als Leitungsteam ist eine Zielklarheit sowohl hinsichtlich des methodischen Vorgehens als auch der inhaltlichen Ausrichtung unabdingbar. Gleichzeitig favorisiere ich die Zielklarheit als „Klarheit mit Flexibilität" hinsichtlich der Lerngeschwindigkeit der Gruppe und der jeweiligen Entwicklungsmöglichkeiten, die nur schwer im voraus zu bestimmen sind.

Hilfen bei der Benennung deutlicher Ziele kann folgende Methode sein: **Formulieren Sie einfache Fragen** während der Vorbereitung der jeweiligen Seminareinheit. Auf diese Weise stimmen Sie sich selbst auf das Thema ein, bereiten ein Moderationsverhalten vor und kanalisieren Ihr Bewusstsein und Unterbewusstsein auf die Seminarinhalte und die Teilnehmer/-innen.

Ziele richten aber nicht nur die eigenen Gedanken und Handlungen aus, sondern sind die Voraussetzung für die detaillierte Überprüfung des Seminarverlaufs. Je klarer und differenzierter die Ziele formuliert sind, desto umfangreicher kann die Reflexion des Seminarverlaufs von Seiten der Kursleitung ausfallen (☞ Z. Evaluation und Rückmeldung).

Bei aller Vorbereitung im o. g. Sinne ist von einer minutiösen Planung für mehrtägige Seminare abzuraten (☞ C. Dramaturgie und Ablauf). Die Kunst der Seminarplanung und -regie besteht in der Vermittlung einer multiperspektivischen und differenzierten Planung mit der Fähigkeit, den Teilnehmer/-innen Raum zur Auseinandersetzung, Erprobung und Entwicklung zu geben.

Konkret kann dies in eine Reduzierung der angestrebten Ziele münden. Hierzu sollte spätestens am Seminarende eine begründete Aussage gemacht werden. Eine Regel, wann eine derartige Entscheidung zu treffen ist, kann hier nicht in generalisierender Form entwickelt werden. Schutz vor einer verspäteten oder verfrühten Entscheidung kann nur der ständige Austausch im Leitungsteam bieten. **TM**

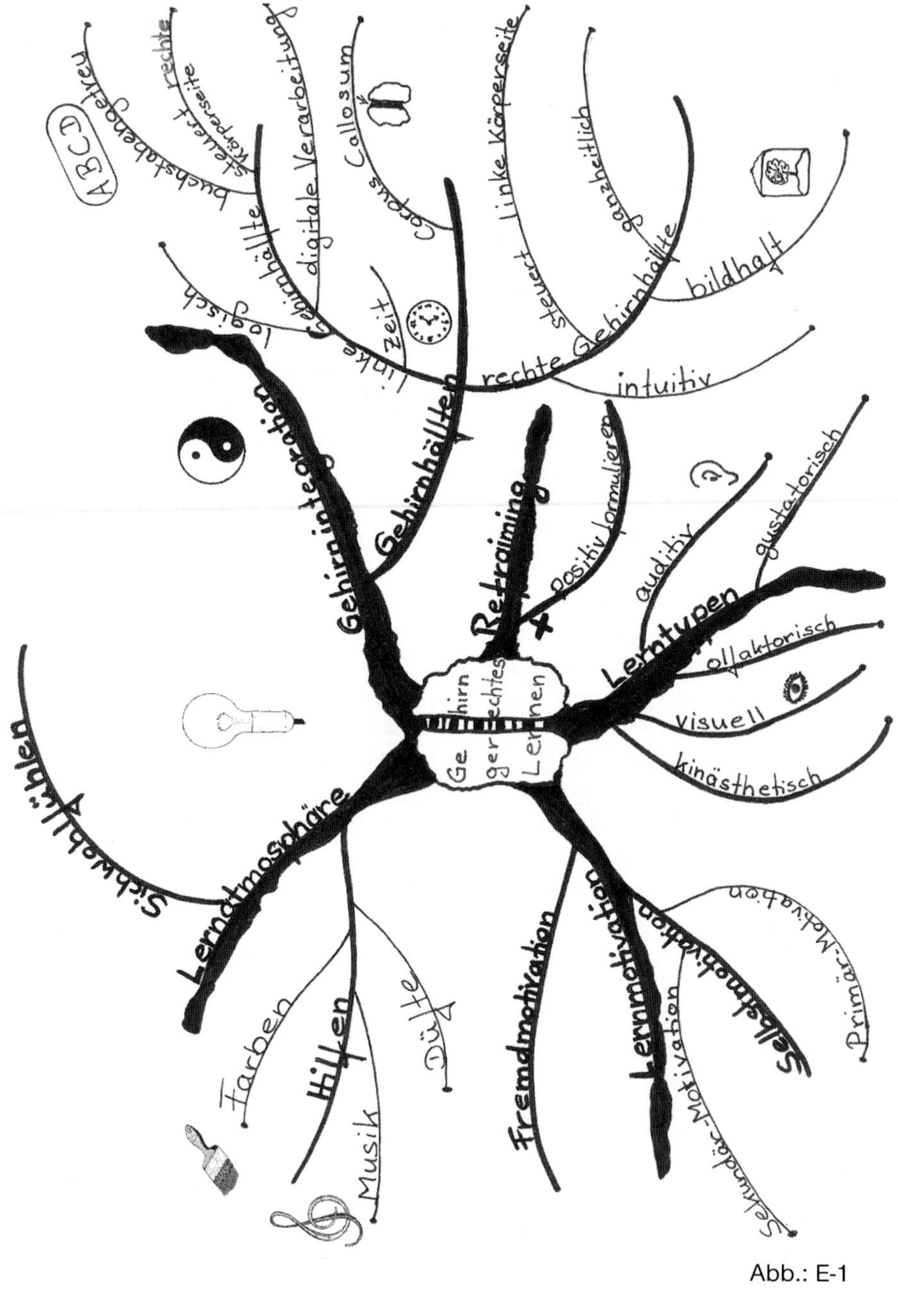
Gehirngerechtes Lernen
Gehirnhälften
linke Gehirnhälfte
logisch
buchstabengetreu
ABCD
steuert rechte Körperseite
digitale Verarbeitung
zeit
Corpus Callosum
rechte Gehirnhälfte
steuert linke Körperseite
ganzheitlich
bildhaft
intuitiv
Gehirnintegration
Retraining
positiv formulieren
Lerntypen
auditiv
gustatorisch
olfaktorisch
visuell
kinästhetisch
Lernatmosphäre
Sichwohlfühlen
Hilfen
Farben
Musik
Düfte
Lernmotivation
Fremdmotivation
Selbstmotivation
Primär-Motivation
Sekundär-Motivation

Abb.: E-1

E. Lernformen und Arbeitsmethoden

1. Gehirngerechtes Lernen

Lernen findet letztendlich in unserem Gehirn statt. Hier werden alle Informationen eines Lernprozesses sowie dessen Ergebnisse verarbeitet und mehr oder weniger gut abrufbar gespeichert. Voraussetzungen für gehirngerechtes Lernen sind Kenntnisse über den Aufbau und die Arbeitsweise unseres Gehirns (☞ O. Kreativitätstraining). Diese beeinflussen auch die Organisation von Lernprozessen und Lernformen. Einen Überblick über einige wichtige Aspekte gehirngerechten Lernens vermittelt das Mind Map (◁ Abb. E-1).
In den sechziger Jahres begann in Amerika die bedeutende Entwicklung zur Erforschung der Abläufe im Gehirn. Es besteht aus zwei Hälften - auch Hemisphären genannt. Die **linke Gehirnhälfte** ist die Hemisphäre der Logik. Sie analysiert und verarbeitet Informationen digital, also Schritt für Schritt. Das Wort „Feder" nimmt sie Buchstabe für Buchstabe auf. Den Bedeutungsinhalt das gesamten Wortes kann sie nicht deuten. Sie interpretiert also Worte buchstabengetreu. Weiter ist die linke Hemisphäre verantwortlich für das Zeitgefühl. Sie steuert die rechte Körperseite.
Die **rechte Gehirnhälfte** steht für Intuition. Sie steuert das Denken in Bildern, sie arbeitet ganzheitlich, sie kann also viele Informationen gleichzeitig verarbeiten. Sie betrachtet Sachverhalte holistisch. Das Wort „Feder" z. B. deutet sie als Ganzes, die einzelnen Buchstaben spielen nur eine untergeordnete Rolle. Auch ordnet sie dem Wort „Feder" ein bestimmtes Aussehen zu. Die Stärken der rechten Hälfte sind weiter die räumliche Wahrnehmung, das Gefühl, die Musikalität, das Vorstellungsvermögen, die Sexualität, die Spiritualität und die Phantasie. Sie steuert die linke Körperseite.
Diese Arbeitsteilung zwischen den beiden Gehirnhälften ist bei weit über neunzig Prozent aller Menschen zutreffend. Damit gilt sie faktisch für alle Rechtshänder. Bei Linkshändern ist die Aufteilung wissenschaftlich weniger klar umrissen.

Überkreuzbewegungen
(englisch: Cross Crawl)

Die Überkreuzbewegungen verbessern die Zusammenarbeit der linken und rechten Gehirnhemisphäre und steigern die Beweglichkeit des Körpers.

Stellen Sie sich aufrecht hin und lassen Sie, während Sie tief durchatmen, die Arme locker seitlich des Körpers hängen. Bewegen Sie nun Ihr rechtes Knie und Ihre linke Hand aufeinander zu. Das Gleiche machen Sie mit Ihrem linken Knie und mit Ihrer rechten Hand. Diese Bewegungen führen Sie kraftvoll im Wechsel zueinander aus.

Abb.: E-2

Liegende Achten
(englisch: Lazy 8's)

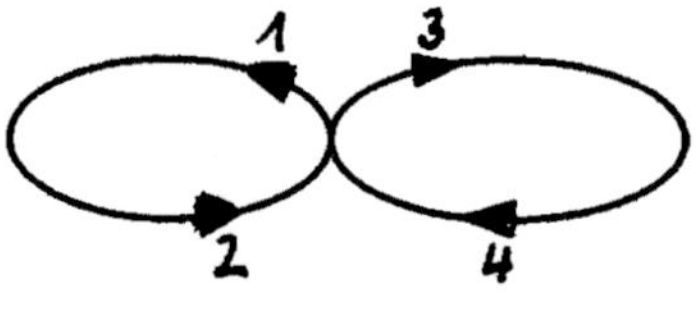

Die Übung integriert die Zusammenarbeit Ihrer beiden Gehirnhälften. Außerdem wirkt sie sich positiv auf das Sehverhalten aus.

Zeichnen Sie zuerst mit der rechten und dann mit der linken Hand jeweils fünf liegende Achten nach dem oben genannten Schema in die Luft. Beginnen Sie in der Körpermitte mit ausgestrecktem Arm. Abschließend malen Sie gleichzeitig mit beiden Händen Achten.

Abb.: E-3

Zwischen den beiden Gehirnhemisphären, etwa in der Mitte des Kopfes vom Ende der Halswirbelsäule verläuft bis zum Mittelpunkt zwischen den Augen auf einer gedachten Linie das Corpus callosum. Dieser Nervenstrang mit seinen vielen rechts- und linksseitigen Nervenenden verbindet beide Gehirnhälften und stellt so die Kommunikation zwischen den Hemisphären sicher. Wenn Sie sich diesen Nervenstrang bildlich als eine „Schlucht" und die Verbindungen zwischen beiden Schluchträndern als „Brücken" vorstellen, die es zu vermehren gilt, so beschreibt dies den Sachverhalt recht anschaulich. Je mehr Verbindungen zwischen beiden Gehirnhälften bestehen, desto besser kann ein Mensch lernen und Gelerntes behalten.

Das Kleinkind beansprucht beim Lernen bis zum Eintritt in die Schule weitgehend beide Gehirnhälften. Das ändert sich mit fortschreitendem Schulbesuch. Hier wird mehr logisches Denken verlangt, also die linke Gehirnhälfte stärker gefordert, die rechte mehr vernachlässigt. Das führt häufig zu Unlust beim Lernen, Schwierigkeiten, den Lernstoff zu behalten und Konzentrationsmängeln. Deshalb ist es wichtig, dass Sie in Ihren Seminaren dieses Phänomen bedenken und beide Gehirnhälften Ihrer Teilnehmerinnen und Teilnehmer ansprechen. Benutzen Sie hierzu „Eselsbrücken", malen sie in Gedanken Bilder, verbinden Sie Sachverhalte mit Gegenständen oder Ereignissen. Alle diesbezüglichen Bemühungen werden ebenso wie die unten beschriebenen Anregungen dazu beitragen, das Lernen zu erleichtern und damit die Zufriedenheit der Lernenden zu fördern.

Von der angewandten Kinesiologie wurden Übungen entwickelt, die die Integration der Gehirnhälften fördern. Sie sind bekannt unter den Namen Brain-Gym-Übungen, Edu-Kinästhetik oder Lerngymnastik. In Ihren Seminaren können Sie diese „Lerngymnastik" als Warming up oder auch zur Aktivierung zwischen Ihren Kurssequenzen einsetzen, um das Lernen Ihrer Teilnehmerinnen und Teilnehmer zu aktivieren. Zwei Beispiele für solche Übungen sind Überkreuzbewegungen (◁ Abb. E-2) und liegende Achten (◁ Abb. E-3).

Positiv umdeuten

Nicht die Dinge sind positiv oder negativ, sondern unsere Einstellungen machen sie dazu!

Übung:

Deuten Sie die folgenden Negativformulierungen in positive Aussagen um:

→ ***Ich kann mich nicht konzentrierten.***

→ ***Reden Sie bitte nicht mit anderen!***

→ ***Ich lasse mich nicht ablenken.***

Abb.: E-4

<u>LERNTYPEN</u>

AUDITIVER LERNTYP

Eingangskanal ist das Ohr (Hören)

<u>Lerntipp:</u> Laut Vorlesen
Texte auf Kassette sprechen und abhören
Sich vorlesen und abhören lassen

VISUELLER LERNTYP

Eingangskanal ist das Auge (Sehen)

<u>Lerntipp:</u> Bilder im Kopf malen (Eselsbrücken)
Bilder auf Papier malen
Texte gliedern

KINÄSTHETISCHER LERNTYP

Eingangskanal: Hand (Ertasten)

<u>Lerntipp:</u> Sich etwas aufschreiben
Etwas untersuchen
Texte laut lesen

Abb.: E-5

2. Positiv formulieren

Ein anderes Phänomen gehirngerechten Lernens ist die Erkenntnis, dass unser Gehirn in seinem Unbewussten negative Formulierung nicht wahrnimmt. Sagt die Mutter zu ihrem Kind: „Geh nicht über die Straße!“, so nimmt das Gehirn wahr „Geh über die Straße!“ Aus dem Verbot wird ein Gebot. Die Konsequenz kennen wir alle, es passiert das, was wir vorausgesehen haben, das Kind rennt über die Straße. Das Gehirn entschlüsselt die Signalwörter „Geh Straße!“ Aufgrund dieser Erkenntnis ist es erstrebenswert, in Ihren Seminaren Verneinungen möglichst zu vermeiden und positiv zu formulieren. Übrigens ist dies eine Vorgehensweise, die sich im Verkauf schon lange durchgesetzt hat. Die nebenstehende Übung (◁ Abb. E-4) soll dafür sensibilisieren.
Das Umformen einer negativen in eine positive Aussage wird auch im neurolinguistischen Programmieren (NLP) angewandt. Es gilt dort als Mittel zur Förderung der Selbstakzeptanz. und heisst Refraiming.

3. Lerntypen

Berücksichtigen Sie in Ihren Seminaren die unterschiedlichen Lerneingangskanäle Ihrer Teilnehmerinnen und Teilnehmer. Auch das trägt zum gehirngerechten Lernen bei. Während der eine seine Wahrnehmung mehr auf die Augen konzentriert, also ein visueller Lerntyp ist, lernt die andere mehr durch Hören. Sie ist ein auditiver Lerntyp. Teilnehmerinnen und Teilnehmer, die gern etwas in die Hand nehmen, es berühren oder „begreifen“ sind kinästhetische Lerntypen. Auch die Sinneswahrnehmung durch Riechen oder Schmecken prägen weitere Lerntypen. Der olfaktorische Lerntyp nimmt mit der Nase wahr, der gustatorische schmeckt etwas. Die reinen Lerntypen kommen selten isoliert vor, vielmehr finden sich häufig Lerntypenkombinationen.
Bedenken Sie bei der Gestaltung Ihres Kurses die Existenz dieser Lerntypen (◁ Abb. E-5). Nur wenn es Ihnen gelingt, Ihre Teilnehmerinnen und Teilnehmer auf möglichst vielen Lerneingangskanälen anzusprechen, werden diese Ihrem Seminar zufrieden folgen und über ein lange abrufbares Lernergebnis verfügen. Ein Lerntypentest kann den Lernenden helfen, sich Klarheit darüber zu verschaffen, welche Lerneingangskanäle bei ihnen besonderes dominant sind. Sollte es in die Planung Ihres Seminars passen, ist die Durchführung eines solchen Tests immer sinnvoll, weil das Ergebnis für Ihre Teilnehmerinnen und Teilnehmer auch über Ihren Kurs hinaus von genereller Bedeutung ist.

Lerntypentest

Dieser einfache Lerntypentest besteht aus drei Teilen, einem auditiven, einem visuellen und einem kinästhetischen Untertest. Während des auditiven und des visuellen Untertests sitzen die Teilnehmerinnen und Teilnehmer im Halbkreis. Der Tester oder die Testerin stehen dabei vor der Gruppe. Für alle Tests benötigen die Testpersonen ein Blatt Papier und ein Schreibgerät, um das Erfahrene aus dem Gedächtnis heraus aufzuschreiben.

<u>Auditiver Test</u>
Denken Sie sich 15 Worte aus. Es hat sich gezeigt, dass sich Worte gut eignen, die Gegenstände bezeichnen, z. B. Baum, Toilettenrolle, Leiter und Sonne. Sie sprechen den Testpersonen diese Worte hintereinander langsam und deutlich vor. Machen Sie nach jedem Wort eine kleine Pause. Die Teilnehmerinnen und Teilnehmer müssen sich diese Worte, die sie nur einmal von Ihnen hören, einprägen. Nachdem Sie das letzte Wort angesagt haben, erteilen Sie den Auftrag so viele Worte wie möglich aufzuschreiben. Danach vergleichen Sie mit den Testpersonen welche Worte richtig sind. Die richtigen Worte werden von jeder Testperson gezählt.

<u>Visueller Test</u>
In diesem Test zeigen Sie den Teilnehmerinnen und Teilnehmern nacheinander 15 Gegenstände. Sie können, wenn Sie insbesondere das Lesebehalten testen wollen, statt der Gegenstände auch 15 Wortkarten zeigen. Wieder müssen nach dem letzten Gegenstand oder der letzten Wortkarte die erinnerten Gegenstände oder Worte aufgeschrieben werden. Ein Vergleich zeigt, wie viele richtig sind. Die Testpersonen notieren diese Zahl.

<u>Kinästhetischer Test</u>
Hierbei sitzen die Teilnehmerinnen und Teilnehmer in einer Reihe nebeneinander, die Hände liegen hinter der Stuhllehne auf dem Rücken. Sie geben nach und nach 15 Gegenstände - es müssen andere sein als im visuellen Test - der ersten Person am Beginn der Stuhlreihe in die Hand. Auf dem Rücken ertastet diese Testperson worum es sich handelt und gibt den Gegenstand hinter sich weiter an die daneben sitzende Person usw. Ans Ende der Stuhlreihe können Sie einen Karton stellen, in den die letzte Testperson nachdem sie den Gegenstand befühlt und ihn sich gemerkt hat, hineinfallen lässt. Nun werden von den Teilnehmerinnen und Teilnehmern die erinnerten Gegenstände aufgeschrieben. Ein Vergleich mit den realen Sachen zeigt, wie viel richtig waren. Lassen Sie auch hier die Anzahl der positiven Erinnerungen aufschreiben.

<u>Auswertung</u>
In der Auswertungsphase des Tests wird von den Testpersonen ermittelt, in welchem Untertest sie sich die meisten Worte oder Dinge gemerkt haben. Dies drückt grob aus, welcher Lerneingangskanal der stärkste ist.

Abb.: E-6

Das nebenstehende Beispiel verdeutlicht, wie ein einfacher Test für die Eingangskanäle Hören, Sehen und Fühlen aussehen kann (◁ Abb. E-6).

4. Lernatmosphäre

Der Erfolg Ihres Kurses oder Seminars wird auch davon abhängen, wie wohl sich Ihre Teilnehmerinnen und Teilnehmer fühlen. Schaffen Sie deshalb eine angenehme Lernatmosphäre. Sie wirkt sich positiv auf die rechte Gehirnhälfte aus, die für Kreativität, Intuition und Gefühl steht.
Dekorieren Sie je nach Ihrem und dem erwarteten Geschmack Ihrer Teilnehmerinnen und Teilnehmer den Seminarraum mit Bildern, Blumen, Girlanden und witzigen sowie zum Nachdenken anregenden Sprüchen oder Versen. Stellen Sie Duftlampen auf, lassen Sie Entspannungsmusik ertönen, bereiten Sie den Seminarbeginn gut vor (☞ J. Empfang und Eröffnung). Fördern Sie das Kennenlernen der Gruppe und deren Entwicklung (☞ M. Gruppenbildung und Gruppenarbeit).
Setzen Sie Arbeitsmethoden ein, bei denen Ihre Teilnehmerinnen und Teilnehmer aktiv tätig werden müssen, z. B. die Moderationsmethode (☞ P. Referieren und Moderieren), Mind Mapping, Rollenspiele (☞ R. Rollenspiele) oder planen Sie eine Zukunftswerkstatt (☞ T. Zukunftswerkstatt). Auch das Wellness-Programm trägt zum Klima in Ihrem Seminar bei (☞ W. Wellness und Entspannung). Planen Sie dafür gemeinschaftliche Aktivitäten für den Freizeitbereich wie z. B. gemeinsame Besichtigungen, Nachtwanderungen, sportliche Betätigung oder Übungen zur Entspannung. All diese Vorgehensweisen fördern die Atmosphäre und Zusammenarbeit in einem Seminar. Gehirngerechtes Lernen lebt von anregenden Lernaktivitäten, Farben, Düften und Klängen.

5. Lernmotivation

Dieses Kapitel beschäftigt sich in erster Linie mit der Selbstmotivation. Es geht darum, sich selbst für das eigene Lernen motivieren zu wollen und zu können. Die Zielvorstellung „Ich will etwas bestimmtes lernen" setzt Denkprozesse im Gehirn voraus. Eine bestimmte Situation, aus der heraus sich der Lernwunsch oder das Lernerfordernis ergeben kann, löst diese Prozesse aus. Die Auseinandersetzung mit der Situation wird mehr die eine oder mehr die andere Gehirnhemisphäre beanspruchen. In jedem Fall orientiert sich der eigentliche Lernprozess im Falle der Selbstmotivation an den Bedürfnissen der Seminarteilnehmerin bzw. des -teilnehmers. Das Gehirn arbeitet auf der Grundlage des gesetzten Zieles mit. In diesem Sinne ist selbstmotiviertes Lernen gehirngerechtes Lernen.

Arten der Selbstmotivation

Frau Piekatz und Herr Schuster nehmen an einem Seminar über Präsentation und Moderationstechnik teil. Beide arbeiten in dem Seminar gut mit und es besteht der Eindruck, in beiden ginge das Gleiche vor. Das stimmt aber nicht! Frau Piekatz lernt aufgrund ihrer Primärmotivation, Herr Schuster aufgrund seiner Sekundärmotivation. Schauen Sie sich die Unterschiede an:

Primärmotivation

Frau Piekatz nimmt an dem Seminar teil und beteiligt sich an der Arbeit, weil ihr moderieren und präsentieren Spaß machen. Sie ist primär motiviert.

Sekundärmotivation

Herrn Schuster interessieren die Moderations- und Präsentationstechniken nur wenig. Er benötigt sie aber um an seinem Arbeitsplatz als kompetenter Mitarbeiter angesehen zu werden und die lang ersehnte Stelle des Abteilungsleiters zu erhalten. Ihm kommt es nicht auf die Inhalte an sich an, sondern auf die Konsequenz, die aus dem Beherrschen dieser Techniken folgt, nämlich befördert zu werden. Es handelt sich um eine Sekundärmotivation.

Abb.: E-7

Welche Einstellung habe ich zur Teilnahme an diesem Seminar?

Ich nehme für mich persönlich an diesem Seminar teil.

Ich brauche das, was ich hier lerne für meine tägliche Arbeit.

Ich nehme für meinen Betrieb an diesem Seminar teil.

Ich brauche das, was ich hier lerne für mein berufliches Fortkommen.

Jede Teilnehmerin und jeder Teilnehmer erhält vier Klebepunkte. Diese sind auf ein Plakat zu kleben, das die obengenannten Fragen enthält. Es sind alle Zuordnungsvariationen möglich. Die vier Punkte können in ein Feld geklebt, aber auch irgendwie auf die Felder verteilt werden. Die Zuordnung lässt Schlüsse auf die Motivation der Gruppenmitglieder zu.

Abb.: E-8

Über die zwei möglichen Formen der Selbstmotivation, die Primär- und die Sekundärmotivation informiert Sie die Abbildung auf den nebenstehenden Seite (◁ Abb. E-7).

Selbstmotivierte Teilnehmerinnen und Teilnehmer werden am Seminargeschehen interessiert sein und sich eher aktiv daran beteiligen. Neben ihren Zielen ist ihnen eine angenehme Gruppenatmosphäre mit kollegialen Kontakten wichtig. Das Kursleitungsteam kann sich zurücknehmen, die Gruppenentwicklung geschieht stärker aus sich selbst heraus. Vertrauen und Offenheit können schneller wachsen. Deshalb ist es wichtig, sich als Leitungsteam möglichst frühzeitig darüber zu informieren, aufgrund welcher Motivation die Teilnahme am Seminar erfolgt. Dies kann z. B., wenn nicht bereits früher geschehen, am Anfang des Seminars erfolgen (☞ L. Vorstellen und Kennenlernen). Dazu bietet sich als Möglichkeit u. a. eine Kartenabfrage oder ein Verfahren (◁ Abb. E-8) wie das nebenstehend beschriebene Vorgehen an. Hier wird mit Hilfe von Leitfragen die Motivation und die Einstellung der Teilnehmerinnen und Teilnehmer ermittelt und für alle am Seminargeschehen Beteiligten offengelegt.

Wurden die Teilnehmerinnen und Teilnehmer mehr oder weniger zu Ihrem Seminar „geschickt“, hat das Konsequenzen für die Kursgestaltung. Gerade dieser Fall stellt an das Leitungsteam höhere Anforderungen in Bezug auf Lernformen und Arbeitsmethoden (☞ V. Arbeitsdisziplin und Verlässlichkeit). Hier muss im Sinne der Fremdmotivation seitens des Teams verstärkt versucht werden, die Teilnehmerinnen und Teilnehmer für erbrachte Leistungen zu loben, ihnen Anerkennung zuzusprechen, auf die Probleme einzugehen usw. Der Seminarstoff ist so einzuteilen, dass die Lernenden immer wieder kleine Erfolgserlebnisse haben. Ausserdem sollten Sie vermehrt Aktivitäten zur positiven Gruppenentwicklung vorsehen und durchführen (☞ M. Gruppenbildung und Gruppenarbeit).

Die Lernschleife

Die Lernschleife im handlungsorientierten Lernen besteht aus vier Phasen:

1. ***Auftragsübergabesituation***
   In dieser Phase konfrontiert das Kursleitungsteam die Lernenden mit dem Arbeitsauftrag. Gemeinsam wird das Was, Wie, bis Wohin und Wann abgestimmt.

2. ***Selbstständig-produktive Erarbeitungssituation***
   Die Teilnehmerinnen und Teilnehmer bearbeiten ein Thema, erschließen sich neue Sachgebiete und gewinnen neue Lernerfahrungen.

3. ***Präsentationssituation***
   Die Teilnehmerinnen und Teilnehmer präsentieren mit Methoden, die sie selbst bestimmt haben oder die vorgegeben waren, ihr Arbeitsergebnis. Dabei reflektieren sie noch einmal ihre Arbeit und Erkenntnisse.

4. ***Besprechungssituation***
   Das Kursleitungsteam diskutiert zusammen mit den Lernenden deren Ergebnis. Stärken und Schwächen werden aufgezeigt. In möglicherweise mehr leitungszentrierter Form können weitere Lerninhalte vermittelt und neue Erkenntnisse gewonnen werden[1].

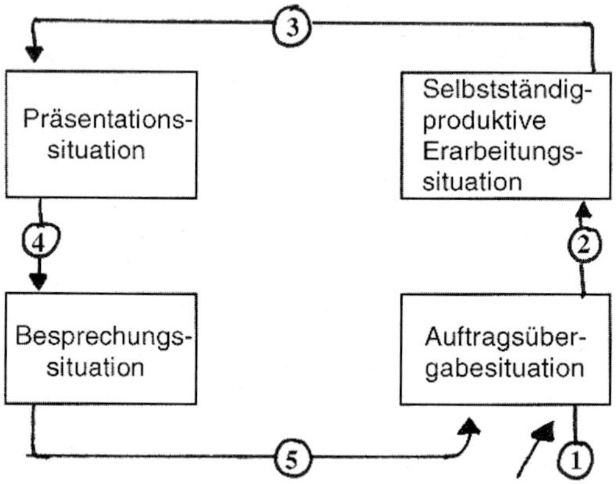

Abbildung E-9

[1] vgl. Arnold, Rolf u. a.: Handlungsorientierung und ganzheitliches Lernen in der Berufsbildung: In Erziehungswissenschaft und Beruf, 41. Jahrgang, Rinteln 1993, S. 325 ff.

Abb.: E-9

6. Handlungsorientiertes Lernen

Gehirngerechtes Lernen steht in einem engen Zusammenhang mit Arbeitsmethoden, die die Aktivität der Lernenden herausfordern. Auch in diesem Sinne ist handlungsorientiertes Lernen zu verstehen. Neben den unten beschriebenen Inhalten vermitteln Sie darüber hinaus notwendige Schlüsselqualifikationen wie Teamfähigkeit, Selbstständigkeit, Verantwortung, Kooperationsbereitschaft, Reflexionsfähigkeit usw. Gelernt wird in Lernschleifen (◁ Abb. E-9), die aus vier Phasen bestehen. Darüber hinaus ist handlungsorientiertes Lernen:

- ***Lernen durch planvolles Handeln***
  Es werden Ziele definiert, Planungen angedacht, Planungen in die Tat umgesetzt und abschließend wird kontrolliert. Lernen erfolgt durch konkretes Handeln.
- ***Lernen durch erfahrungsorientiertes Handeln***
  In neuen Situationen werden bereits bekannte Erfahrungen mit neuen verknüpft. Dadurch entsteht ein Erfahrungszuwachs.
- ***Selbstorganisiertes Lernen***
  Mit Hilfe von Leitfragen, Arbeitsmaterialien, Arbeitsaufträgen erschließen sich Ihre Teilnehmerinnen und Teilnehmer neue Lerngebiete und entwickeln selbstständig Problemlösungen.
- ***Lernen, bei dem Teamerinnen und Teamer kaum noch lehren***
  Sie treten in Ihrer Rolle als Lehrende oder Lehrender in den Hintergrund. Sie werden zur Moderatorin bzw. zum Moderator. Sie geben im Bedarfsfall Informationen ein und beraten in Bezug auf die Präsentation der Ergebnisse.
- ***Exemplarisches Lernen***
  An ausgewählten Beispielen wird das Generelle gelernt. Das Einzelne steht als Abbild des Ganzen. Die Beispiele müssen an der Frage gemessen werden, welche allgemeinen Zusammenhänge, Strukturen, Gesetzmäßigkeiten usw. sich an ihnen aufzeigen lassen.

Abb.: E-10

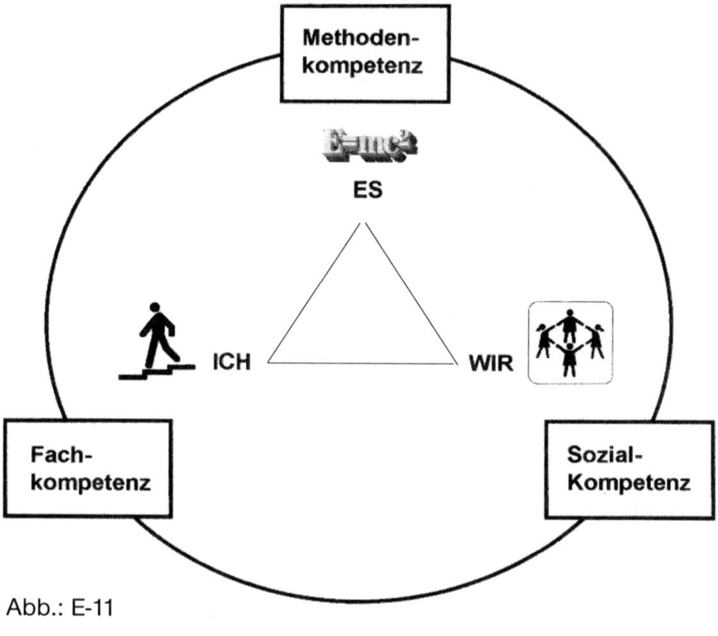

Abb.: E-11

➤ ***Ein Mix verschiedener Methoden und Sozialformen***
Nebenstehend finden Sie eine Aufstellung von Methoden, die im handlungsorientierten Lernen einsetzbar sind, nebst entsprechenden Fundstellen (◁ Abb. E-10).

➤ ***Feedbacklernen***
Jeder Phase der Selbsterschließung folgt eine Phase der Überprüfung und Bewertung durch das Kursleitungsteam. Nur so stellen Sie sicher, dass die Lernenden wissen, was sie richtig gemacht haben und auf welchem Kenntnisstand sie sich befinden.

➤ ***Ganzheitliches Lernen***
Den Zusammenhang zwischen Methoden-, Sozial- und Fachkompetenz einerseits sowie dem ICH, WIR und ES (☞ M. Gruppenarbeit und Gruppenbildung) andererseits verdeutlicht das nebenstehende Schaubild (◁ Abb. E-11).

➤ ***Persönlichkeitsentwickelndes Lernen***
Handlungsorientiertes Lernen vermittelt auf der Grundlage eines humanistischen Menschenbildes Schlüsselqualifikationen.

Auf der Grundlage der Selbständigkeit der Teilnehmerinnen und Teilnehmer entsteht im handlungsorientierten Lernen Dynamik und wächst Kreativität. Das Kursleitungsteam nimmt sich zurück. Allerdings haben in Phasen der Informationsaufnahme lehrerzentrierte Methoden auch weiter ihre Berechtigung, um schnell und gezielt Informationen an die Lernenden weiterzugeben. **PV**

Literatur

ARNOLD, ROLF U. A.: *Handlungsorientierung und ganzheitliches Lernen in der Berufsbildung: In Erziehungswissenschaft und Beruf, 41. Jahrgang, Heft 4, Rinteln 1993, S.323 ff.*

BEYER; GÜNTHER: *Erfolgreich lernen – Superlearning, München 1985.*

BIRKENBIHL, VERA F.: *Stroh im Kopf?, 8. Auflage, Speyer 1992.*

DECKER, FRANZ: *Die neuen Methoden des Lernens und der Veränderung, Lichtenau 1996.*

DENNISON, PAUL U. A.: *Brain Gym, 5. Auflage, Freiburg 1994.*

SENSENSCHMIDT, BERND: *Bio-logisch lernen, 1. Auflage, Lichtenau 1993.*

Ankündigungstexte sollen

Aufmerksamkeit erregen:

markante
Überschrift,
bildhafte - Formulierungen
den Blick fangende
Visualisierungen

Erwartungen klären, Orientierungen bieten:

Wer?	Frauen online - Fortgeschrittene
Was?	Internet individuell verarbeiten
Wann?	07. - 11. Dezember, 5 Vormittage, 20 Stunden
Wo?	Göttingen
Wie?	Installationen praktisch durchführen/Kommunikation veranschaulichen
Kosten?	170,- DM (ermäßigt 85,- DM)

zum Lesen anregen:

einfache Formulierungen
übersichtlicher Satzbau
präziser Ausdruck
prägnante Kürze

Entscheidung erleichtern:

Identifikationen anbieten
gestaltete Anmeldekarte beifügen

Abb.: F-1

F. Ankündigung und Programm

1. Gestaltung der Ankündigung

Die Ankündigung des Weiterbildungskurses oder Seminars ist die Visitenkarte des Leitungsteams. Ankündigungstexte transportieren Außenwirkung, sollen Aufmerksamkeit erregen und Interesse wecken, Erwartungshaltungen der Leserinnen und Leser klären und steuern sowie – durch eine markante und treffende Überschrift – schnelle Orientierung bieten. Sie sind vor allem Grundlage für die Teilnahmeentscheidung an dem Kurs unter den Bedingungen eines durch schärfer werdenden Wettbewerb geprägten Weiterbildungsmarktes. Sie zeigen in ihrem Inhalt, Aufbau und Layout bereits Grundzüge der Arbeitsweise im Leitungsteam und geben Hinweise auf seine Professionalität.
Die Ankündigung einzelner Fort- oder Weiterbildungskurse ist oft Teil eines gesamten Bildungsprogramms, das von Bildungsvereinigungen, privaten Trägern und Anbietern oder öffentlichen Fort- und Weiterbildungsinstitutionen zusammengestellt wird. Die Gestaltung des gesamten 'Programmheftes' hat ebenso Auswirkung auf die Akzeptanz der darin enthaltenen einzelnen Bildungsangebote wie umgekehrt die Gestaltung der Ankündigung einzelner Kurse Ausstrahlung auf das gesamte Programmheft hat. Beide müssen in Gestaltung und Inhalt gleiche Grundzüge zeigen – anders gesagt: nicht jedes Gesamtprogramm bietet den richtigen Rahmen für Ihren Kurs! Deshalb ist zu raten, das Gesamtprogramm des Trägers bzw. Anbieters genau zu sichten, bevor Sie einen Kurs darin anbieten (◁ Abb. F-1).
Ankündigungstexte für Seminare oder Kurse müssen durch inhaltliche Aussagen – unterstützt von sprachlichen und visuellen Gestaltungsmitteln – klären, worin das Bildungsangebot liegt, das wir unterbreiten, und welches Bildungsziel mit dem Kurs verfolgt wird. Sie sollen vermeiden, dass falsche Erwartungshaltungen über Art und Inhalt des Kursangebotes sowie über die Arbeitsweise bei den potenziellen Teilnehmerinnen und Teilnehmern entstehen, die zu Störungen im Kurs führen würden, sie müssen gleichzeitig gut lesbar sein und schnell erste Orientierungen bieten. Der Ankündigungstext soll also gleichzeitig Interesse am Kurs wecken und Erwartungen klären. Er führt zu einer ersten Sondierung am „Point of sale" (☞ B. Zielgruppen und Kursmarketing). Da ein Ankündigungstext gleichzeitig kurz sein muss, weil ein potenzieller Teilnehmer nicht bereit sein

Frauen zurück in den Beruf

In Kooperation mit der Koordinierungsstelle „Frauenförderung in der privaten Wirtschaft"

Frauen online für Fortgeschrittene

Die Informationsflut des Internet individueller verarbeiten

Zur sinnvollen Arbeit mit dem Medium Internet zählt auch die gezieltere Selektion der Informationen und die individuelle Einstellung des verwendeten Browsers. Dieser Kurs wird auf Unterschiede der beiden Standardbrowser „Netscape Communicator" und Microsofts „Internet Explorer" eingehen und Einstellmöglichkeiten veranschaulichen sowie den Datenschutz im Netz behandeln. Die langwierige Suche im Internet kann durch die Kenntnis über die Suchsyntax der jeweiligen verwendeten Suchmaschinen erheblich verkürzt werden. Damit der auserwählte Provider sich nicht über zu hohe Hotlinekosten freuen kann, wird die Installation der Software der am häufigsten genutzten Provider durchgeführt und auf individuelle Einstellungsmöglichkeiten und auftretende Probleme hingewiesen. Die Kommunikation mit Mailboxen und ein dazu verwendbares Terminalprogramm wird praktisch veranschaulicht.

Inhalte:

- Browservergleich und Konfigurationsmöglichkeiten;
- Das Modem als Faxgerät;
- Terminalemulationen im Vergleich;
- AOL, Compuserve, T-Online – welcher, wie, was dann?
- Homepageerstellung und dazu verwendbare Tools;
- Sicherheit im Internet – Virenschutz, „Kindersicherung", Kontrollmöglichkeiten
- Mailprogramme im Vergleich

Voraussetzungen: Frauen online–Einführungskurs, PC-Erfahrung, Windows 95-Kenntnisse

Kosten: 170,— DM (ermäßigt 85,— DM)
Anmeldung: Geschäftsstelle Göttingen

Halbtagskurs: 5 Tage vormittags, 20 Ustd.

07. - 11. Dezember	Göttingen	G31158

Kompaktkurs - Schnelleinstieg in die Textverarbeitung

WORD für Windows

Dieser Kurs vermittelt in 24 UStd. die elementaren Funktionen des Textverarbeitungsprogramms Word für Windows.

Inhalte:

- Texte erfassen, korrigieren, abspeichern;
- einfache Gestaltung von Dokumenten;
- Drucken von Dokumenten aus Word für Windwos.

Frauenkurs siehe Seite 57

Voraussetzung: EDV-Grund- und Windowskenntnisse

Kosten: 144,— DM
Anmeldung: Geschäftsstelle Göttingen

Abendkurse: 6 Abende, 24 Ustd.
mont./mittw. oder dienst./donnerst. jeweils 19.00–22.00 Uhr

16. Febr. - 04. März	Göttingen	G33066
22. Sept. - 08. Okt.	Göttingen	G33084

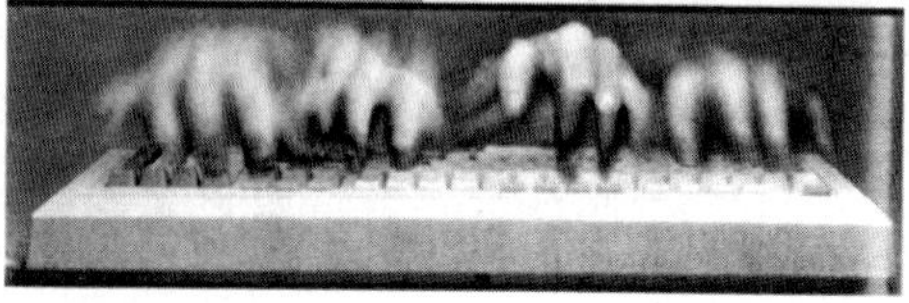

Intensivkurs Word für Windows

Sie werden in diesem Kurs in einer kleinen, intensiv betreuten Gruppe, mit zügigem Lerntempo die wichtigsten Grundfunktionen von Winword kennen und anwenden lernen.

Inhalte:

- Kurzeinführung in Windows 95;
- Erfassung, Korrektur und Gestaltung von Text;
- Einsatz und Bearbeitung von Grafik im Text;
- Textbausteine, Tabulatoren, Tabellen;
- Kopf- und Fußzeilen;
- Erstellung von Serienbriefen;
- Hilfsfunktionen (Rechtschreibung, Trennung, AutoKorrektur).

Kosten: 304,— DM
Anmeldung: Geschäftsstelle Göttingen

Wochenendseminar: 2 Wochenenden, 32 Ustd.
freitags: 18.00-21.00, samstags u. sonntags: 9.00-15.00 Uhr

20. Febr. - 01. März	Göttingen	G32114
23. Okt. - 01. Nov.	Göttingen	G32115

Abb.: F-2

wird, differenzierten Textdarstellungen bei seiner Kursauswahl aufmerksam zu folgen, zwingt dieses zu prägnanten und griffigen Formulierungen, die zielgerichtete Aufmerksamkeit erregen und schon beim Überfliegen des Textes Orientierungen bieten (◁ Abb. F-2). Diese sollten unterstützt werden durch einladende, Blick fangende und prägnante Visualisierungen zum Kursthema. Dabei ist wichtig, nicht zu überladen.
Wird der Ankündigungstext nicht in eigener Regie veröffentlicht oder in seinem Layout gestaltet, weil er Teil des Gesamtprogramms eines größeren Anbieters ist, so sollte vor seiner Veröffentlichung die Möglichkeit des Korrektur lesens verabredet werden, weil die Erfahrung zeigt, dass sinnentstellende Druck- oder Gestaltungsfehler von thematischen Laien nicht erkannt werden.

2. Inhalte von Ankündigungstexten

Ankündigungstexte müssen mindestens Informationen über das Thema des Kurses bzw. Seminars geben und seinen genaueren Inhalt in Stichworten oder auch im Fließtext knapp erläutern. Ihre Sprache muss klar, prägnant und informativ aber auch einladend und positiv einstimmend sein. Von besonders großer Bedeutung ist die Formulierung der Überschrift, die Blickfang sein soll und dem Leser bzw. der Betrachterin, wenn wir auch im Internet werben, erste Orientierung bieten muss.
Es ist eine Bestimmung bzw. Eingrenzung der Zielgruppe vorzunehmen, an die sich der Kurs/das Thema wendet, und oft ist es sinnvoll, auch Aussagen über vorherrschende Arbeitsweisen zu treffen. Tagungsort und -zeit müssen im Text ebenso geklärt werden wie die Höhe der Kurs- und Seminargebühren neben den Kosten für Unterkunft und Verpflegung, falls diese entstehen. Manchmal bestimmt der Tagungsort oder die gewählte Zeit des Kurses stärker die Nachfrage potenzieller Teilnehmerinnen und Teilnehmer als das Thema (☞ G. Haus und Räume). Es ist mit Blick auf die angesprochene Zielgruppe sehr differenziert zu entscheiden, ob der Kursleiter bzw. die Kursleiterin bereits im Ankündigungstext namentlich genannt werden soll und wenn ja, in welcher Weise. Der Name bekannter Persönlichkeiten kann neben dem Kursthema und Tagungsort positive Signalwirkung für die potenziellen Teilnehmer und Teilnehmerinnen haben. Die Angabe von akademischen Titeln sowie ausgeübten gesellschaftlichen bzw. beruflichen Funktionen kann – je nach Zielgruppe – positiv bestärkend oder abschreckend wirken.

62 **Absender(in):**

☐ **Ich beantrage Ermäßigung der Kursgebühren und füge folgende Unterlagen bei:**

Bitte frei machen

Bildungsvereinigung
Arbeit und Leben
Jüdenstraße 1

37073 Göttingen

Anmeldung

zu der/den Veranstaltung/en der Bildungsvereinigung Arbeit und Leben Göttingen
Bitte vollständig und in Blockschrift ausfüllen.

1. Vor- und Zuname
2. Straße, Nr.
3. PLZ Ort
4. Telefon tagsüber abends
5. Fax/e-mail

(4.+5. sind freiwillig. Alle Daten werden nach Bestimmungen des Datenschutzes nur für interne Zwecke verwendet.)
Hiermit melde ich mich verbindlich zu folgender/n Veranstaltung/en von Arbeit und Leben an und verpflichte mich, nach Erhalt der Zahlungsaufforderung den Teilnahmebeitrag zu bezahlen.

Seminar-Nr. **Thema**

Die Teilnahmebedingungen von Arbeit und Leben, abgedruckt im Programmheft Seite 118, erkenne ich an.

Datum Unterschrift

Abb.: F-3

Zum Schluss des Ankündigungstextes muss geklärt werden, wo, wie und bis wann spätestens sich ein interessierter Teilnehmer zu dem Seminar anmelden kann. Durch eine gestaltete Anmeldekarte oder einen entsprechenden Fax-Vordruck, die nur noch auszufüllen sind, kann die Handlungsbarriere bei den potenziellen Teilnehmern, deren Aufmerksamkeit wir mit Inhalt und Layout der Ankündigung geweckt und gelenkt haben, wirkungsvoll gesenkt werden (◁ Abb. F-3). Auf eine ggf. mit der Anmeldung zu leistende Anzahlung für die Seminargebühren und die Konditionen eines Rücktritts nach erfolgter Anmeldung ist gesondert hinzuweisen.

3. Teilnahmebestätigung und Kursunterlagen

Eine Selbstverständlichkeit ist, dass unmittelbar nach Anmeldeschluss die Teilnehmer und Teilnehmerinnen eine persönlich gestaltete schriftliche Bestätigung der Anmeldung in Verbindung mit einer Zusage – oder auch ggf. Absage – erhalten. Arbeitnehmer und Angestellte, die den Kurs als Bildungsurlaub beantragen wollen, müssen Fristen einhalten! Zeichen einer guten Kursorganisation ist es, wenn alle weiteren Kursunterlagen bereits zusammen mit der Teilnahmebestätigung versendet werden können.

Auf alle Fälle sollten – als kundenorientierte Serviceleistung des Leitungsteams oder der Organisatoren – zusammen mit dem Kursprogramm auch genauere Informationen über die Tagungsstätte, ihre Lage und Ausstattung sowie über die Region in ihren Freizeitangeboten in Verbindung mit einer übersichtlich gestalteten Anfahrtskizze an die Teilnehmer versandt werden.

4. Kursprogramm

Das ausführliche und auch visuell ansprechend gestaltete Kursprogramm muss den Teilnehmerinnen und Teilnehmern so rechtzeitig vor Beginn des Kurses vorliegen, dass sie sich mit dem geplanten Kursablauf, seinen genaueren inhaltlichen Schwerpunkten und den Arbeitsmethoden vertraut machen können.

So finden Sie uns:

Kath. Landvolkhochschule Oesede
Johannes-Schlömann-Schule
Hausanschrift: Gartbrink 5,
49124 Georgsmarienhütte-Oesede
Postanschrift: Postfach 1240, 49110 Georgsmarienhütte
Telefon: 0 54 01 / 86 68-0
Telefax: 0 54 01 / 6443
Bürozeiten: Montag bis Donnerstag
von 8.30 bis 13.00 Uhr und 14.00 bis 17.30
Freitag von 830 bis 13.00 Uhr

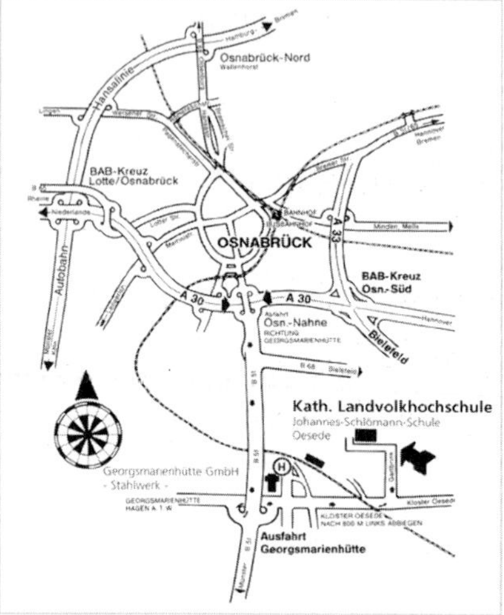

Die Katholische Landvolkhochschule liegt in Oesede, dem Zentrum der Stadt Georgsmarienhütte, 10 km südlich von Osnabrück. Von der B 51 zwischen Osnabrück-Münster benutzen sie die Abfahrt *„Georgsmarienhütte"* und fahren von dort ca. 600 m in Richtung ***Kloster Oesede***. Dort (Hinweisschild ***"Landvolkhochschule"*** am rechten Straßenrand) führt links bergauf die Straße ***"Gartbrink"*** zu unserer Einrichtung. Mit öffentlichen Verkehrsmitteln erreichen Sie uns mit den Bussen der Kraftwerke Osnabrück-Süd (KOS), ***Linien 402/403/404,*** bis zur Haltestelle ***"Oesede Gildehaus"*** an der Kirche St. Peter und Paul. Fußweg ab dort ca. 1 km.

Abb.: F-4

Landvolkhochschule

JOHANNES-SCHLÖMANN-SCHULE

Besonders, wenn erwartet wird, dass eigene Unterlagen und Materialien zum Kurs mitgebracht werden, empfiehlt es sich, das Kursprogramm mindestens drei Wochen vor Beginn des Kurses zu versenden. Spätestens jetzt muss eine detaillierte Skizze und Beschreibung, wie das Tagungshaus erreicht werden kann, beigefügt werden (◁ Abb. F-4).
Das Kursprogramm ist der Fahrplan für die Teilnehmerinnen und Teilnehmer für die Dauer der Bildungs- bzw. Weiterbildungsmaßnahme. Sie werden sich während des Kurses immer wieder auf dieses Programm beziehen und die Umsetzung seiner Aussagen erwarten! Notwendige Änderungen oder Abweichungen von der Planung müssen also vor Ort einvernehmlich geklärt werden. Das Kursprogramm sollte neben einer zeitlichen Gliederung der Kursinhalte mit inhaltlich-methodischer Aufbereitung des Themas unter Berücksichtigung des dramaturgischen Spannungsbogens (☞ C. Dramaturgie und Ablauf) auch Aussagen über Lern- und Arbeitsformen treffen (☞ E. Lern und Arbeitsformen). Aufgabenverteilungen bzw. Zuordnungen von Themen- und Aufgabenbereichen zu den Personen des Leitungsteams müssen dem Kursprogramm entnommen werden können, damit Teilnehmerinnen und Teilnehmer klare Ansprechpartner für ihre Fragen haben. Entspannungsmöglichkeiten sowie die Voraussetzungen bzw. Bedingungen der Teilnahme an ihnen (☞ W. Wellness und Entspannung) sind ebenso wie Angebote über gemeinsame Freizeitgestaltung im Kursprogramm zu klären. **EB**

Literatur

Hartmann u. a.: *Präsentieren, Weinheim und Basel 1996.*
Seifert, J.: *Visualisieren – Präsentieren – Moderieren, Offenbach 1995.*

Fast alle Hotels und Tagungsstätten:
INTERGERMA (Hrsg.):
Hotels und Tagungsstätten in Deutschland.
Tagung, Schulung, Präsentation, Konferenz.
Jährlich neue Ausgabe **kostenlos** zu beziehen von:
Intergerma Marketing, Alfred-Fischer-Weg 12, 59073 Hamm
(0 23 81) Tel. 30 70 90, Fax 30 70 9-19; E-mail: info@intergerma.com

Ausgewählte Tagungshotels (exklusiv):
Neuland, R. (Hrsg.)
Ausgewählte Tagungshotels zum Wohlfühlen. Freizeit-Verlag – Top-Hotel, Landsberg 1999

Gruppenunterkünfte (preiswert):
Redaktion Vademecum (Hrsg.):
Deutsches Zentralverzeichnis Gruppenunterkünfte und –Fahrten.
AOL-Verlag, Lichtenau

Internet
http://www.hotel.de (zur Übersicht)
... und viele Ketten:
astron-hotels.de, bestwestern.de, choice-hotels.de, maritim.de, minotel.com, novotel.de, radisson.com, relaxa-hotel.de, reservhotel.com, ringhotels.de, romantikhotels.com, srs-worldhotels.com, top-hotels.de, treff-hotels.de, welcome-hotels.com.

Abb.: G-1

G. Haus und Räume

1. Auswahl der Tagungsstätte
2. Hausordnung oder Gästekodex
3. Raumbelegung und Reservierung
4. Atmosphäre und Ambiente
5. Küche und Keller
6. Übernachtung und Unterbringung

Für die Veranstaltung von Kursen und Seminaren kommen die unterschiedlichsten Einrichtungen infrage: Hotels, Schulen, Fortbildungseinrichtungen wie Heimvolkshochschulen oder Bildungszentren, Unternehmen, Gemeindehäuser, Gebäude von anderen öffentlichen Einrichtungen und Kirchen, Klöster, Jugendherbergen. Alle diese Häuser bieten sich an, verfügen aber über ganz verschiedene Voraussetzungen. Hinweise auf Tagungsmöglichkeiten geben Verbände und entsprechende Zusammenschlüsse, z. B. von Tagungshotels oder Heimvolkshochschulen. Eine Vorentscheidung wird durch die Art der Veranstaltung und die anvisierte Zielgruppe bereits getroffen. Klassische Veranstaltungshäuser sind zum einen Tagungshotels (gesicherter Standard, komfortabel, hohes Preisniveau) oder alternative Tagungsstätten (unterschiedlich in jeder Hinsicht, mit z. T. originellen und skurrilen Schwerpunkten betr. Rahmenprogramm, Küche, Unterkunft). Für beide Richtungen gibt es Empfehlungen oder Zusammenstellungen (◁ Abb. G-1).

1. Auswahl der Tagungsstätte

Die Auswahl der Tagungsstätte ist oft entscheidend für das Gelingen der Veranstaltung:

- *Ein schlechter Ruf des Tagungshauses hält potenzielle Teilnehmer von der Anmeldung ab und führt zu einer unzureichenden Teilnehmerzahl.*
- *Fehlende Einrichtungen und Medien verärgern Referenten, die nicht so arbeiten können, wie sie es geplant haben.*
- *Ein schlechtes Ambiente schlägt auf die Kursatmosphäre durch und beeinträchtigt die Stimmungslage und das Lernklima.*

Zur Vermeidung solcher Pannen sollten Sie, sofern irgend möglich, Einfluss auf die Auswahl des Hauses nehmen und folgende Gesichtspunkte berücksichtigen:

Der MTV-Test ☑

verschafft einen schnellen Überblick und ermöglicht die Beurteilung, inwieweit ein Haus Ihren Ansprüchen für eine Veranstaltung genügt.

Das **M** von Moderationskoffer steht stellvertretend für die Ausstattung und die Tagungsinfrastruktur der Einrichtung.

Das **T** von Toiletten steht stellvertretend für das Wohlbefinden, das durch Hygiene und Komfort ermöglicht wird.

Das **V** von Vegetarisches Gericht steht für die Küche und deren Bereitschaft, auf spezielle Wünsche einzugehen.

	M	**T**	**V**
sehr gut	7	7	6
gut	5	5	5
erträglich	4	4	4
mangelhaft	1	1	1
ganz mies	0	0	0

1. Inspizieren Sie den Moderationskoffer im Konferenzraum:
   Sind genügend Filzstifte in mehreren Farben da? Sind sie noch nicht eingetrocknet? Gibt es Karten in mehreren Formen und Farben in ausreichender Anzahl? Sind Scheren, Klebestifte und Klebeband vorhanden?
2. Schauen Sie sich bei der Benutzung der Toilette um:
   Wie ist es mit der Sauberkeit und Hygiene bestellt? Sind Seife und Handtücher vorhanden? Gibt es warmes Wasser und evtl. Extras, wie z. B. feuchtes Toilettenpapier und Brillenabdeckungen?
3. Bestellen Sie ein vegetarisches Gericht. Wenn Sie das absolut nicht mögen, verlangen Sie eine andere Besonderheit, z. B. das Aufwärmen Ihrer Diätmahlzeit und beurteilen Sie:
   Wie geht man auf Ihren Extra-Wunsch ein? Ist der Service in Ordnung? Wie erfolgt die Berechnung?

Bewerten Sie die drei Bereiche nach der angegebenen Punktetabelle und addieren Sie:

20 – 16 Punkte	Diese Einrichtung können Sie für die Planung Ihrer Veranstaltung in Betracht ziehen. Sie werden kaum größere Enttäuschungen erleben.
15 – 13 Punkte	Bevor Sie dieses Haus buchen, sollten Sie sich näher informieren, damit Sie keine Enttäuschungen erleben!
12 – 0 Punkte	Hände weg von diesem Etablissement. Die Teilnehmer Ihrer Veranstaltung werden es Ihnen danken!

Abb.: G-2

a) Ist das Haus für die Zielgruppe problemlos zu erreichen?
(Entfernung, Verkehrsverbindungen, öffentliche Verkehrsmittel, Parkplätze, Telefon, Fax)
b) Verfügt das Haus über Räume und Einrichtungen, die für die Arbeit und das Wohlbefinden des Teilnehmerkreises benötigt werden?
Gruppenräume, Seminartechnik, Sport- und Freizeiteinrichtungen)
c) Passen Image, Stil und Ambiente des Hauses in etwa zu Kursthema und Teilnehmern?
(Ein Hotel, in dem überwiegend Kegelvereine Kurzurlaube durchführen, ist für ein Seminar zum Thema „Stille und Meditation" vermutlich nicht geeignet.)

Zur ersten Orientierung kann der Hausprospekt dienen, den alle Anbieter auf Anfrage versenden. Dieser sagt allerdings wenig aus, wenn er schon vor Jahren verfasst wurde oder wenn die Selbstdarstellung mehr dem Wunschdenken als den realen Gegebenheiten entspricht. Gerade zur Erfassung von subjektiv erfahrbaren Einflussfaktoren auf die Atmosphäre eines Hauses ist der persönliche Besuch hilfreich. Wenn das Haus allgemein den Anforderungen zu entsprechen scheint, sollte es näher in Augenschein genommen werden. Dazu ist zunächst die Durchführung des „MTV-Tests" (◁ Abb. G-2) empfehlenswert.

2. Hausordnung oder Gästekodex

Heimvolkshochschulen, Exerzitienhäuser, Jugendherbergen und ähnliche Einrichtungen haben meistens eine Hausordnung. Diese sieht z. B. feste Tischzeiten vor, legt Ruhephasen in der Mittagszeit oder einen „Zapfenstreich" zur Nacht fest und grenzt das Rauchen ein. Solche Regelungen können individuell als Einschränkung empfunden werden, sichern jedoch das kollektive Wohlbefinden. Bei vielen Seminarformen oder -übungen ist man sogar auf eine entsprechende Ordnung und ihre Einhaltung angewiesen. Eine Konzentrationsübung kann nicht gelingen, wenn Trinklieder aus dem Gruppenraum nebenan herüberschallen.

Der Gästekodex lässt sich analog zu Kants Kategorischem Imperativ so formulieren: „Handele stets so, dass dein Tun und Lassen jederzeit zur Grundlage einer allgemeinen Verhaltensregelung für die Tagungsstätte dienen kann." Wenn von der Hausordnung abgewichen werden soll oder der Gästekodex nicht eingehalten werden kann – z. B. weil ein Kursfest geplant ist –, sollte man im Vorhinein die Genehmigung der Hausleitung und das Einverständnis evtl. parallel tagender Gruppen einholen.

Checkliste: Raumbedarf

Raum für Plenum - Reihenbestuhlung - Tische und Stühle - Stuhlkreis - Konferenzbestuhlung Gruppenräume Computer-Raum Ausstellungs- bzw. Präsentationsbereich Film-/Fernsehraum Ton-/Videostudio Musikzimmer Übungsraum Bühne Forum Bibliothek	Turnhalle Sportanlage Tanzfläche Meditationsraum Fitness-Studio Sauna/Pool Ruheraum Kegelbahn Bar Bierkeller Cafeteria Restaurant Mensa Teeküche Grillplatz Kaminzimmer Weinstube

Abb.: G-3

INSTITUT FÜR FORT- UND WEITERBILDUNG

FAX

FREINETSTR. 12-14
D – 37159 WESTHEIM
☎ (05599) 53 60 - 0

ABT. FREMDSPRACHEN

FAX – 53 60 - 20

Datum 1998-11-16

An	Fax-Nr.	Seiten
Gästehaus Seeblick Wannsee	030-88 99 20	1

Buchung unserer Veranstaltung 023/1998

Sehr geehrter Herr Bichler,

unsere mündliche Absprache von heute Morgen bestätige ich. Wir werden in Ihrem Hause einen Kurs vom 99-05-02 bis 05 mit 21 Personen durchführen. Unterbringung und Verpflegung erfolgen lt. Ihrem Angebot von 98-10-28. Für die Dauer des Kurses werden uns die Räume 102, 111 und 112 sowie eine Videoanlage zur Verfügung stehen.

Mit freundlichen Grüßen

Abb.: G-4

3. Raumbelegung und Reservierung

Eigentlich sollte das Konzept für die Veranstaltung in den groben Zügen schon stehen, wenn man Haus und Räume bucht. Die geplanten Arbeitsformen und Kursaktivitäten bestimmen die Anforderungen an die Räume und ihre Einrichtung. Eine **Checkliste** (◁ Abb. G-3) ist dabei hilfreich. Mit ihrer Hilfe lässt sich das Anforderungsprofil bestimmen, das dann mit den realen Gegebenheiten abgeglichen werden kann. Ideale Raumverhältnisse bekommt man selten geboten, aber für die wichtigsten Anforderungen sollten entsprechend geeignete Räume verfügbar sein.
Empfehlenswert ist es, die gewünschten Räume zu den geplanten Zeiten reservieren zu lassen. Mündliche Vereinbarungen sollte man auf jeden Fall mit einem Fax bestätigen (◁ Abb. G-4). Das gleiche gilt für Medien- und Ausstattungswünsche. Videoanlage, DV-Plätze und Moderationsmaterial müssen in vielen Häusern rechtzeitig reserviert werden.

4. Atmosphäre und Ambiente

Die Atmosphäre und das Ambiente eines Hauses lassen sich schlecht beschreiben. Man spürt jedoch sehr schnell, ob eine angenehme Atmosphäre herrscht und wie positiv sich das Ambiente auswirkt. In Kursen, bei denen das emotionale Erleben eine zentrale Rolle spielt, ist es unerläßlich, die Wirkung dieser Faktoren persönlich in Augenschein zu nehmen. Als Kurs- und Seminarleitung haben Sie nach der Buchung nur noch sehr geringen Einfluss, weil sich nur marginale Ergänzungen vornehmen lassen, z. B. visuell durch die Gestaltung des Seminarraumes mit Postern und Blumen, akustisch durch Musikuntermalung oder olfaktorisch durch eine Duftlampe (☞ I. Materialien und Hilfsmittel).

5. Küche und Keller

„Die Liebe geht durch den Magen“ sagt ein Sprichwort über Beziehungen, bei denen die hitzige Phase der Liebe bereits abgeklungen ist. Für das Verhältnis von Gast zu Tagungshaus gilt die alte Weisheit aber allemal. Bei einer ganzheitlichen Betrachtung dessen, was man zu sich nimmt, müssen Kopf und Bauch gleichermaßen berücksichtigt werden. Bei der Planung sollte dieser Bereich nicht ausgeklammert bleiben.

Abb.: G-5

Abb.: G-6

Positiv wirkt sich auf Seminar- und Kursveranstaltungen eine Küche aus, die
- interessant und abwechslungsreich kocht,
- weder spartanisch-karg noch kalorienreich-üppig ausgerichtet ist,
- auf Wünsche eingeht (Diät, Vegetarisches),
- zeitlich flexibel ist (Verschiebung von Mahlzeiten),
- kleine Erfrischungen (Getränke, Obst, Joghurt) zwischendurch serviert (◁ Abb. G-5).

6. Übernachtung und Unterbringung

Standard für die Unterbringung von Seminar- und Kursteilnehmern sind Einzelzimmer (◁ Abb. G-6). Ausnahmen sind bei Sportveranstaltungen und Outdoor-Aktivitäten möglich. In diesen Fällen muss bei der Einladung ausdrücklich auf die komfortgeminderte Übernachtungsform hingewiesen werden.
In der Regel ist es für eine Veranstaltung sinnvoll, die Übernachtungsmöglichkeiten in unmittelbarer Nähe des Veranstaltungsraumes zu haben. Dadurch entstehen keine Zeitverluste für die Wege, und es besteht die Möglichkeit, sich während der Pausen in die „eigenen" vier Wände zurückzuziehen. Man sollte sich deshalb nicht darauf einlassen, wenn es heißt „Wir können einen Teil der Gruppe in einem befreundeten Haus unterbringen!" Meistens nimmt der Weg mehr Zeit in Anspruch, als angegeben wird, und der Gruppenzusammenhang wird erschwert. **HL**

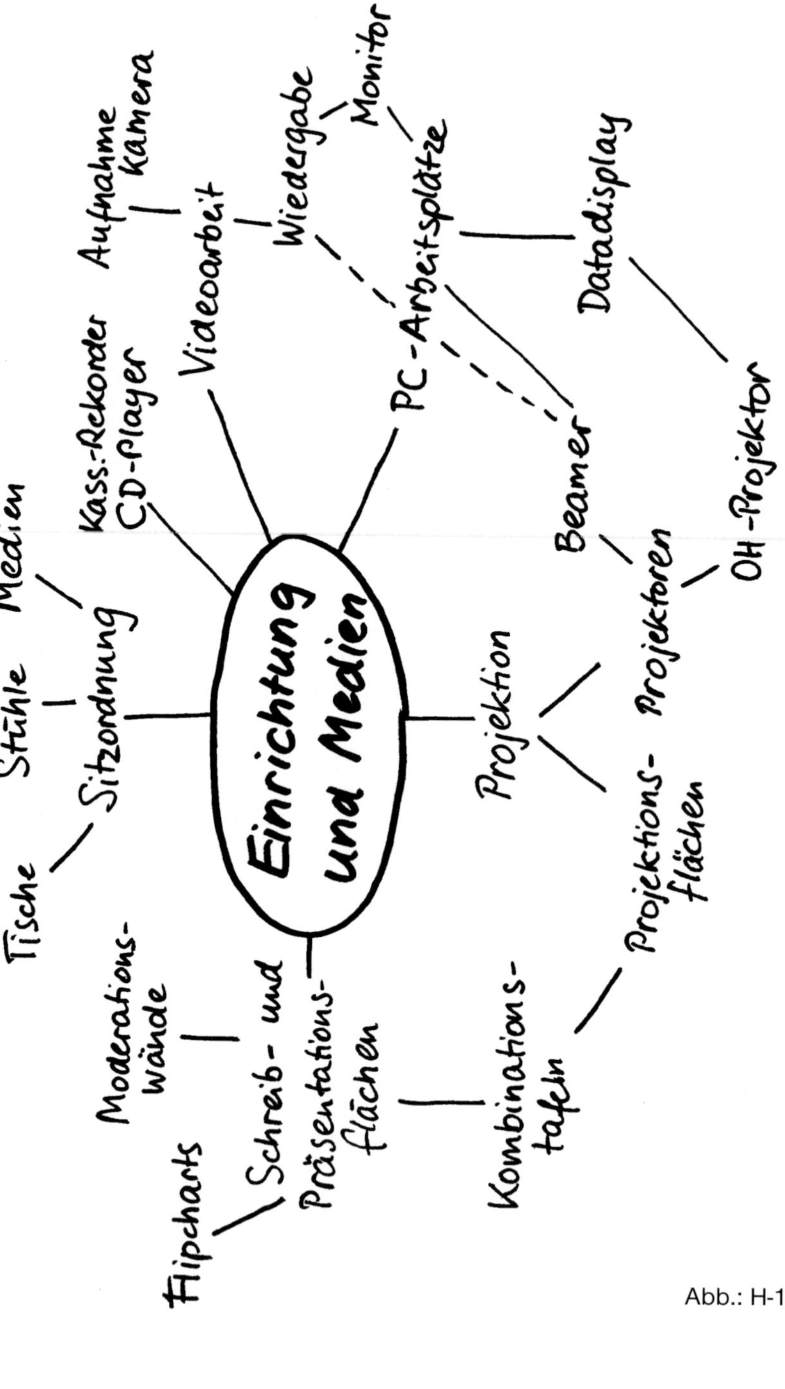

Einrichtung und Medien
Sitzordnung
Tische
Stühle
Medien
Kass.-Rekorder CD-Player
Videoarbeit
Aufnahme
Kamera
Wiedergabe
Monitor
PC-Arbeitsplätze
Datadisplay
Beamer
OH-Projektor
Projektion
Projektoren
Projektions-flächen
Kombinations-tafeln
Schreib- und Präsentations-flächen
Moderations-wände
Flipcharts

Abb.: H-1

H. Einrichtung und Medien

1. Bedeutung von Einrichtung und Medien
2. Ausgewählte Einrichtungsgegenstände und Medien

1. Bedeutung von Einrichtung und Medien

Eine gute Unterrichtsausstattung ist die Voraussetzung dafür, dass die Teilnehmer sich auf den Inhalt konzentrieren können, sich mit handhabbaren Instrumenten den Inhalt selbst erschließen, Arbeitsergebnisse präsentieren können, oder nur dazu, dass gemeinsames Arbeiten oder Zuhören durch unterschiedliche mediale Formen vereinfacht wird (☞ U. Multimedia und computergestütztes Lernen). Gute Möglichkeiten bieten sich bei einer entsprechenden medialen Ausstattung zur differenzierten Kursdokumentation und -auswertung. Fragen der „Qualitätssicherung" sind auch im Bildungsbereich in aller Munde. Teilnehmer sind dankbar für eine ggf. auch nachträglich zugesandte Sammlung der Arbeitsergebnisse. Hierdurch werden sie erneut an die Seminarzeit und die erarbeiteten Inhalte erinnert. Für eine mittel- und längerfristige Wirkung von Seminaren werden hierdurch die Voraussetzungen geschaffen. Die Kundenbindung wird hierdurch unterstützt (☞ X. Kursergebnisse und Dokumentation).

a) Einrichtung und Medien als Bestandteil des Marketing

Die Ausstattung und die Atmosphäre von Tagungsstätten ist häufig ausschlaggebend bei der Entscheidung für ein Seminarangebot. Entsprechend der Zielgruppen sind die Erwartungen auf Seiten der Teilnehmer/-innen unterschiedlich hoch. Dozenten/-innen sollten sich davor hüten, den angebotenen Inhalt als alleinige Motivation für den Seminarbesuch misszuverstehen.
Ausstattung und Unterrichtstechnik werden teilweise von Teilnehmer/-innen nicht vom Inhalt getrennt. Diese erhalten eine vorbereitende Funktion: professionelle Ausstattung als Voraussetzung für einen professionellen Inhalt.

b) Alles hat seine Zeit

Es gibt Zeiten vor, zwischen und nach den Unterrichtseinheiten. Es ist eine alte Binsenweisheit, dass während mehrtägiger Seminare die wichtigsten Gespräche am Abend oder in den Pausen stattfinden. In diesen Zeiten gewinnen auch Ausstattungsgegenstände an Bedeutung (◁ Abb. H-1).

Abb.: H-2

Abb.: H-3

2. Ausgewählte Einrichtungsgegenstände und Medien

a) Tische und Stühle

Eine Kreis- oder U-Form als Anordnungsmodell für Seminarräume hat sich mittlerweile durchgesetzt. Alle Teilnehmer/-innen können auf diese Art und Weise miteinander von Angesicht zu Angesicht kommunizieren. Insbesondere für Unterrichtsmethoden, die nicht frontal ausgerichtet sind, ist dies besonders wichtig.

Von dieser Kreisform abgewichen werden muss jedoch bei Podiumsdiskussionen, Präsentationen (◁ Abb. H-2), Vorführungen, dem offenen Stuhlkreis (ohne Tische) und bei Gruppenarbeit. Deshalb sollte auf eine variable Bestuhlung geachtet werden, wenn nicht problemlos in andere Räume ausgewichen werden kann.

Ein besonderer Fall ist die Ausstattung von Computerräumen. Wie in den alten Zeiten des Frontalunterrichts werden aus Platzgründen Tischreihen gebildet. Teilweise werden die Tische sogar so angeordnet, dass die Monitore vor der Wand stehen. Auf diese Weise sitzen alle Teilnehmer/-innen mit dem Rücken zueinander und auch zum Dozenten. Vorteil: Der Raum kann ohne großes Umräumen von unterschiedlichen Gruppen genutzt werden. „Kreidekurse" finden ebenso Platz wie die Computergruppen. Es darf auch während des Computerunterrichts nicht unterschätzt werden, dass der Austausch der Teilnehmer/-innen untereinander zur gemeinsamen Erarbeitung von Inhalten wichtig ist. Eine schon ohnehin festzustellende Konzentration auf den eigenen Monitor wird durch die Sitzordnung noch verstärkt (◁ Abb. H-3).

b) Musik

Ein kleiner Radiorecorder oder CD-Player zum Abspielen von Musik kann nicht nur für Seminare, die sich mit Musiktherapie oder Meditationen beschäftigen, nützlich sein. Warum nicht in den Pausen für die Teilnehmer/-innen, die im Unterrichtsraum bleiben, ein ruhiges Musikstück auflegen? Der Wechsel zwischen Arbeits- und Pausenzeiten wird hierdurch unterstrichen. Die Erholungsmöglichkeiten werden hierdurch gesteigert (☞ W. Wellness und Entspannung).

Kriterien	ASK Impression A4+	CTX EzPro 550	CTX EzPro 550 M	CTX EzPro 600	Davis DL 450 Lightbeam	Epson EMP 5100
baugleich mit	Geha Compact 540 plus	Lightware VP 800	Lightware MVP 800		A+K AstroBeam 530	

Technologie	3 x 1.3“ Polysilizium	1 x 6.4“ TFT	1 x 6.4“ TFT	3 x 1.3“ Polysilizium	1 Chip DMD	3 x 1.3” Polysilizium
Projektionslampe	150 W UHE	2x36V/400W Halogen	250 W Metallhalogen	250 W Metallhalogen	120 W UHP	150 W UHE
Lebensdauer Lampe	2500 Std.	50 Std.	500 Std.	1000 Std.	2000 Std.	2000 Std.
ANSI Lumen	750	300	350	550	500	750
Max. Auflösung	1024 x 768	800x600	1024 x 768	1024 x 768	1024 x 768	1024 x 768
Horiz. Frequenz	15 - 100 kHz	24- 50 kHz	24- 50 kHz	15 - 69 kHz	15 - 60 kHz	15 - 69 kHz
Vertik. Frequenz	43 - 130 Hz	55 - 75 Hz	55 - 75 Hz	50 - 85 Hz	48 - 85 Hz	50-85 Hz
Projektionsabstand	1 - 9,8 m	1,5 - 6 m	1,5 - 6 m	1,1 - 23 m	1,75 - 5 m	1,2 - 10 m
Bilddiagonale	0,6 - 7,6 m	1 - 4m	1 - 4m	0,5 - 16,25 m	1 - 4,25 m	0,5 - 7,6 m
Video Eingänge	2 x Composite 2 x S-Video	1 x Composite 1 x S-Video	1 x Composite 1 x S-Video	1 x Composite 1 x S-Video	1 x Composite	1 x Composite 1 x S-Video
Audio Eingänge	4	2	2	2	1 x S.Video	2
Lautsprecher	4 x 1 W Stereo	2 x 1,5 W Stereo	2 x 1,5 W Stereo	2 x 1,5 W Stereo	Ja	2 x 2 W Stereo
Mausfernsteuerung	Ja	Nein	Ja	Ja	Ja	Ja
Zoom	Manuell	Nein	Nein	Motorisiert	Motorisiert	Manuell
Gewicht	5 kg	4.2kg	4.2kg	5.4 kg	4.5 kg	6.6kg
Hersteller	ASK	CTX	CTX	CTX	Davis	Epson

Mit freundlicher Genehmigung der Fa. Wiederhold und Hutter, Göttingen

Abb.: H-4

c) *Overheadprojektor*

Zur traditionellen Ausstattung eines Seminarraumes gehört der Overheadprojektor. Die Erstellung von Folien mit Grafiken, Stichpunkten oder Mitschriften ist einfach und billig. Unterschiedliche Techniken bei der Nutzung dieses Mediums sind:

- Aufbauende Folien
  Folie für Folie werden neue Punkte ergänzt, die möglichst mit einer hervorhebenden Farbe für den aktuellen Punkt die Aufmerksamkeit steuert. Die Folien werden nacheinander aufgelegt. So können Sie Interesse an und Spannung in Ihrem Vortrag erzeugen oder erhalten.
- Unterlegtechnik
  Wollen Sie von einem unveränderten Ausgangspunkt aus unterschiedliche Argumentationen her entwickeln, können Sie diese Technik anwenden. Auf die Grundfolie wird die Frage geschrieben. Auf die darüber zu legenden Folien schreiben Sie die unterschiedlichen Argumentationen. Nachteil dieser Technik: Die Folien können verrutschen. Abhilfe kann eine Reißzwecke bieten, über die Sie die Folien verbinden. Auf diese Weise können Sie die Folien so übereinander schieben, wie Sie es gerade benötigen.
- „Die Oberlehrer-Methode"
  Abzuraten ist von der weit verbreiteten Technik, der schrittweisen Enthüllung der Gliederungspunkte durch Verschieben eines Stücks Papier. Der Gesamteindruck der Folie wird hierdurch stark beeinflusst, und außerdem beschneiden Sie sich hierdurch der Möglichkeiten einer grafischen Unterstützung der Textteile. Grafiken, Symbole, Karikaturen etc. wirken nur in der Gesamtansicht.

d) *Datenprojektion*

Die Fortsetzung der Folienprojektion ist in der Nutzung von Datenprojektoren (LC-Display oder Datenprojektor, auch „Beamer" genannt) zu Präsentationszwecken zu sehen (◁ Abb. H-4). Ein dafür geeignetes Präsentationsprogramm steht in allen großen Office-Paketen zur Verfügung: *PowerPoint (Microsoft), Freelance Graphics (Lotus), Presentation (Corel)* etc. Die Bedienung der Programme ist einfach und die Effekte sind beeindruckend (*Fader, Puzzleeffekte, Hereinschweben der Textteile* usw.). Das spart Folienmaterial und auch ein Ausdruck auf Papier ist kein Problem.

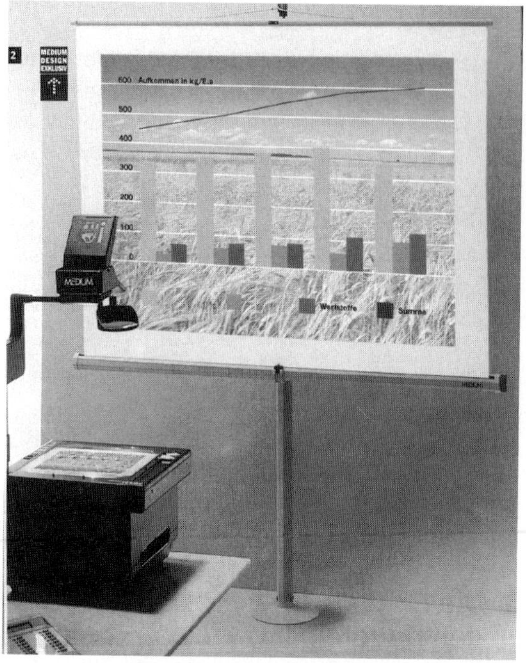

2
MEDIUM
DESIGN
EXKLUSIV
600 Aufkommen in kg/E.a
500
400
300
200
100
0
Wertstoffe
Summe
MEDIUM

Abb.: H-5

In den neuesten Versionen von Präsentationsprogrammen steht auch die sog. Hypertext-Technologie zur Verfügung. Wie im Internet können einzelne Worte farbig hervorgehoben werden und über diese wird durch einen Mausklick auf das entsprechende Wort, zu einer weiteren Informationsseite verzweigt. An Flexibilität ist eine derartige Technik auf der Grundlage einer durchdachten Präsentationsstruktur nicht zu überbieten.
Einziger Nachteil: Sowohl das Präsentationsprogramm wie auch die Projektionstechnik ist mit hohen Kosten verbunden. Mittlerweile stehen Projektoren zur Verfügung, die bei einer als ausreichend zu bezeichnenden Lichtstärke (350-550 ANSI-Lumen) zwischen 5 000 und 8 000 DM zu erstehen sind. Ein weiterer Vorteil dieser Geräte liegt darin, dass TV-Sendungen oder Videos großflächig projiziert werden können.
Von der Anschaffung der weit billigeren LC-Displays ist abzuraten. Die mäßige Lichtstärke führt regelmäßig dazu, dass der Seminarraum fast vollständig zu verdunkeln ist, um genug erkennen zu können. Außerdem sind LC-Displays nicht videofähig und ein lichtstarker Overheadprojektor wird notwendig.

e) *Projektionsflächen*

Wer einen Datenprojektor oder ein LC-Display verwendet, sollte einige Sorgfalt auf die Wahl der Projektionsfläche verwenden. Die ohnehin in der Regel problematische Lichtleistung der Projektionsapparate wird durch eine schlechte Projektionsfläche zusätzlich verschlechtert.
Die Projektion auf eine weiße Wand sollte möglichst vermieden werden. Bei der Wahl der Projektionsfläche kann zwischen transportablen Projektionsleinwänden und festen Projektionsflächen unterschieden werden. Letztere bieten die optimale Lösung, sind allerdings schlecht zu transportieren und teurer. Transportable Projektionsleinwände unterscheiden sich in den Projektionseigenschaften. Zwischen 600 und 800 DM müssen Sie schon anlegen, um eine hochwertige Projektionsleinwand mit einer Fläche von 1,8 x 1,8 m nutzen zu können (◁ Abb. H-5).

f) *Flipchart*

Der „Notizblock" einer Seminargruppe und gleichzeitig Tafelersatz ist das Flipchart. Eingesetzt werden sollte dieses Medium nur in kleineren Gruppen mit entsprechender Raumgröße. Begrenzt sind die Möglichkeiten durch den zur Verfügung stehenden Platz. Die Folge ist eine plakative, sehr skizzenorientierte Informationsaufbereitung. Vermeiden sollten Sie den Versuch, auf einem Flipchartblatt den Inhalt einer A4-Seite abzubilden. Hier gelten ähnliche Regeln der Präsentation wie für Folien und Präsentationsprogramme, was den Umfang der Stichpunkte, die Knappheit der Formulierungen und die

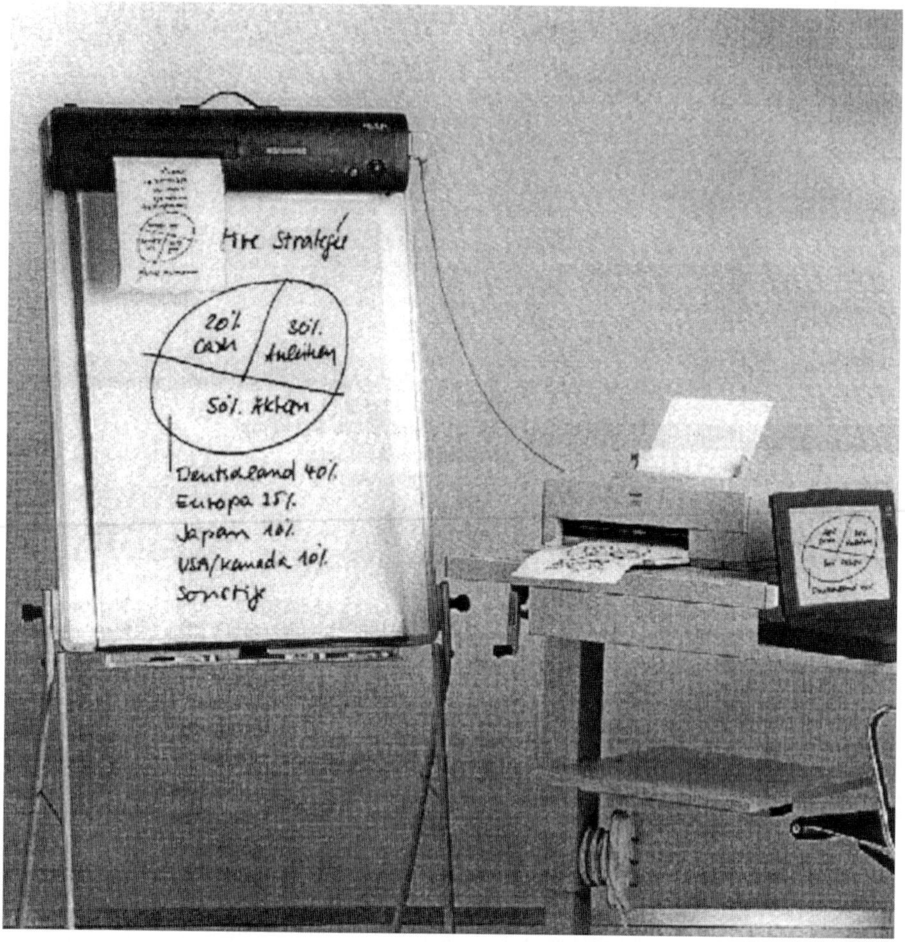
Ihre Strategie
20% Cash
30% Anleihen
50% Aktien
Deutschland 40%
Europa 15%
Japan 10%
USA/Kanada 10%
Sonstige

Abb.: H-6

Unterstützung durch Skizzen, Karikaturen usw. betrifft (☞ Q. Präsentieren und Vorstellen). Eine Besonderheit ist das Copyboard, mit dem Flipchart-Blätter auf A4-Format ausgedruckt und ggf. per PC weiter bearbeitet werden können (◁ Abb. H-6).

g) *Moderationstafeln*

Moderationstafeln können vielfältig in Unterrichtsräumen eingesetzt werden: als Raumteiler zur Abtrennung von mehreren in einem Raum arbeitenden Arbeitsgruppen, als Ausstellungsrequisit, als Moderations- und Präsentationsinstrument.

Es ist zu empfehlen, mehrere (mindestens drei) Moderationstafeln zur Verfügung zu haben, um zwischen Moderation, Präsentation und Dokumentation wechseln zu können. (Ersatzmöglichkeiten: I. Materialien und Hilfsmittel).

Die auf einer Moderationstafel festgehaltene Seminarplanung sollte während des gesamten Seminarzeitraums immer sichtbar bleiben, um den Teilnehmer/-innen eine Orientierung anzubieten, an welchem Punkt des Gesamtverlaufs sich die Gruppe gerade befindet. Zum Rückverweis auf bereits erarbeitete Unterrichtsinhalte ist die Dokumentation der letzten Einheit auf einer weiteren Tafel hilfreich. Weiter zurückliegende Arbeitsergebnisse können ggf. mit Hilfe von Magnetbändern im Seminarraum weiterhin erhalten bleiben. Der Fortschritt innerhalb des Seminarverlaufs wird auf diese Weise visualisiert und den Teilnehmer/-innen vor Augen gehalten.

h) *Kombinationstafeln*

Vielseitiger einsetzbar als die traditionelle Kreidetafel, sauberer, aber auch in den Betriebskosten höher sind sog. Kombinationstafeln. Diese stellen eine Kombination aus Whiteboard, Magnettafel, Flipchart und Projektionsfläche dar. Die Tafeln haben zwei Flügeltüren zum Ausklappen wie eine herkömmliche Tafel, sind wahlweise an der Wand oder auf einem fahrbaren Gestell befestigt.

Beschreibbar sind Kombinationstafeln nur mit Boardmarkern. Diese verbrauchen sich relativ schnell (ca. ein Stift pro 8-stündigem Unterrichtstag, an dem viel geschrieben wird).

Grund zu Ärger gibt es immer dann, wenn mit herkömmlichen Filzschreibern auf das Whiteboard geschrieben wurde. Mit den für Whiteboards üblichen Reinigungsmitteln kommt man diesem Versehen nicht bei. Abhilfe schafft das Überschreiben der Linien mit einem Boardmarker. Dies ist allerdings sehr aufwendig und zeitraubend. Andere Möglichkeiten – z. B. Alkohol/Waschbenzin etc. – sind zwar wirksam, aber mit Vorsicht zu genießen, da hierdurch nicht selten die Oberflächenbeschichtung in Mitleidenschaft gezogen wird.

Wie viele PCs braucht ein Kurs?

1. *Die Marketingstrategie*
   Wer mit guter technischer Ausstattung wirbt, kommt um einen PC pro Teilnehmer/-in nicht herum.

2. *Der Kenntnisstand der Teilnehmer/-innen*
   Einsteigerkurse machen es nicht zwangsläufig notwendig, einen PC pro Teilnehmer/-in bereitzustellen. Gegenseitiges Helfen der Teilnehmer/-innen untereinander sollte wesentlicher Bestandteil einer EDV-Didaktik insbesondere in dieser Aneignungsphase sein. Anders sieht es hier bei Trainingsphasen für Anwender mit größeren Vorerfahrungen aus. Hier ist zum Training der unterschiedlichen Anwendungstechniken eine maximale Computeranzahl notwendig. Fehler muß jede/r selbst machen, um daraus lernen zu können. Dies gilt insbesondere für den EDV-Bereich.

3. *Anzahl der Dozenten/-innen.*
   Je mehr PCs im Unterrichtsraum zur Verfügung stehen, desto mehr Fehlerquellen und Anlässe zum Nachfragen tauchen potenziell auf. Einen Trainingskurs für fortgeschrittene Anwender mit 20 PCs und Teilnehmern durch einen Dozenten betreuen zu lassen, ist mit intensiver Betreuung nicht möglich.

4. *Anforderungen der fördernden Stelle*
   Die Bundesanstalt für Arbeit fordert einen PC pro Teilnehmer bei Kursen der beruflichen Weiterbildung mit höherem EDV-Anteil.

Abb.: H-7

i) Videokamera

Insbesondere zur gemeinsamen objektivierbaren Analyse von Übungen zum Kommunikationsverhalten stellen Videokameras ein unabdingbares Ausstattungsinstrument dar. Über einen ausreichend großen Fernseher oder einen Datenprojektor auf eine Leinwand projiziert, lassen sich die Kommunikationsübungen gut auswerten.

Ein Problem stellen die Standbilder von Videoaufnahmen dar. Regelmäßig verschlechtert sich die Bildqualität hier bis zur Unkenntlichkeit. Abhilfe schaffen nur digitale Camcorder (z. B. die Canon MV1 - ca. 4 500 DM), die hierfür besonders ausgestattet sind. Gesteuert werden kann die Auswertung der Aufnahmen aber bis zu einem bestimmten Grad auch durch die Gesprächsführung der Kursleitung. Vermeiden Sie auf jeden Fall die Projektion schlechten Bildmaterials. Die Anstrengung beim Entziffern der Bildinformationen behindert den Lernprozess (☞ U. Multimedia und computergestütztes Lernen).

j) Computerarbeitsplätze

Insbesondere in der beruflichen Aus- und Weiterbildung ist die Frage heiß diskutiert, ob pro Teilnehmer/-in jeweils ein PC-Arbeitsplatz notwendig ist oder ein PC für zwei Teilnehmer/-innen ausreichend ist.

Einflussfaktoren für eine begründete Entscheidung entnehmen Sie der Übersicht (◁ Abb. H-7). **TM**

Bezugsquellen für Moderatons- und Präsentationsmaterial:
(☞ I. Materialien und Hilfsmittel, letzter Absatz.)

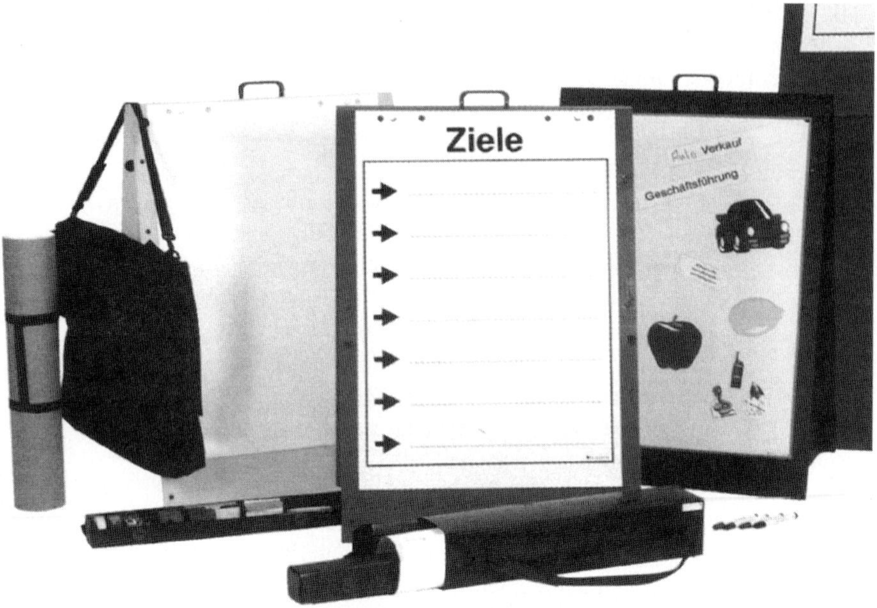

Abb.: I-1

I. Materialien und Hilfsmittel

1. Präsentationsmaterial
2. Animationsmaterial
3. Hilfsmittel
4. Materialkoffer

Die Kapitel I und J werden in Gliederungen häufig zusammengefaßt, weil die Ordnungsbuchstaben sich nicht gut unterscheiden lassen. Sie können dieses Kapitel deshalb sofort überschlagen, wenn Sie bereits über einen Materialkoffer verfügen, der alles das enthält, was Sie in Ihren Veranstaltungen als Material benötigen oder als Hilfsmittel zur Verbesserung der Gestaltung einsetzen können. Vielleicht finden Sie aber auch ein paar hilfreiche Tipps.

1. Präsentationsmaterial

Von einer guten Präsentation der Arbeitsergebnisse hängt der Erfolg eines Kurses ganz wesentlich ab. Meistens jedoch reichen die Flächen für eine großzügige Präsentation nicht aus. Dieser Mangel lässt sich beseitigen, wenn man einen Flipchart-Block oder viele Bögen Packpapier mit sich führt und

a) einen stabilen Bindfaden in 10 m Länge sowie ein oder zwei Dutzend Wäscheklammern mitbringt. Der Bindfaden lässt sich an Garderobe- oder Bilderhaken, Fenstergriffen und anderen Einrichtungsgegenständen in entsprechender Höhe befestigen, so dass die Bögen zur Präsentation wie an einer Wäscheleine aufgehängt werden können.
b) sich Haken mit Saugnäpfen im Küchen- oder Sanitärfachgeschäft besorgt. Diese haften auf Glas ausreichend fest und machen alle Fenster zu Präsentationsflächen. Probleme gibt es nur bei Gegenlicht und Sonnenschein; deshalb sind Wetter, Tageszeit und Himmelsrichtung zu beachten.
c) transportable Präsentationsträger einkauft und mitbringt. Diese gibt es in unterschiedlichen Formen, Qualitäten und Preisen (◁ Abb. I-1).

Bei Stiften und Karten erleben Sie keine negativen Überraschungen, wenn Sie Vorsorge treffen und sich selbst bedarfsgerecht versorgen. Karten kann man in jeder Form (Rechtecke, Ovale, Kreise, Wolken) relativ teuer fertig einkaufen oder preiswert selbst produzieren. Aus einer 500-Blatt-Packung farbigen A4-Papiers lassen sich 1 500 Karten für die Abfrage schneiden – zum Stückpreis von weniger als einem halben Cent. Wer einen Satz nachfüllbarer Filzstifte mitführt, schont die Umwelt und spart Geld. Das einzige Problem dieser ökologisch und ökonomisch günstigen Variante: man kann sich dabei die Finger schmutzig machen.

Nr. 001 / Alleen

Nr. 002 / Am Meer

Nr. 004 / Auf dem Wasser

Nr. 005 / Augenblicke

Nr. 007 / Brücken

Nr. 009 / Einblicke - Ausblicke

Abb.: I-2

2. Animationsmaterial

Viele Arbeits- und Freizeitangebote werden von den Teilnehmern gern aufgegriffen, wenn entsprechendes Material zur Animation und Motivation eingesetzt wird. Die folgenden Materialtips haben sich besonders bewährt.

Motivpostkarten (◁ Abb. I-2) lassen sich vielseitig anregend einsetzen:

- bei der Vorstellung: Motiv auswählen und sich anhand dessen persönlich vorstellen. Ein solcher Sprechanlass verhindert Vorstellungen im Telegrammstil (☞ L. Vorstellung und Kennenlernen).
- zur Gruppenbildung: Postkarten als Puzzle schneiden, Anzahl der Teile je nach gewünschter Gruppengröße; Teile mischen und ziehen lassen, Gruppen müssen sich finden (☞ M. Gruppenbildung und Gruppenarbeit).
- während des Back home: Reflexion der Kurserfahrungen und/oder des Befindens anhand eines ausgewählten Motivs (☞ Y. Abschluss und Back home).

Motivpostkarten gibt es nach Themen sortiert (Sonnenuntergänge, Fenster, Bäume, Katzen, Fahrräder u.s.w.) in Fotoabteilungen und Fotofachgeschäften oder direkt bei Postkarten-Verlagen in Blocks zu jeweils 30 Stück.

Mit entsprechenden **Musik-CDs** lassen sich Teilnehmerinnen und Teilnehmer besser für viele Aktivitäten animieren. Das gilt gleichermaßen für Entspannungsübungen, Traumreisen, geleitete Phantasien wie für Gymnastik, Tanz und Frühsport (▷☞ W. Wellness und Entspannung). Für jeden Zweck sollte man eine CD dabei haben. Es gibt spezielle Verlage, die sich auf Klangwelten und esoterische Musik spezialisiert haben; aber auch preiswerte Anbieter (z. B. *Zweitausendeins und AOL-Verlag*) haben solche CDs im Programm.

Zum Ausgleich von längeren Sitzphasen und einseitiger Hirnbelastung ist **Jonglieren** gut geeignet. Während eines drei- bis fünftägigen Kurses können die meisten Personen das Jonglieren mit drei Bällen lernen. Man benötigt zu Beginn eine Anleitung, drei Chiffontücher und drei Bälle.

Sie lassen Dinge schweben! oder: Die Himmelfahrt eines Teebeutels

Die Zutaten:

Ein Teebeutel
Eine Untertasse
Streichhölzer
Magische Ausstrahlung

Das Rezept:

Der Teebeutel wird vorsichtig durch Lösen der kleinen Metallklammer geöffnet. Faden und Beutelinhalt werden entfernt. Die Teebeutelhülle wird vollständig aufgefaltet und zu einer Röhre geformt. Die Teebeutelröhre wird senkrecht auf die Untertasse gestellt.

Sie zünden die Teebeutelröhre am oberen Ende mit einem Streichholz an. Wenn sie fast bis ganz unten heruntergebrannt ist, wird Ihr Blick stechend und Ihre Hände weisen beschwörend nach oben. Nach nur kurzem Zögern werden die eingeäscherten Reste der Teebeutelhülle Ihrer Aufforderung folgen! Wahnsinn!

Kleiner Hinweis:
Klappt nicht bei Zugluft oder Gegenwind! Deshalb Türen und alle Fenster schließen!

Abb.: I-3

3. Hilfsmittel

Ein paar Hilfsmittel, die einfach zu beschaffen sind und wirkungsvoll eingesetzt werden können, werden hier vorgestellt.
Mit der **Kellnerklingel** kann man akustische Signale setzen, wenn der Ablauf von Übungen oder Spielen im Zeittakt organisiert ist. Ein ganzer Sack voll weiterer Einsatzmöglichkeiten ist in einem AOL-Hosentaschenbuch zur Kellnerklingel festgehalten.
Mit einer **Spiele-Kartei** ist man vielen Situationen gewachsen: wenn das einzige Lokal am Ort Ruhetag hat, wenn das Tagungshaus vom Schnee eingeschlossen ist, wenn der Fernseher wegen einer Fußballübertragung blockiert ist, oder wenn einige Teilnehmer es einfach langweilig finden. Viele Spielideen lassen sich auch kreativ umgestalten und in das Kursgeschehen einbauen.
Mit einem **Fallschirm** können selbst Bewegungsmuffel zum aktiven Spielen bewegt werden. Wer lange sitzen musste, ergreift gern die Gelegenheit, mit diesem attraktiven Gruppenspielzeug tätig zu werden. In den meisten Schulen gibt es bereits ein Exemplar, man kann sich aber auch einen gebrauchten Fallschirm bestellen und gleich 88 Spielideen im AOL-Hosentaschenbuch dazu.
Wer seine Teilnehmerinnen und Teilnehmer lieber auf die übertragene Art „vom Hocker reißen“ möchte, kann seine magischen Kräfte in Szene setzen. Diese Fähigkeiten verleiht ihm eine gute AOL-**Zauberanleitung** mit 50 verblüffenden Tricks. Verraten Sie vorher nicht, ob Sie als Magier oder als Komiker auftreten. Falls etwas schiefgeht, können Sie dann immer noch auf die zweite Variante ausweichen. Beginnen Sie mit der Himmelfahrt eines Teebeutels (◁ Abb. I-3), denn die klappt immer!

Wer weitere Hilfsmittel und die entsprechenden Ideen dazu sucht, wird sicher fündig im Katalog des AOL-Verlages. Aber man benötigt nicht immer vorgefertigte Hilfsmittel und Ideen. Mit einfachen Materialien (Tischtennisbälle, Streichhölzer, Münzen, Schaschlikstäbchen, Bierfilze, Büroklammern, Filmdosen) können Gruppen auf kreative Weise Spiele oder Übungen erfinden und ausprobieren. Regeln und Techniken für die Ideenfindung: (☞ O. Kreativitätstraining.

Abb.: I-4

☐ CD-Spieler	☐ CDs
☐ Kassettenrekorder	☐ Musikkassetten
☐ Verlängerungsschnur	☐ Flaschenöffner
☐ Spannungsprüfer	☐ Korkenzieher
☐ Zeigestock	☐ Feuerzeug
☐ Klebeband	☐ Duftlampe
☐ Tesafilm	☐ Duftöl
☐ Klebestift	☐ Gummiringe
☐ Reißzwecken	☐ Spielekartei
☐ Bindfaden	☐ Wäscheklammern
☐ Klebepunkte	☐ Tischtennisball
☐ Karteikarten	☐ Taschenlampe
☐ Papierbögen	☐ Skatspiel
☐ Büroklammern	☐ Briefumschläge
☐ Schere	☐ Tonpapier
☐ Taschenmesser	☐ Klebeetiketten
☐ Pins	☐ Kellnerklingel
☐ Filzstifte	☐ Jonglierbälle
☐ Kreide	☐ Prospekthüllen

Abb.: I-5

4. Materialkoffer

Wer einen Kurs oder ein Seminar vorbereitet, hat den Kopf voll. Häufig ist es dann zu spät, um zu überlegen, welches Material man eventuell noch gebrauchen kann. Deshalb ist es günstig, einen Materialkoffer bereits vorher zu packen und auf Abruf bereit zu haben.
Als Behälter ist fast alles geeignet: vom preiswerten Werkzeugkoffer aus dem Baumarkt bis zum edlen Markenkoffer aus Aluminium. Wichtig ist nur eine Innenteilung, die verhindert, dass das Material völlig durcheinander gerät. Ausgestattete **Moderationskoffer** (◁ Abb. I-4) werden auf dem Markt angeboten, enthalten aber im Wesentlichen nur Moderations- und Präsentationsmaterial. Kurs- oder Seminarprofis benötigen weitaus mehr. Gehen Sie deshalb die **Checkliste** (◁ Abb. I-5) durch. Stellen Sie zusammen, was Sie benötigen, und statten Sie einen Koffer nach Ihren Bedürfnissen aus. **HL**

Bezugsquellen
Präsentation/Moderation:
* Lather-Kommunikation, Lohra, Fon (06426)-9241-0, Fax (06426)-941-50
* Neuland, Eichenzell, Fon (06659)-88-0, Fax (06659)-88-188
* Nitor, Rellingen, Fon (04101)-36021, Fax (04101)-36630
* Die Trainerwerkstatt, Seevetal, Fon (04105)-5725-0, Fax (04105)-5725-25

Motivpostkarten:
* Verlag am Posthof, Gudensberg, Fon (0561)-9413912, Fax (0561)-9413914
* Eggenkamp-Verlag „artcolor“, Fon (02381)-98019-23, Fax (02381)-98019-98

Klangwelten/Esoterische Musik:
* Nightingale Records Forchheim, Fon (09191)-7070-0, Fax (09191)-7070-50
* siehe auch ☞ Abb. J-5

Lehr-, Lern-, Spiel-, Sport-, Zauber- und Zirkusmaterialien:
* AOL-Verlag Lichtenau, Fon (07227)-9588-0, Fax (07227)-9588-95

Checkliste für den Seminarbeginn (Beispiel)

- Vor Beginn des Seminars
  - ☞ Essenszeiten der Unterkunft erfragen!
  - ☞ Weg zum Seminarraum ausschildern!
  - ☞ Namensschilder herstellen und auslegen!
  - ☞ Seminarraum schmücken!
  - ☞ Duftlampen anzünden!
  - ☞ Musikanlage einschalten!
  - ☞ Teilnehmerinnenliste auslegen!
  - ☞ ...
- Nach Seminarbeginn
  - ☞ Begrüßung
  - ☞ kurze Vorstellung des Kursleitungsteams
  - ☞ auf Namensschilder und Teilnehmerliste hinweisen
  - ☞ Zufriedenheit mit der Unterbringung klären
  - ☞ Anrede vereinbaren (z.B. Arbeits-Du)
  - ☞ Arbeits-, Essen- und Freizeiten bekannt geben
  - ☞ Funktion der Pappuhr als Zeitmanager erklären
  - ☞ Einstieg (z.B. mit einer Fantasiereise)
  - ☞ ...

Abb.: J-1

DIE WIRKLICHKEIT IST DIE WAHRNEHMUNG DIESER WELT DURCH DAS RASTER <u>DEINES</u> DENKMUSTERS!

ÄNDERE DIE SITUATION ODER DEINE EINSTELLUNG DAZU!

WER IN DIE FUSSSTAPFEN EINES ANDEREN TRITT, WIRD IHN NIE ÜBERHOLEN KÖNNEN!

Abb.: J-2

J. Empfang und Eröffnung

1. Vorarbeiten
2. Namensschilder
3. Teilnehmerinnen- und Teilnehmerliste
4. Begrüßung
5. Zeitmanagement
6. Ankommen

1. Vorarbeiten

Jedes Seminar und jede Fortbildung erfordern einige Vorarbeiten, die wichtig sind, um einen reibungslosen Seminarverlauf in einer guten Lern- und Arbeitsatmosphäre zu gewährleisten. Diese sind Voraussetzungen für ein gutes Gelingen Ihres Seminars. Nähere Einzelheiten über den Arbeitsplan oder auch das Seminarprogramm finden Sie im Kapitel ☞ F. Ankündigung und Programm, Hinweise über die Unterbringung, die Arbeits- und Freizeitmöglichkeiten sowie die im Seminarhaus geltenden Arbeits- und Pausenzeiten im Kapitel ☞ G. Haus und Räume. Fertigen Sie sich als Hilfe vor dem Seminarbeginn eine Checkliste (◁ Abb. J-1) an.
Ebenfalls vor Seminarbeginn sollten Sie gemäß Ihrer Planung sowie der örtlichen Gegebenheiten den Weg zum Seminarraum ausschildern, damit die Teilnehmerinnen und Teilnehmer ihn problemlos finden können. Auch die Gestaltung des Raumes ist ein wichtiges Instrument, um ein Seminar gut beginnen zu lassen. Ihre Teilnehmerinnen und Teilnehmer sollen sich von Beginn an wohl fühlen. Das wird ihre Lernfähigkeit und die Bereitschaft zur aktiven Mitarbeit steigern.
Setzen Sie im Seminarraum Farben ein. Zum Schmücken eignen sich hier je nach Teilnehmergruppe und Seminarinhalt farbige Girlanden, Plakate mit Zitaten und Versen (◁ Abb. J-2), die im Zusammenhang mit dem Thema stehen können, farbige Bilder oder Fotografien usw. Auch ein selbst angefertigtes buntes Plakat mit dem Seminarthema ist ein gestaltendes Element im Seminarraum, auf das im Verlauf des Seminars immer wieder zurückgegriffen werden kann.

Abb.: J-3

Duftinformationen

Bei Verwendung von Aromalampen füllen Sie Wasser und 4-12 Tropfen eines Duftöles in die Verdunsterschale. Durch die Wärme des brennenden Teelichtes in Ihrer Lampe breitet sich der Duft langsam in Ihrem Seminarraum aus. Wählen Sie den Duft nach Ihrer jeweiligen Stimmung aus. In großen Räumen kann es notwendig sein, mehrere Aromalampen aufzustellen. Noch ein Tip: Stellen Sie Ihren persönlichen Duft aus mehreren Duftnoten selber zusammen!

Wirkung	**Duftöl**
anregend	Zitrone, Orange, Lavendel, Eukalyptus, Grapefruit
harmonisch	Mandarine, Zimt
belebend	Patchouli, Weihnachtsduft
erfrischend	Lemongras

Abb.: J-4

Als Sitzordnung für die Eröffnungssitzung ist ein Stuhlkreis ohne Tische vorteilhaft. Er schafft Offenheit, weil die Teilnehmerinnen und Teilnehmer sich ansehen können. Tische stellen unter Umständen eine Barriere dar.
In die Mitte dieses Stuhlkreises sollten Sie auf eine farbige Unterlage einen Blumenstrauß stellen. Dieser hilft eine freundlich frische Atmosphäre zu schaffen (◁ Abb. J-3). Auch Düfte tragen dazu bei, sich im Seminarraum wohl zu fühlen (◁ Abb. J-4). Stellen Sie Duftlampen oder Duftkerzen auf, die Sie ca. 30 Minuten vor Seminarbeginn anzünden. Aber Vorsicht, manche Menschen können bestimmte Duftnoten nicht vertragen (Allergien).
Während die Teilnehmerinnen und Teilnehmer den Seminarraum betreten, lassen Sie von einer CD oder von einer Kassette Entspannungsmusik oder Musikstücke von Mozart erklingen. Besonders geeignet ist Musik im Viervierteltakt, weil sie der menschlichen Herzfrequenz an nächsten kommt. Hinweise (◁ Abb. J-5) und in den Bezugsquellen des vorangehenden Kapitels.

2. Namensschilder

Fertigen Sie vor Beginn Ihres Seminars für die Teilnehmerinnen und Teilnehmer Namensschilder an. Diese können ganz einfach aus Kreppklebeband-Streifen bestehen oder fertig gekauft werden. Auch selbst hergestellte Buttons sind gut zur Namenserkennung verwendbar. Für diesen Fall müssten Sie die entsprechenden Materialien zur Verfügung stellen.
Liegen die von Ihnen vorbereiteten Namensschilder aufgereiht auf einen Tisch, können Sie später, nachdem sich die Teilnehmerinnen und Teilnehmer ihr Etikett weggenommen haben, anhand der noch auf dem Tisch befindlichen Schildchen schnell feststellen, welche Personen noch nicht angekommen sind.

3. Teilnehmerinnen- und Teilnehmerliste

Stellen Sie sicher, dass sich alle Seminarteilnehmerinnen und -teilnehmer beim Betreten des Seminarraumes in die möglicherweise erforderliche Seminarliste eintragen. Sie müssen dann später nicht wegen der fehlenden Eintragung hinter einzelnen Gruppenmitgliedern herlaufen und können in Ruhe die Vollständigkeit der Eintragungen überprüfen

Entspannungsmusik auf CD

☺ Mannelli/Goldmann: ***Sky Dreams***, IMP Kassetten- und Musikverlag, G.u.W. Zimmermann GbR, Georgibergstr., 56745 Rieden

☺ Sweet People: ***Summer Dreams*** Polydor, Bestell-Nr. 831313-2

☺ ***Relax***; Fonix Musik ApS, Sonder Allee 12, 8000 Arhus C, Dänemark Tel. (=45)86195811, Fax (045)86195101

☺ Dennis Hart: ***Nemo Collection***, INCO Records, Postfach 1213, D-32132 Spenge, Tel. (05225) 9748, Fax (05225) 79574

☺ W. A. Mozart: ***Classic Digital***: DDD-Edition, Bestell-Nr. 140113-2

ng

Abb.: J-5

Bauanleitung für eine Seminaruhr

Zum Bau einer Seminaruhr, mit deren Hilfe Sie das Zeitproblem in den Griff bekommen können, benötigen Sie ein A3 großes und 1-2 mm starkes Stück Pappe.

Schneiden Sie aus dieser Pappe eine Scheibe von ca. 28 cm Durchmesser für das Zifferblatt aus. Nun zeichnen Sie auf dem verbleibenden Papprest die Zeiger an.

Der große Zeiger muss etwas länger sein als der kleine. Schneiden Sie die Zeiger aus. Lochen Sie das Zifferblatt in der Mitte, ebenso die beiden Zeiger am hinteren Ende. Mit einer Rundkopfklammer, wie sie zum Verschließen von Versandtaschen verwendet wird, befestigen Sie die Zeiger am Zifferblatt. Gestalten Sie die Uhr nach Ihrem Geschmack farbig.

Abb.: J-6

4. Begrüßung

Die Begrüßung erfolgt durch ein Mitglied des Kursleitungsteams. Zuerst stellt sich das Team kurz vor. Diese Vorstellung sollte möglichst kurz gehalten werden, weil in der ersten Phase Ihres Seminars eine umfassendere spielerische oder gestaltpädagogische Vorstellungsrunde stattfinden kann (☞ L. Vorstellung und Kennenlernen). Danach bietet es sich an, Absprachen hinsichtlich der Form der Anrede zu treffen. Neben den üblichen Anredeformen kann es je nach Seminarinhalten und Teilnehmerinnen bzw. Teilnehmern auch sinnvoll sein, das „Arbeits-Du" zu vereinbaren. (☞ L. Vorstellung und Kennenlernen: 2. Anredeform vereinbaren).

5. Zeitmanagement

Ein weiterer wichtiger Punkt ist der Umgang mit der häufig als zu kurz empfundenen Seminarzeit. Hier hat sich die Arbeit mit einer selbstgebastelten Papp- oder Holzuhr (◁ Abb. J-6) bewährt. Mit Hilfe dieser Uhr kann die Zeitspanne, die sich die Gruppe für eine bestimmte Arbeit nehmen will, eingestellt und überwacht werden. Auf die Einhaltung der Zeit sollte ein Mitglied des Kursleitungsteams oder eine Teilnehmerin bzw. ein Teilnehmer achten. Dieses Verfahren hat sich in vielen Seminaren als sehr zeitsparend erwiesen. Insbesondere lassen sich „endlose Diskussionen" so leichter eingrenzen (ergänzende Vorschläge: ☞ V. Arbeitsdisziplin und Verlässlichkeit).

6. Ankommen

Vor dem Einstieg in das Seminarthema im engeren Sinne empfiehlt es sich, mit einer gestaltpädagogischen Übung zur Wahrnehmungsschulung bzw. zur Entspannung zu beginnen. Eine solche Übung ist besonders dann gut, wenn die Teilnehmerinnen und Teilnehmer am Tag des Seminarbeginns eine weite Anreise oder einen anstrengenden Arbeitstag hinter sich haben. Das „Umschalten" auf das Seminar kann durch dieses Vorgehen erleichtert werden, „die Köpfe werden frei" und können Neues aufnehmen. Die Teilnehmerinnen und Teilnehmer erhalten durch einen solchen Einstieg die Möglichkeit, sich zu öffnen und gegenseitig Vertrauen aufzubauen.

Ankommen

„Die folgende Übung ist dazu gedacht, hier anzukommen und sich kennen zu lernen. Ich werde euch jetzt helfen, euch zu entspannen.

Lasst uns starten. Wir alle sind jetzt hier angekommen. Im Allgemeinen brauchen wir etwas Zeit, wenn wir in eine neue Umgebung kommen und anderen Menschen begegnen. Wir müssen uns an das Neue erst gewöhnen.

Manchmal muss auch unsere Seele nachkommen. All das können wir besser erreichen, wenn wir uns dafür gezielt Zeit nehmen und uns entspannen.

Bitte setzt euch bequem und entspannt auf euren Stuhl. Stellt eure Füße gerade vor euch. Legt eure Hände locker auf die Armlehnen eures Stuhles - oder falls keine Armlehnen vorhanden sind, legt eure Unterarme locker auf eure Oberschenkel. Falls ihr möchtet, schließt bitte jetzt die Augen oder seht auf einen Punkt in der Mitte unseres Stuhlkreises.

Fühle noch einmal, wie du entspannt auf deinem Stuhl sitzt. Konzentriere dich nun auf deine Füße. Spüre, wie dein rechter Fuß mit dem Boden darunter verbunden ist. Ertaste gedanklich den Boden unter deiner Fußsohle und spüre die Verbindung mit dem Boden. Wende nun deine Aufmerksamkeit deinem linken Fuß zu. Fühle, wie auch er mit dem Boden darunter verbunden ist. Ertaste mit deiner Fußsohle den darunter liegenden Boden. Wandere nun gedanklich in deinen Beinen aufwärts zu deinem Gesäß. Fühle, wie du auf der Sitzfläche des Stuhles sitzt. Stelle fest, wo du die Sitzfläche fest berührst und wo weniger fest. Erspüre noch einmal die gesamte Sitzfläche. Du sitzt fest und entspannt auf deinem Stuhl.

Wende nun deine Aufmerksamkeit in deinen Rücken. Wandere gedanklich von der Lendenwirbelsäule aufwärts zu deinen Halswirbeln. Lass dir Zeit dabei. Spüre, wo deine Wirbelsäule die Lehne deines Stuhles berührt. Vielleicht drückt es dort ein wenig? Dann verändere deine Sitzhaltung etwas, so dass du es als angenehmer empfindest. Konzentriere dich nun auf deine Halswirbel und auf deinen Kopf. Ist dein Kopf gut austariert oder hast du den Eindruck, bestimmte Halswirbel seien zu stark belastet? Dann verändere deine Haltung ein wenig, so dass es für dich angenehmer ist.

Spüre nun deinen Atem. Nimm wahr, wie du einatmest, den Atem einen Augenblick lang anhältst und dann wieder ausatmest. Beachte den Rhythmus deines Atems, wie du ein- und dann wieder ausatmest. Fühle, wie beim Einatmen die einströmende Luft die Innenflächen deiner Nase streift. Vielleicht empfindest du dabei auch eine angenehme Kühle in deiner Nase? Atme ganz ruhig ein und dann wieder aus.

Spüre nun noch einige Male deinem Atem nach und öffne dann langsam, so wie es dir angenehm ist, deine Augen und kehre in unsere Runde zurück.“ [1]

[1] vgl. Voß, Peter: Umgang mit mündlichen Prüfungssituationen, 2. Auflage, Rinteln 1995, S. f.

Abb.: J-7

Auch Fantasiereisen mit unterschiedlichen Inhalten eignen sich gut für den Einstieg in einen Kurs oder ein Seminar (☞ W. Wellness und Entspannung). Bevor Sie diese Art des Einstiegs wählen, sollten Sie selbst einmal als Teilnehmerin oder Teilnehmer eine derartige Übung erfahren haben. Ihre eigenen Eindrücke und Reaktionen in dieser Situation werden Ihnen helfen, sich besser auf Ihre Teilnehmerinnen und Teilnehmer einzustellen und diese zu verstehen.
Eine weitere Möglichkeit, das Ankommen konkret zu gestalten, ist eine Entspannungsübung mit Elementen der Körperarbeit aus dem autogenen Training und/oder dem Yoga. Ein Beispiel finden Sie auf der nebenstehenden Seite (◁ Abb. J-7). Ein Kursleitungsmitglied trägt den Text mit ruhiger Stimme langsam vor. Dabei ist den Teilnehmerinnen und Teilnehmern Zeit zum „Dabeisein" zu lassen. Ruhige Hintergrundmusik kann die Wirkung der Übung noch verstärken und eine entspanntere Atmosphäre schaffen.
Bei allen Übungen dieser Art müssen Sie wissen, dass bei den Teilnehmenden durch die Entspannung auch Teile des Unbewussten angesprochen werden. Das kann in sehr seltenen Fällen unvorhersehbare Reaktionen, wie Zittern oder Weinen auslösen. Legen Sie vorab ein Mitglied des Kursleitungsteams fest, das sich in einer derartigen Situation dieser Teilnehmerin oder dieses Teilnehmers tröstend annimmt. Damit haben Sie die Möglichkeit, die Übung mit den anderen wie geplant zu Ende zu führen. **PV**

LITERATUR

BRÜHWILER, HERBERT: *Methoden der ganzheitlichen Jugend- und Erwachsenenbildung, 2. Auflage, Opladen 1994.*
KROWATSCHEK, DIETER: *Mit dem Zauberteppich unterwegs, Lichtenau 1998.*
MÜLLER, ELSE: *Du spürst unter deinen Füßen das Gras, Frankfurt am Main, 1988.*
SEIFERT, J. LOTHAR: *Das neue 1x1 des Zeitmanagement, 16. Auflage, Bremen 1995.*
SKILL-AUTORENTEAM: *Kreativ lehren und lernen, Offenbach 1995.*
VOPEL, KLAUS: *Anwärmspiele, 4. Auflage, Hamburg 1992.*
VOß, PETER: *Umgang mit mündlichen Prüfungssituationen, 2. Auflage, Rinteln 1995.*

Warming up
Zur Vorbereitung auf die Gruppenarbeit und als Ausgleich für die längeren Arbeitsphasen im Sitzen haben wir einige Bewegungs- und Partnerübungen eingeplant. Wir bringen die passende Musik dazu mit – Sie sollten legere Kleidung und ein Paar Sportschuhe oder Wollsocken einpacken.
Bitte **nicht** vergessen!

Abb.: K-1

K. Warming up und Einstimmung

Kurs- und Seminarveranstaltungen sind wie Mittagsmahlzeiten: Kalt genossen sind sie kaum appetitanregend und wenig bekömmlich. Deshalb gehört eine Warming up-Phase zu jeder Veranstaltung, um die Teilnehmerinnen und Teilnehmer einzustimmen und auf die Inhalte und Methoden vorzubereiten.

1. Zielgerichtet „anwärmen"

Ein Warming up wird akzeptiert, wenn es einen Bezug zur Veranstaltung aufweist, d. h. wenn es mit den Inhalten und Methoden in Verbindung steht und wenn es ohne große Vorbereitung durchgeführt werden kann. Besonders günstig ist es, das Warming up als Teil der Veranstaltung bereits im Programm anzukündigen. Dann können sich die Teilnehmerinnen und Teilnehmer auf die entsprechenden Übungen einstellen, und die Seminar- bzw. Kursleitung muss nicht gegen Widerstände angehen, die bei spontaner Ankündigung auftreten können. Falls ein bewegungsreiches Warming up geplant ist, sollte in der Einladung auf das Mitbringen von Sportschuhen und legerer Kleidung hingewiesen werden (◁ Abb. K-1). Kaum jemand nimmt gern an gymnastischen Übungen in hochhackigen Schuhen teil oder schwitzt sein frisch gebügeltes Businesshemd mit Begeisterung durch.

Ein Warming up kann

- fremde Teilnehmerinnen und Teilnehmer miteinander bekannt machen und ihre Beziehungen anwärmen,
- das Gemeinschaftsgefühl stärken und auf das gemeinsame Arbeiten und Lernen vorbereiten,
- körperliche Verspannungen beseitigen und zum ganzheitlichen Wohlbefinden beitragen,
- geistige Verkrampfungen lösen und die Bereitschaft zur Aufnahme neuer Angebote erhöhen,

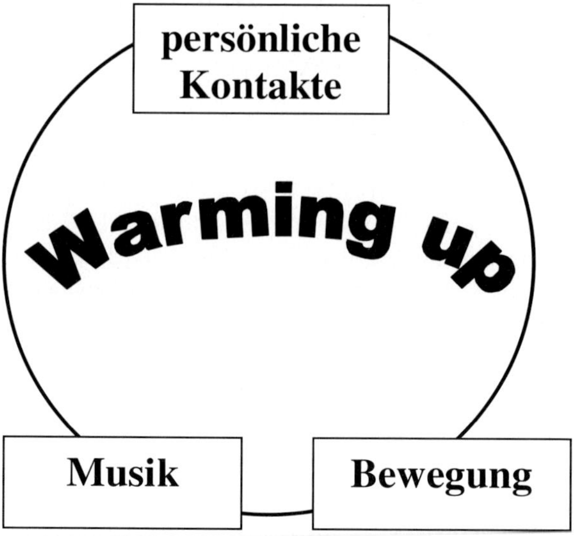

Elemente des Warming up	Funktion	Ziel
❶ Musik	macht unbefangen erleichtert den Anfang baut Hemmschwellen ab	Motivation
❷ Bewegung	setzt etwas in Gang vertreibt Trägheit löst Verkrampfungen	Aktivität
❸ Kontakte	erleichtern den Umgang schaffen Nähe stiften Gruppengefühl	Zusammen-arbeit

Abb.: K-2

- emotionale Widerstände unterlaufen und den Willen, sich auf etwas Neues einzulassen, stärken.

2. Das richtige Timing

Warming up-Phasen stehen immer am Beginn einer Veranstaltung oder eines Seminarabschnitts. Deshalb müssen sie in Verbindung mit (☞ J. Empfang und der Eröffnung und (☞ L. Vorstellung und Kennenlernen) geplant werden. In vielen Fällen können Warming up-Übungen direkt in die Eröffnung eingebaut werden, genauso gut können sie in die gegenseitige Vorstellung und das Kennenlernen überleiten. Da Warming up auch immer etwas mit dem Wohlbefinden der Teilnehmerinnen und Teilnehmer zu tun hat, hängen es mit ☞ W. Wellness und Entspannung eng zusammen. Einige der Übungen und Spiele aus diesen drei Kapiteln können zum Warming up und zur Einstimmung gut eingesetzt werden. Ein Warming up ist jedoch nicht etwas Einmaliges, das zu Beginn einer Veranstaltung abgehakt werden kann. Bei mehrtägigen Veranstaltungen ist häufig ein Warming up jeweils morgens zum Arbeitsbeginn sinnvoll. Ebenso kann ein Warming up nach der Mittagspause oder zu Beginn einer neuen Arbeitsphase erforderlich sein.

3. Elemente des Warming up

Die drei wichtigsten Elemente des Warming up sind Bewegung, Musik und persönliche Kontakte (◁ Abb. K-2). Am wirkungsvollsten sind Anwärmübungen, die diese drei Elemente miteinander in Verbindung bringen. Musik kann motivierend wirken, Bewegung kann die Aktivität stimulieren und persönliche Kontakte können das Gruppen- und Ichgefühl positiv beeinflussen.
Musik und Bewegungsangebote werden relativ vorbehaltlos angenommen, weil sie als willkommene Abwechslung begrüßt werden. Probleme gibt es jedoch häufig mit Kontakten, da natürliche Vorbehalte gegen „verordnete" Beziehungen mit anderen Menschen bestehen, insbesondere wenn es sich um relativ intime Kontakte, wie intensives In-die-Augen-schauen oder Körperkontakte handelt. Deshalb ist es wichtig zu wissen, wie gut sich die Teilnehmerinnen und Teilnehmer eines Kurses kennen, um abschätzen zu können, wie weit Kontakte im Warming up einbezogen und ausgebaut werden können.

Abb.: K-3

Fragen für „Begrüßung (3)" oder Vorstellungsspiele zum Anwärmen

Welches Hobby betreiben Sie?	Was halten Sie vom Profi-Fußball?
Mit welchem Menschen würden Sie gern die Rolle tauschen?	Welches Auto fahren Sie?
Was können Sie absolut nicht ausstehen?	Bei welchem historischen Ereignis wären Sie gern dabei gewesen?
Was war Ihre bisher weiteste Reise?	An welchen Film erinnern Sie sich gern?
Was würden sie machen, wenn Sie eine Million im Lotto gewinnen?	Wer oder was könnte Sie bewegen, etwas Unvernünftiges zu tun?
Welcher Mensch genießt Ihre volle Hochachtung?	Was ist Ihre Lieblingsspeise?

Abb.: K-4

In Gruppen, bei denen die Teilnehmer zu ersten Mal aufeinander treffen, muss mit Übungen auf der untersten Stufe der Kontaktintensität begonnen werden. Erst danach können weitere Schritte unternommen werden (◁ Abb. K-3).

4. Warming up-Übungen

In diesem Abschnitt wird eine Folge von Warming up-Übungen vorgeschlagen, die sich in wechselnden Gruppen bewährt hat. Die Übungen können als einfache Sequenz zum Einsatz kommen. Allerdings sollte immer nur ein Block hintereinander durchgeführt werden. Beim nächsten Anlass kann dann die zuletzt durchgeführte Übung als Einstieg wiederholt werden. Alternativen und originelle Warming ups finden Sie als Ergänzung.

I. Block

a) Begrüßung (1)

Die Übung findet auf einer freien Fläche mit Begrenzung, z. B. innerhalb eines Stuhlkreises, statt. Zu beschwingter Musik gehen alle Teilnehmerinnen und Teilnehmer durch den Raum ohne sich zu berühren, bei den Begegnungen grüßen sie sich freundlich im Vorbeigehen, aber nur kurz mit Mimik und Gestik.

b) Begrüßung (2)

Die Ausgangslage ist genau wie bei a). Die Teilnehmer begrüßen sich jetzt mit Handschlag und schütteln sich die Hände.

c) Begrüßung (3) oder „Milling“

Die Ausgangslage ist wiederum wie bei a). Die Musik wird unterbrochen. Die Teilnehmer finden sich möglichst schnell zu Paaren. Der Leiter stellt eine Frage, die sich die Partner gegenseitig beantworten müssen, z. B. „Wo waren Sie im letzten Urlaub?“ Nach ca. 20 Sekunden setzt die Musik wieder ein, die Paare trennen sich und gehen weiter. Dann wird die Musik wieder unterbrochen. Weitere Fragen sollten unterschiedliche Gesprächsanlässe bieten (◁ Abb. K-4).

II. Block

d) Moleküle

Die Ausgangslage ist auch hierbei wieder wie bei a). Die Musik wird unterbrochen, der Spielleiter ruft eine Zahl von 2 bis 6, und die Spieler müssen sich zu Kleingruppen mit entsprechender Personenzahl (Molekülen) verbinden. Dieses Spiel ist gut geeignet, um zu ermitteln, wie weit die Kontaktbereitschaft geht:

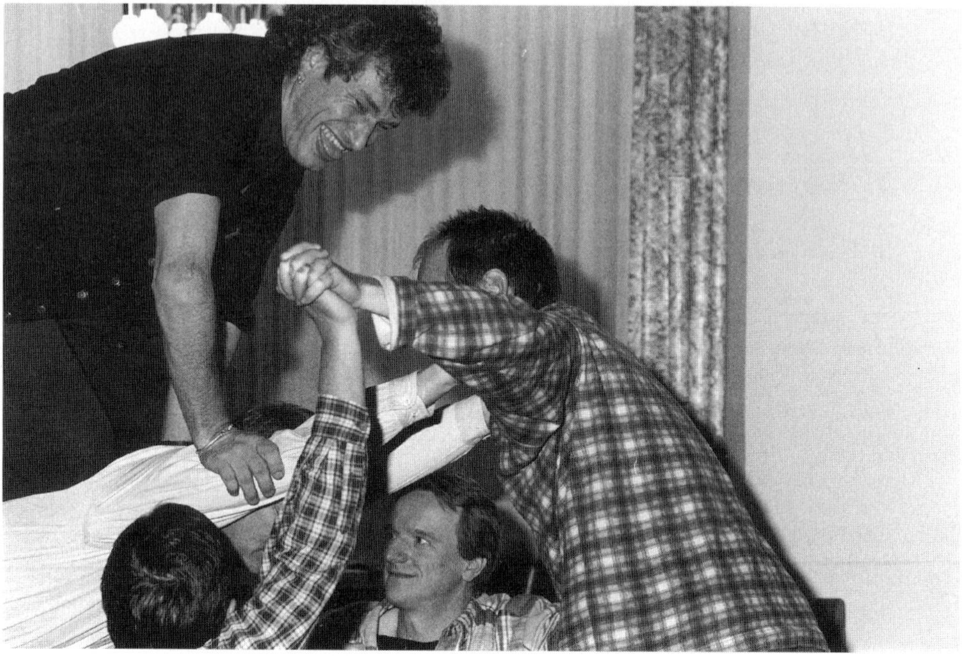

Abb.: K-5

Abb.: K-6

Fassen sich die Mitglieder vorsichtig an, oder geht die Vereinigung der Moleküle mit Intensität und Begeisterung vor sich?

e) Knoten

Alle stellen sich auf einer freien Fläche eng zusammen und recken die Hände mit geschlossenen Augen nach oben. Auf das Kommando des Spielleiters sucht sich jede Hand eine andere und fasst sie an. Der Spielleiter führt die letzten freien Hände zum Kontakt. Wenn alle versorgt sind, werden die Augen geöffnet. Jetzt gilt es, den Knoten zu entwirren, aber alle müssen dabei angefasst bleiben (◁ Abb. K-6).

f) Garde-Regiment

Die Teilnehmer stellen sich auf der freien Fläche alle dicht zusammen. Sie schließen die Augen und sollen sich nun in einer Reihe nach der Größe sortiert aufbauen. (Variation mit geöffneten Augen: Sie sollen sich dem Gewicht nach sortieren, allerdings ist diesmal das Sprechen nicht erlaubt.)

III. Block

g) Schoßsitzen

Die Teilnehmer bilden auf der freien Fläche einen engen Kreis Schulter an Schulter. Dann machen alle eine viertel Drehung nach links und rücken noch enger zusammen. Auf Kommando versuchen sich alle vorsichtig zu setzen - auf den Schoß des Hintermannes. Bei Gruppen unter 20 Personen bricht die Sitzordnung leicht nach außen auf. Kleinere Gruppen können sich mit einer Reihe behelfen, an deren Ende ein Stuhl steht. Am besten klappt es mit ganz vielen Teilnehmern. Der Weltrekord liegt angeblich bei 2 500 Schoßsitzern in einem Kreis (Essen 1978).

h) Pyramide

Bereits drei Personen können eine Pyramide bauen. Noch mehr Spaß macht es mit mehr Personen, es wird allerdings auch gefährlicher. Am besten können Gruppen mit jeweils vier bis sechs Personen spielen. Wer baut die schönste, kühnste, originellste Pyramide? (◁ Abb. K-5)

i) Maschine

Alle Teilnehmer bilden einen Kreis. Wer Lust hat, beginnt als Fundament der Maschine, alle anderen bauen sich daran oder darüber als Maschinenteil ein. Jedes Maschinenteil bewegt sich und macht das entsprechende Geräusch. Die fertige

Abb.: K-7

Maschine sollte eine halbe Minute in Funktion bleiben. Danach wird die Maschine wieder in umgekehrter Reihenfolge abgebaut (◁ Abb. K-7). Hierbei lohnen sich Videoaufnahmen!

IV. Block

j) Atoll oder „Stuhlgang"

Jeder Teilnehmer nimmt einen Stuhl, platziert ihn auf die Fläche in der Mitte und stellt sich darauf. Die Teilnehmer sollen sich nun von Stuhl zu Stuhl bewegen, ohne auf den Boden herunter zu treten. Vorsichtig nimmt der Spielleiter einen Stuhl nach dem anderen weg, bis der Stuhlgang endet und in einem dicken Haufen erstarrt. Achtung: Schuhe ausziehen lassen und nur stabile Stühle verwenden!

k) Blindenhund

Es finden sich jeweils zwei Partner, die sich gegenüberstellen. Sie heben die Hände und legen sie mit den Handflächen aneinander. Dann schließt einer die Augen, der andere führt ihn durch den Raum. Anschließend werden die Rollen getauscht. Wenn das klappt, das Führen über eine Handfläche ausprobieren. Als nächstes kommt das Führen über die Zeigefinger. Es geht schließlich auch ganz ohne Körperkontakt, wenn jeder Blindenhund summt und der Blinde dicht geführt wird und genau auf seinen Hund hört.

l) Rollbrett

Auf einer freien Fläche legen sich acht bis zehn Personen eng nebeneinander. Quer darüber legt sich eine einzelne Person. Diese wird jetzt transportiert, indem sich die unteren alle zu einer Seite rollen. Wenn sich neue Spieler oder die hinteren wieder vorne einfügen, kann das Rollbrett die obere Person bewegen, bis es auseinander driftet oder eine Wand Einhalt gebietet.

Als Warming up bieten sich außerdem Erdball- und Fallschirmspiele an. Entsprechende Materialien und Anleitungen können über den AOL-Verlag bezogen werden.

HL-GR

LITERATUR

FLUEGELMAN/TEMBECK: *Die neuen Spiele, Soyen 1981.*

HÖPER U. A.: *Die spielende Gruppe, Wuppertal 1980.*

RAMME/RIESE: *Spiele für Viele, Braunschweig 1981.*

DIERICHS U. A.: *Workbook, Hamburg 1992.*

Die Vorstellungsrunde

bietet den Teilnehmern

☺ erste Orientierungen über „die anderen"

☺ Gelegenheit, Teil der Lerngruppe zu werden, Vorverständnis und Erwartungen zu klären

☺ die Möglichkeit, Teambildung mit zu gestalten

bietet der Kursleitung

✓ Eindrücke und Informationen über die teilnehmenden Personen

✓ Klärung der Teilnehmererwartungen, Lernwünsche und Sichtweisen des Themas

✓ Eindrücke über Stärken und Schwächen der Gruppenzusammensetzung

✓ Wahrnehmungen zu Konfliktpotentialen

✓ Informationen über vorhandene Kenntnisse und Fähigkeiten

Abb.: L-1

L. Vorstellung und Kennenlernen

1. Wer bin ich – wer sind die anderen?
2. Anredeform vereinbaren
3. Kennenlern-Spiele

Sollen Kursteilnehmer zusammen arbeiten, brauchen sie zur Orientierung in der Gruppe Informationen über „die anderen" – und zwar so schnell wie möglich. Eine positive Atmosphäre im Kurs wird mit herbeigeführt, wenn sich alle namentlich ansprechen können und erste persönliche Eindrücke gewonnen haben. Dieses ermöglicht Orientierung in der Gruppe, verringert Unsicherheiten im Verhalten.
Findet ein Kurs mit Teilnehmerinnen und Teilnehmern statt, die sich gar nicht kennen, so ist es auch notwendig, sich über die Anredeform zu verständigen. Je nach Art der Gruppe und Ziel des Kurses kann die Vorstellung spielerisch, themenunabhängig geschehen oder bereits ins Thema einführen. Vorbereitend kann eine Entspannungsübung (☞ W. Wellness und Entspannung) angeboten werden, mit der Lockern der Anspannung vor einer unbekannten Situation ebenso ermöglicht wird, wie Ankommen im Kurs (☞ J. Empfang und Eröffnung). Der Prozess des Kennenlernens soll jedem einzelnen genug Raum bieten, mit seinen persönlichen Lernwünschen, Erfahrungen, Fähigkeiten, Kenntnissen und Fragen Teil dieser Lerngruppe zu werden (◁ Abb. L-1).

1. Wer bin ich – wer sind die anderen?

Mit der persönlichen Vorstellung aller Beteiligten am Anfang des Kurses wird „das Terrain sondiert", auf dem wir uns später sicher bewegen werden. Oft zeigt sich schon hier für den aufmerksamen Beobachter, wo Störungen des Gruppen- und Lernprozesses liegen können (☞ V. Arbeitsdisziplin und Verlässlichkeit), welche personellen Konstellationen konfliktträchtig sind (☞ N. Konflikte und Konfliktmanagement), wo Sympathien liegen. Es ergeben sich für die Kursleitung erste Eindrücke über die Stärken und Schwächen der Gruppenzusammensetzung, über das besondere Potenzial dieser Gruppe.
Jeder weiß, wie entscheidend der erste Eindruck ist – deshalb sollte die Planung, Vorbereitung und Durchführung des Kennenlernens im Kurs einem Mitglied

Abb.: L-2

Abb.: L-3

der Kursleitung als besondere Teilaufgabe übertragen werden. Die Fähigkeit zur Wahrnehmung von Besonderheiten der beteiligten Einzelpersonen ist Voraussetzung für die Entwicklung des Teamgedankens. Austausch und gemeinsames Erleben bestimmen die Leistungsfähigkeit der Gruppe. Beides wird angelegt im Prozess einer gut vorbereiteten und geleiteten Vorstellung, in der das Leitungsteam seine Fähigkeit zum Initiieren positiver Gruppenprozesse unter Beweis stellt.

a) Themenbezogene Vorstellung (ca. 60 Min)

Wir bitten alle Teilnehmerinnen und Teilnehmer, ein persönliches Wappen zum Kursthema auf einem A4-Bogen (oder größer) zu gestalten; also z. B. zu der Frage „Wie ist mein persönliches Verhältnis zum Unterrichtsfach Deutsch/Kommunikation?“, wenn der Kurs eine Fortbildungsmaßnahme für Lehrkräfte dieses Faches ist. Die Frage haben wir auf bunter Pappe schriftlich fixiert und heften sie als Überschrift an die Pinnwand. Auch alle Mitglieder des Leitungsteams gestalten ein subjektiv geprägtes Wappen – ohne Anspruch auf zeichnerische Vollkommenheit – was ihre Sichtweise des Themas und auch ihre persönlichen Erfahrungen zum Thema ausdrückt (◁ Abb. L-2). Die Wappen enthalten visuell gestaltete Botschaften, vielleicht auch Initialen aber keine Namen. Es kommt **nicht** darauf an, besonders **gut zu malen**. Es ist wichtig, für die Gestaltungsphase der persönlichen Wappen einen eher knappen Zeitrahmen festzulegen (ca. 10–15 Min), da sonst der Anspruch an Perfektion und die Schwelle, etwas zu Papier zu bringen, zu hoch wird.

Neben einer ausreichenden Menge an Papierbögen benötigen wir ca. 30 farbige Filzstifte unterschiedlicher Strichstärke (mindestens in den Farben schwarz, rot, blau, grün) und – je nach eingeschätzter Kreativität der Gruppe – einige Scheren, farbiges Papier und Klebestifte, eine große Pinnwand.

Wer mit seinem persönlichen Wappen fertig ist, heftet es an die Pinnwand. Wenn alle Wappen hängen, lassen wir einen Augenblick Zeit, um die Eindrücke aufnehmen zu können. Dann beginnt der Kursleiter oder die Kursleiterin das eigene Wappen vorzustellen (◁ Abb. L 3). Die Kursteilnehmer können nachfragen. Zum Schluss setzt sie oder er den Namen unter das Wappen und sucht sich unter all den anderen Wappen eines heraus, was sie oder

Abb.: L-4

Abb.: L-5

ihn besonders anspricht, und bittet den Gestalter dieses Wappens nach vorne zu kommen, um es zu erläutern. Bei einem knappen Zeitbudget empfiehlt sich, auch die Zeit der Vorstellung und des Nachfragens zu begrenzen (ca. 3–5 Min.). Es kann aber Sinn machen, alle Erläuterungen und Nachfragen zuzulassen, weil sich hier persönliche Hintergründe und Besonderheiten zeigen. Am Ende sind alle Wappen namentlich gekennzeichnet, alle Teilnehmerinnen und Teilnehmer können mit den Bildern Namen und Personen verbinden. Sie haben erste Eindrücke und Informationen über alle Personen, die am Kurs teilnehmen, ihre subjektiven Erfahrungen und persönlichen Sichtweisen des Kursthemas gewonnen.
Ein Mitglied des Leitungsteams sollte die Eindrücke und Informationen aus der Vorstellungsrunde festhalten, um während der Arbeit im Kurs darauf Bezug nehmen zu können.

b) *Themenunabhängige Vorstellung (ca. 20–30 Min.)*

Zur Begrüßung haben wir einen Stuhlkreis gebildet. In der Mitte steht ein Blumenstrauß oder eine Schale mit Obst. Darum herum haben wir Motivpostkarten (☞ I. Materialien und Hilfsmittel) oder postkartengroße Landschaftsfotos gelegt, so dass etwas mehr Bilder als Teilnehmer vorhanden sind (◁ Abb. L 4). Bei leiser Hintergrundmusik bitten wir jetzt alle, sich die Bilder eine Weile in Ruhe zu betrachten und sich eines auszuwählen, was sie besonders anspricht. Haben alle „ihr" Bild gefunden und wieder Platz genommen, beginnt die Vorstellungsrunde (◁ Abb. L 5).Der Spielleiter bittet die Teilnehmerinnen und Teilnehmer, für die Vorstellung der gewählten Bildkarte zunächst ihren Namen zu nennen, die berufliche Funktion, in der sie tätig sind, anzugeben und das Unternehmen bzw. die Einrichtung, in der sie arbeiten, zu nennen, um dann allen das ausgewählte Bild zu zeigen und etwas zu der Frage zu sagen „Warum habe ich diese Bildkarte ausgewählt?"
Auch nach einer solchen Vorstellungsrunde ist es angenehm, wenn zunächst Namensschilder getragen werden. Vielleicht können die Namensschilder mit einem Symbol aus dem Wappen versehen werden – dieses ermöglicht die Assoziation zur Vorstellungsrunde und begünstigt das Behalten wie jede gute Visualisierung (siehe dazu auch unter 3. „Schildersalat").

Vereinbarung

Während des Kurses wählen wir als Anredeform untereinander das

Arbeits-DU.

Es zeigt, dass wir im Team vertrauensvoll zusammenarbeiten.

Nach Kursende tritt die vorherige Anredeform wieder in Kraft - oder wir treffen eine neue Verabredung!

Die Kursleitung | Die Teilnehmerinnen und Teilnehmer

Abb.: L-6

Schildersalat

Abb.: L-7

2. Anredeform vereinbaren

In Kursen, deren Teilnehmerinnen und Teilnehmer einander weitgehend unbekannt sind, ist es notwendig, zu Beginn Verabredungen über die gewünschte Anredeform zu treffen, um nicht Verhaltensunsicherheiten (ent-)stehen zu lassen. Die höfliche Form des unpersönlichen und distanzhaltenden „Sie“ gilt in unserem Kulturkreis als angemessene Anredeform zwischen Unbekannten. Die Anredeform des eher vertrauten „du“ hingegen baut Distanz ab, erleichtert Vertrauen in der Gruppe, Teamgeist und Zusammenarbeit.
In vielen Kursen hat sich bewährt, für die Dauer der Zusammenarbeit das sog. „Arbeits-Du“ zu verabreden. Nach Kursende kehren alle zur ursprünglichen Form der Anrede zurück. Gerade für Teilnehmerinnen und Teilnehmer, die das förmliche „Sie“ als Anredeform bevorzugen, ist die Verabredung des Arbeits-Du für die begrenzte Dauer des Kurses eine gute Lösung, weil damit eine bewusste Entscheidung für die Förderung eines positiven Klimas von Vertrauen und Teamgeist – auch durch eine distanzabbauende Anredeform – für eine bestimmte Zeit verbunden ist (◁ Abb. L-6).

3. Kennenlern-Spiele

Zur Festigung des Namens- und Personengedächtnisses für die Teilnehmerinnen und Teilnehmer des Kurses gibt es eine Fülle von Kennenlern-Spielen, mit denen weitere Eindrücke von Personen gesammelt werden können. Es ist in Abhängigkeit von der Art und Zusammensetzung der Gruppe dramaturgisch zu planen, ob nach der persönlichen Vorstellung Kennenlern-Spiele angeboten werden, oder ob diese in den Feierabend verlegt werden, weil nicht der Eindruck erweckt werden soll, man befände sich hier auf einem Spieleseminar.

a) Schildersalat

Jeder Teilnehmer und jede Teilnehmerin hat seinen Namen – und vielleicht ein kleines Symbol – auf ein Schild oder einfach einen Klebestreifen gemalt. Der Spielleiter oder die Spielleiterin sammelt alle Schilder ein und legt sie in die Mitte des Sitzkreises (◁ Abb. L 7). Anschließend bittet er vier oder fünf Teilnehmerinnen und Teilnehmer, die Schilder den richtigen Besitzern anzuheften. Dabei bieten sich zwei Varianten an:

Ich bin
Elke und
mag ent-
scheiden
Ich bin Mao
und hasse Un-
zuverlässigkeit
Ich ...
Ich bin
Thomas
und
arbeite
gern im Team

Abb.: L-8

SOZIOGRAMM

Abb.: L-9

- ★ Wird jemandem ein Schild angeboten, darf er nicken oder mit dem Kopf schütteln.
- ★ Jeder lässt sich ohne Reaktion ein Namensschild anheften. Danach gehen alle herum, versuchen ihr eigenes Schild zu bekommen und das falsche an die richtige Adresse zu bringen.

b) Was mag ich – was magst du?

Eine „Eselsbrücke" zum Lernen von Namen durch Assoziationen bietet dieses Kennenlern-Spiel. Wir sitzen im offenen Stuhlkreis. Einer beginnt damit, den Vornamen zu nennen und sein Lieblingsgericht, -getränk oder Hobby etc., was mit dem gleichen Anfangsbuchstaben beginnt wie der Vorname: „Ich heiße Elke und esse gerne Eis". Die nächste im Kreis wiederholt: „Das ist Elke, sie isst gerne Eis" und ergänzt: „… und ich bin Birgit und mag Bernsteinketten". Der nächste wiederholt beide Namen und Ergänzungen und fügt sich an, bis alle dran waren. Die Gruppe kann helfen, wenn jemand stecken bleibt.

Eine Variante: Zusammen mit dem Namen wird eine Fähigkeit oder Eigenschaft genannt, die man im Arbeitsprozess schätzt oder ablehnt: „Ich bin Elke und mag entscheiden" und „ich bin Tom und mag Teamwork" und „ich bin Udo und hasse Unzuverlässigkeit"(◁ Abb. L-8).

c) Lebendes Soziogramm

Das lebende Soziogramm kann zum gegenseitigen Kennenlernen in der Gruppe beitragen, es kann aber auch zur Gruppenbildung oder als Einstieg in eine Gruppenarbeitsphase im weiteren Verlauf des Kurses eingesetzt werden. Alle Teilnehmerinnen und Teilnehmer stellen sich – nach den durch die Spielleiterin/den Spielleiter genannten Merkmalen – in der Form des lebenden Soziogramms auf (◁ Abb. L-9). Z. B. bilden sie eine Reihe, die nach Schuhgröße geordnet ist oder nach Körpergröße, Körpergewicht, nach der Anzahl der Kinder bzw. nach dem genauen Alter. Oder sie bilden Cluster nach Merkmalen wie Anzahl der Geschwister, Wohnort, Sternkreiszeichen, Haar- oder Augenfarben etc. Auch hier können bei stärker themenorientierten Gruppen Merkmale aus dem Arbeitsprozess bzw. Merkmale, die auf das Kursthema bezogen sind, gewählt werden, z. B. Position in der betrieblichen Hierarchie, Dauer der Betriebszugehörigkeit. Bei gutem Wetter empfiehlt es sich, dieses Kennenlern-Spiel nach draußen zu verlegen, besonders, wenn die Umgebung dazu einlädt.

Abb.: L-1o

Spiele-Quellen

Heinemann, S.: 66 Spiel- & Klassenfeste, Lichtenau 1995.

Hoffmann, W.: Die tollen 5-Minuten-Spiele, Lichtenau 1995.

Hoyer, K.; Köpge, W.: 88 Erdball- und Fallschirmspiele, Lichtenau 1996.

Hoyer, K.; Köpge, W.: 99 Luftballonspiele, Lichtenau 1996.

Lungershausen, H.: Spiele zur Förderung des Kennenlernens in neuen Klassen und Kursen. In: Erziehungswissenschaft und Beruf 2/1983, S. 147 - 151.

Abb.: L-11

d) Der rote Faden

Das Mitglied des Leitungsteams, das die Vorstellungs- und Kennenlernsituation des Kurses gestaltet, hat ein Knäuel aus unterschiedlich langen roten Wollfäden vorbereitet. Es wirft das Knäuel einer Teilnehmerin zu und bittet sie, den ersten roten Faden abzuwickeln und währenddessen darüber zu sprechen, mit welcher Motivation sie sich zur Teilnahme an dem Kurs entschlossen hat, welche Lernerwartungen sie an den Kurs richtet. Am Ende ihres Fadens wirft diese Teilnehmerin einem anderen Kursteilnehmer das Knäuel zu, der nun über seine Teilnahmemotivation und Lernerwartungen spricht. Da die Fäden sehr unterschiedlich lang sind, gilt es, die Zeit gut zu nutzen, das Wichtigste voranzustellen und den Bericht ausschmücken zu können, wenn der Faden lang ist. Dieses Spiel kann auch als reines Kennenlern-Spiel genutzt werden, indem die Teilnehmer gebeten werden, über ihre Hobbies, Fähigkeiten, private und berufliche Lebens- und Arbeitssituation etc. sprechen. Es senkt die Sprechhemmungen in einer unbekannten Gruppe, da der abzuwickelnde Faden einen Teil der bewussten Aufmerksamkeit und auch Unsicherheit bindet (◁ Abb. L-10).

e) Platzanwärter

Wir sitzen im offenen Stuhlkreis, wobei ein Stuhl zu wenig da ist. Dementsprechend steht eine Person ohne Stuhl in der Mitte des Kreises und fordert alle diejenigen auf, ihre Plätze zu tauschen, die ein bestimmtes Merkmal erfüllen – z. B. alle, die schwarze Socken tragen oder eine Brille, die gerne trockenen Rotwein trinken, Bertolt Brecht mögen, zu Hause im Internet surfen, Doppelkopf spielen und so weiter. Während des Platzwechsels versucht die Person in der Mitte einen der frei gewordenen Stühle zu ergattern, ein anderer bleibt ohne Stuhl und darf in der Mitte bestimmen, wer die Plätze tauschen soll.

Achtung! Dieses Spiel bringt viel Dynamik mit sich! Es kann auch als Bewegungsspiel nach längerer Arbeitsphase eingesetzt werden (☞ W. Wellness und Entspannung).

EB

Das Ergebnis der Arbeit einer Gruppe ist mehr, als die Summe der Ergebnisse der einzelnen Gruppenmitglieder!

Abb.: M-1

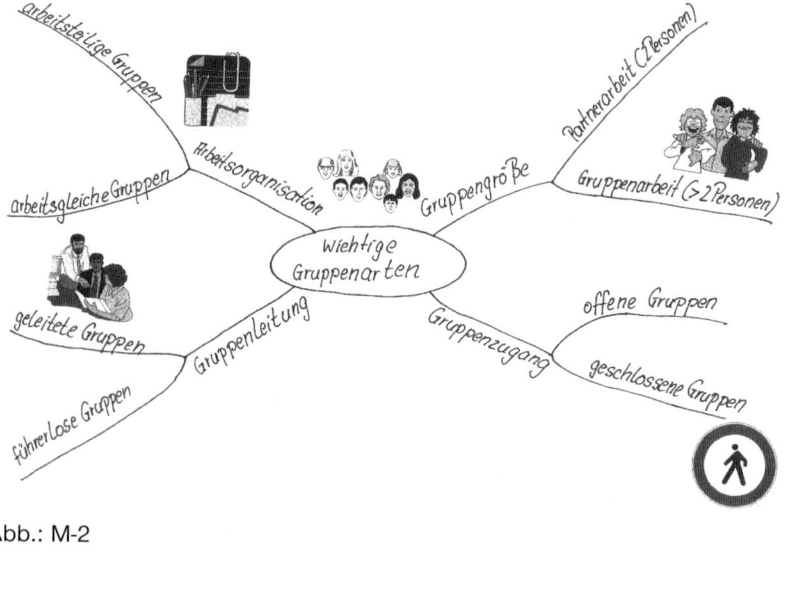

Abb.: M-2

M. Gruppenarbeit und Gruppenbildung

1. *Gründe für Gruppenarbeit*
2. *Gruppenarten*
3. *Gruppenentwicklung*
4. *Themenzentrierte Interaktion (TZI)*
5. *Methoden der Gruppenbildung*

1. Gründe für Gruppenarbeit

Unsere sich verändernde Gesellschaft erfordert neue Wege des Lernens. Die Explosion und die schnelle Veralterung von Wissen fordern in Zukunft Menschen, die sich selbstständig diesen Veränderungen anpassen können. Das einmal Gelernte muß ständig aktualisiert und ergänzt werden. Unsere moderne Lerngesellschaft benötigt aufgrund dieser Erkenntnisse Schlüsselqualifikationen, die es ermöglichen, selbstständig das eigene Wissen auf den neuesten Stand zu bringen und zu vervollständigen. Die Arbeit in Gruppen (◁ Abb. M-1) erleichtert das eigenständige Lernen. Ausserdem schult Gruppenarbeit u. a. die Teamfähigkeit, das Verantwortungsbewusstsein für die Arbeit der Gruppe und die Selbstständigkeit. Arbeitsteiliges Lernen in Gruppen führt schneller zu Einzelergebnissen, die dann in der Gesamtgruppe präsentiert und so für alle erfahrbar werden können. Höhere Lernerfolge, bessere Arbeitsergebnisse und eine Steigerung des Selbstwertgefühls stellen sich ein. Letztendlich steht auch der handlungsorientierte Lernansatz (☞ E. Lern- und Arbeitsformen) für vermehrte Gruppenarbeit.

2. Gruppenarten

Gruppen lassen sich nach vielen Merkmalen (◁ Abb. M-2) einteilen. Welche Gruppenart Sie für einzelne Sequenzen Ihres Seminars wählen, wird von den Inhalten, der verfügbaren Zeit und von Ihren Teilnehmerinnen und Teilnehmern abhängen. Grundsätzlich erscheint es sinnvoll, kleine überschaubare Probleme auch in kleinen Gruppen, bis hin zur Partnerarbeit (zwei Personen) erledigen zu lassen. Partnerarbeit ist auch eine Methode, um in Gruppenarbeit ungeübte Menschen an diese Arbeiten heranzuführen. Komplexere Probleme, deren Lösung viel Fachwissen, Methodenkompetenz, Teamverhalten und Kreativität erfordern, sollten in größeren Gruppen (ca. 6 bis 8 Personen) gelöst werden.

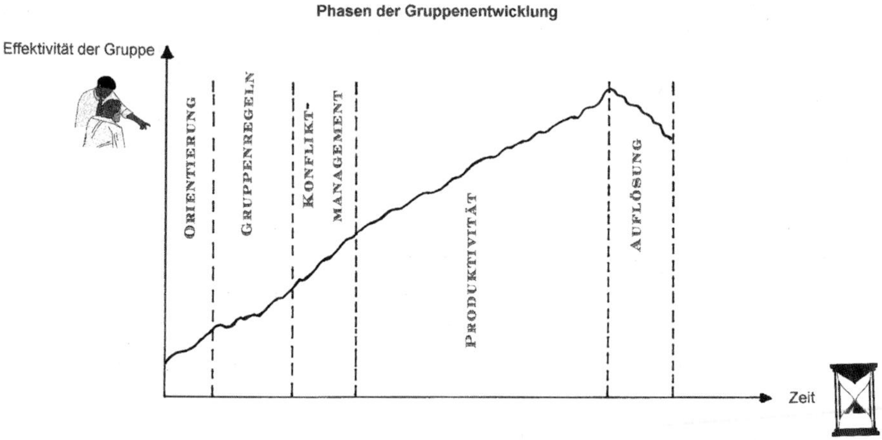

Abb.: M-3

vgl. Stanford, Gene: Gruppenentwicklung im Klassenraum und anderswo, 4. Auflage, Aachen-Hahn 1995, S. 18.

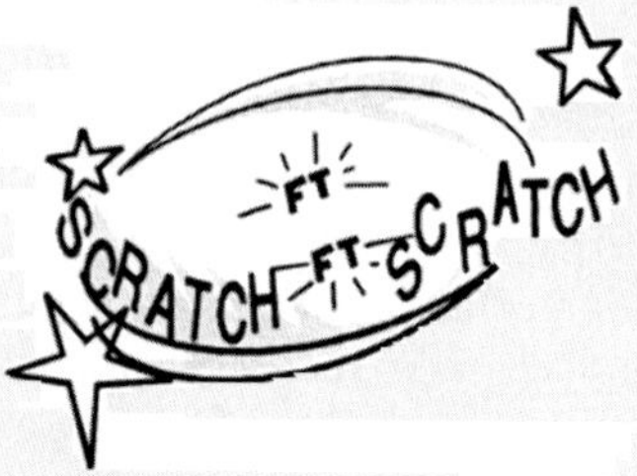

Eiersturzflug - oder „Können Eier fliegen?“

Spielanleitung:

Für die folgende Übung haben Sie 40 Minuten Zeit. Als Materialien erhalten Sie: 1 rohes Hühnerei, 2 Meter Schnur, 2 Blatt Papier (A3), 1 Stück Karton (A4), 2 Büroklammern, 2 Gummiringe, 2 Luftballons, 1 Bleistift, 1 Schere, 1 Rolle Tesafilm

Ihre Aufgabe ist es, aus den Materialien eine Konstruktion zu bauen, die es ermöglicht, das Ei aus dem ersten Stockwerk so auf den Boden fliegen zu lassen, dass es nicht zerbricht. Außer den angegebenen Hilfsmitteln dürfen Sie nichts weiter verwenden.

Diese Übung kann helfen, die Kommunikation in einem Team zu fördern. Sie lässt sich gut mit Kleingruppen von vier bis fünf Personen durchführen. In der Gruppe soll zur Lösung des Problems eine gemeinsame kreative Lösung gefunden werden. Dabei lernt die Gruppe scheinbar Unmögliches zu machen. Teamgeist wird mit viel Spaß gefördert. Nach Ablauf der vorgegebenen Zeit lässt jeweils eine Teilnehmerin oder ein Teilnehmer aus jeder Gruppe das „Flugobjekt“ mit dem Ei fliegen. Alle anderen Teilnehmerinnen und Teilnehmer stehen am „Landeplatz“, beobachten den Flug und untersuchen, ob das Ei ohne Schaden zu nehmen landet.

Abb.: M-4

Je nach der Art des Inhalts und der Organisation eines Seminars können offene Gruppen, die ständig für jedermann zugänglich sind, oder geschlossene Gruppen gebildet werden. Offene Gruppen finden sich häufig in sehr großen Lern- und Informationsveranstaltungen mit vielen Teilnehmerinnen und Teilnehmern, wie Foren oder Fachtagungen. Geschlossene Gruppen nehmen nach Beginn ihrer Arbeit keine neuen Mitglieder mehr auf. Sie sind häufig auf Seminaren, an denen bis ca. 30 Personen teilnehmen, zu finden. Weiter lassen sich formal geleitete und führerlose Gruppen unterscheiden. Bei ihrer Bildung kommt es u. a. auf den Grad der zumutbaren Selbständigkeit der Seminarteilnehmerinnen und -teilnehmer sowie auf deren erwartete Gruppendisziplin an. Je undisziplinierter und unselbstständiger Menschen sind, desto mehr bedürfen sie der Anleitung bzw. der angeleiteten Selbststeuerung (◁ Abb. V-6).
Nach der zur Verfügung stehenden Zeit und dem Umfang der in Ihrem Seminar zu vermittelnden Inhalte bietet es sich an, arbeitsteilige oder arbeitsgleiche Gruppen zu bilden. Arbeitsteilung führt in der Regel zu Zeitersparnis, weil mehrere Gruppen unterschiedliche Themen bearbeiten. Die Einzelergebnisse dieser Teilgruppen lassen sich abschließend gut im Plenum zu einem Totalergebnis zusammenbringen. Dieses kann dann noch gemeinsam modifiziert und als Gesamtergebnis festgehalten werden.

3. Gruppenentwicklung

Jede Gruppe unterliegt in ihrer Entwicklung einem bestimmten Zyklus. Das Kursleitungsteam hat neben seinen fachlichen Aufgaben die wichtige Funktion, die zyklische Gruppenentwicklung (◁ Abb. M-3) bestmöglich zu fördern. Dazu eignen sich auch spielerische Übungen. Ein Beispiel finden sie nebenstehend (◁ Abb. M-4). Folgende Schritte zur positiven Entwicklung einer Gruppe sind denkbar:

a) Orientierung

Die Teilnehmerinnen und Teilnehmer werden sich am ersten Seminartag mit orientierenden Fragen und Beobachtungen befassen:

- Was wird in diesem Seminar von uns verlangt?
- Wie soll in diesem Seminar gearbeitet werden?
- Wie sollen Arbeitsergebnisse festgehalten werden?
- Wie verhält sich das Kursleitungsteam uns gegenüber?
- Wie lernen wir uns gegenseitig besser kennen?
- usw.

Die Mitglieder einer Gruppe sind für sich selbst verantwortlich

Die Mitglieder einer Gruppe gehen aufeinander ein

Die Mitglieder einer Gruppe kooperieren miteinander

Die Mitglieder einer Gruppe treffen ihre Entscheidungen durch Konsensbildung

Die Mitglieder einer Gruppe hören sich gegenseitig aufmerksam zu.

Die Mitglieder einer Gruppe gehen Probleme gemeinsam an und suchen nach gemeinsamen Lösungen.

Abb.: M-5

Blitzlicht

Das Blitzlicht ist eine Methode, mit deren Hilfe das Kursleitungsteam sowie die Teilnehmerinnen und Teilnehmer ein Feedback über die Stimmungslage innerhalb der Gruppe erhalten. Es kann offen gestaltet werden, es ist aber auch denkbar, ein Blitzlicht unter Vorgabe bestimmter Inhalte einzuleiten. Während des Blitzlichts sitzen die Gruppenmitglieder in einem offenen Stuhlkreis, das Kursleitungsteam achtet auf die Einhaltung der folgenden Regeln:

- **Jedes Gruppenmitglied darf beginnen!**
- **Jedes Gruppenmitglied darf jederzeit ein Blitzlicht beantragen!**
- **Wer etwas sagt, spricht über sich selbst, seine Gefühle und Gedanken!**
- **Jedes Gruppenmitglied darf bestimmen, ob es etwas sagen möchte oder nicht!**
- **Wortbeiträge eines Gruppenmitglieds werden von den anderen weder unterbrochen noch kommentiert!**

Abb.: M-6

b) Gruppenregeln

Nach einiger Zeit der Orientierung beginnt die Gruppe damit, Regeln für ihr zukünftigen Verhalten aufzustellen. Bei der Erarbeitung des Regelwerks kann das Kursleitungsteam unterstützend eingreifen, um sicherzustellen, dass die Normen (◁ Abb. M-5) für die Gruppenentwicklung auch hilfreich sind. Die einzelnen Gruppenmitglieder können sich an den Regeln orientieren. Sie setzen Grenzen, zeigen aber Freiräume, die es zu gestalten gilt, auf. Es ist Aufgabe des Kursleitungsteams, dafür zu sorgen, dass möglichst alle Gruppenmitglieder freiwillig an der Erarbeitung der Regeln mitwirken, um eine entsprechende Identifikation damit zu erreichen.

c) Konfliktmanagement

Offenes Miteinanderumgehen führt nach einiger Zeit häufig auch zu mehr zwischenmenschlichen Konflikten (☞ N. Konflikte und Konfliktmanagement). Die Gruppenmitglieder kennen sich besser, können sich mehr persönliche Dinge sagen und werden so auch verletzlicher. Andere Teilnehmerinnen und Teilnehmer neigen vielleicht dazu, ihre Meinung nicht mehr so offen wie vorher zu sagen, um die oder den anderen, die/den sie inzwischen gut kennen, nicht zu verletzen. Das führt zu aufgestauten Beziehungsstörungen, die wiederum das Konfliktpotenzial erhöhen können. Hier muss das Kursleitungsteam eingreifen und Wege zur Konfliktbewältigung aufzeigen. Beispiele finden Sie auf der nächsten Seite (Themenzentrierte Interaktion). Eine Möglichkeit, die aus der dort vorgestellten Methode abgeleitet wurde, ist das Blitzlicht (■ ◁ Abb. M-6). Es besteht aus einen Regelwerk, das ein faires und offenes Feedback zulässt, ohne die oder den Einzelnen zu kränken.

d) Produktivität

Die Gruppe hat in dieser Phase ihre höchste Effizienz erreicht. Sie arbeitet emotional und kognitiv eng zusammen. Die „Chemie" der Gruppe stimmt. Es ist ein ausgeprägtes Wir-Gefühl vorhanden. Die Arbeitsergebnisse erreichen in dieser Phase in der Regel einen hohen Standard. Die Fähigkeiten zur Problemlösung werden weiter verbessert.

Das TZI-Modell

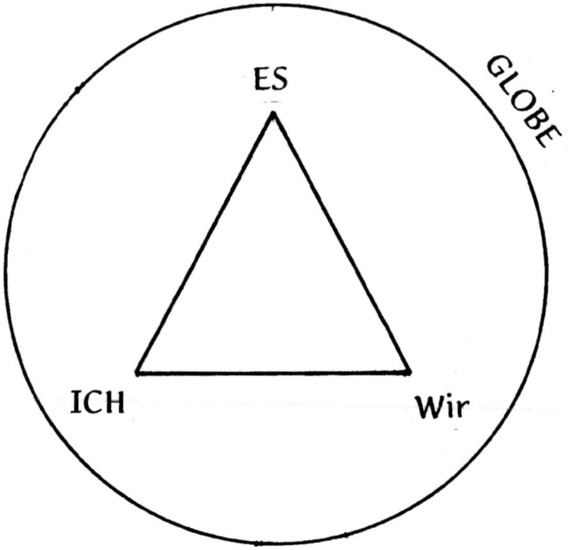

Das TZI-Modell basiert auf der dynamischen Balance von

- ICH (meine Person und meine Personalkompetenz),
- WIR (unsere Gruppe und unsere Sozialkompetenz),
- ES (die Sache, das Thema, die Fachkompetenz)
- GLOBE (die Umwelt, die Feldkompetenz)

Abb.: M-7

e) *Auflösung*

Ein Seminar geht ebenso zu Ende wie eine Gruppenarbeitsphase. Je nachdem, wie effektiv und emotional stimmig eine Gruppe zusammengearbeitet hat, wird sie die Trennung empfinden. Rein sachorientiert arbeitende Gruppen werden sich leichter trennen als solche, bei denen auch eine stark menschlich und gefühlsmäßig ausgeprägte Beziehung entstanden ist. Je wohler sich die Gruppenmitglieder (und dazu gehört auch das Kursleitungsteam) gefühlt haben, desto leidvoller wird die Ablösung von der Gruppe sein. Hier ist das Kursleitungsteam gefordert, die Auflösung zu erleichtern. Gezielte Übungen (☞ Y. Abschluss und Back home) können helfen, die Trennung leichter zu ertragen und eine in die Zukunft gerichtete, hilfreiche Bindung entstehen zu lassen.

4. Themenzentrierte Interaktion (TZI)

Zur Gruppenentwicklung bietet sich das von Ruth Cohn entwickelte Modell der Themenzentrierten Interaktion „TZI“ an (◁ Abb. M-7). Kernstück dieses Modells ist das dynamische Gleichgewicht des ICH, WIR und ES in ihrem Umfeld, dem GLOBE. Das ICH ist die einzelne Person mit ihren Bedürfnissen, Eigenheiten und Vorstellungen. Die Interaktion in der Gruppe wird durch das WIR charakterisiert. Die Aufgabe oder das Thema, das die Gruppe zu bearbeiten hat, wird als ES bezeichnet. ICH, WIR und ES sind eingebunden in die Umwelt, die Gesellschaft, in Glaubenssätze und letztendlich in das Universum. Diese Einbindung in den GLOBE bedeutet, dass nichts voneinander unabhängig ist, alles wird von allem beeinflusst und steht miteinander in Beziehungen. Die Akzeptanz und die Förderung des Gleichgewichts der vier genannten Komponenten durch das Kursleitungsteam sind die Basis der effektiven Arbeit in einer Gruppe. Dieses Gleichgewicht ist ein dynamisches Gleichgewicht. So wie sich Bedürfnisse in der Gruppe verändern, Störungen auftreten und bearbeitet werden, verändert sich das Gleichgewicht. Ziel sollte es sein, das Gleichgewicht immer wieder zu erreichen und damit die Arbeitsfähigkeit und Zufriedenheit der Gruppe herzustellen.

Interaktionsregeln nach TZI

Störungen haben Vorrang!
Nimm nur am Gespräch teil, wenn du wirklich teilnehmen willst. Wenn du dich z. B. langweilst, ärgerlich oder unkonzentriert bist, unterbrich das Gespräch. Deine „Abwesenheit" nimmt dir die Möglichkeit der Selbsterfüllung in der Gruppe, und sie bedeutet einen Verlust für die Gruppe. Wenn eine solche Störung behoben ist, wird das unterbrochene Gespräch entweder wieder aufgenommen werden oder einem im Augenblick wichtigeren Platz machen.

Sei deine eigene Chairperson!
Bestimme in einer Diskussion selber, was du reden willst, sprich oder schweig, wann du es willst. Versuche in einer Diskussionsrunde das zu geben und zu empfangen, was du selbst geben und erhalten willst. Sei dein eigener Vorsitzender - und richte dich nach deinen Bedürfnissen, im Blick auf dich, die Gruppe und das Thema.

Du trägst die Verantwortung dafür, was du aus einer Diskussion machst. Du brauchst dich nicht zu fragen, ob das, was du willst, anderen Gruppenmitgliedern gefällt. Sag einfach das, was du willst, die anderen sind auch ihre eigenen Vorsitzenden und werden dir schon mitteilen, wenn sie etwas anderes wollen als du.

Sei authentisch und selektiv in deiner Kommunikation!
Mache dir bewusst, was du denkst und fühlst, und wähle das aus, was du sagen und tun möchtest.

Erläutere den Hintergrund deiner Fragen!
Wenn du eine Frage stellst, sage, warum du sie stellst. Äußerst du deine Meinung, haben die anderen Gruppenmitglieder es viel leichter, sich deiner Meinung anzuschließen oder dir zu widersprechen.

Es spricht immer nur eine Person!
In der Gruppe soll immer nur ein Gruppenmitglied sprechen. Wenn mehrere Personen reden wollen, muss in der Gruppe eine Lösung für diese Situation gefunden werden. Halte dich zurück, wenn eine andere oder ein anderer spricht.

Beachte deine Körpersignale!
Um besser zu erkennen, was du im Augenblick fühlst oder willst, horche in deinen Körper. Er kann dir oft mehr über deine Gefühle und Bedürfnisse erzählen als dein Kopf.

Sprich direkt!
Wenn du jemandem in der Gruppe etwas mitteilen willst, sprich sie oder ihn direkt an und zeige ihr oder ihm durch Blickkontakt, dass du sie oder ihn meinst.

Sprich per „ich"!
Sprich von dir , wenn du etwas mitteilen willst, meide die Worte „man" oder „wir". Trage die Verantwortung für das, was du sagst. Zeige dich als Person.

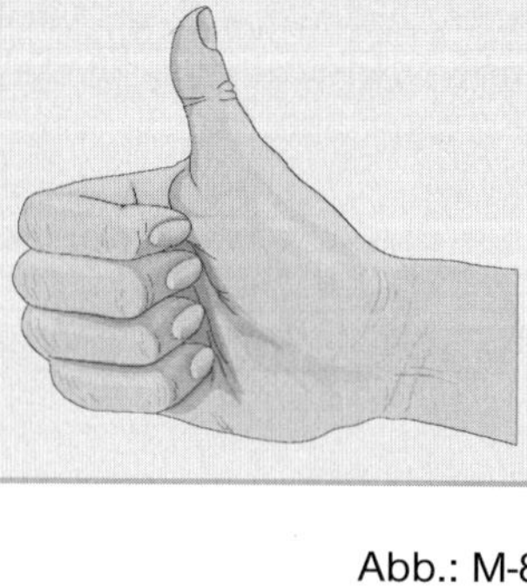

Abb.: M-8

In der TZI-Arbeit wurden für Gruppen hilfreiche Regeln entwickelt. Die Besprechung der Regeln, ihre Vereinbarung mit den Kursteilnehmerinnen und Kursteilnehmern sowie ihre Beachtung sollte vom Kursleitungsteam eingebracht werden (◁ Abb. M-8).

5. Methoden der Gruppenbildung

Neben der Anweisung, welche Teilnehmerin oder welcher Teilnehmer in welcher Gruppe mitarbeiten soll, lassen sich zwei Methoden der Gruppenbildung unterscheiden. Sie führen zu:

a) Neigungsgruppen

Neigungsgruppen können u.a. nach folgenden Merkmalen gebildet werden:

- Thema
- Beruf oder Arbeitserfahrung
- Lernstand
- Gegenstände

Bei den drei ersten Kriterien werden ein bestimmter Wissensstand oder Erfahrungen zur Bildung einer Gruppe herangezogen. Es ist aber auch möglich, dass sich die Teilnehmerinnen und Teilnehmer je nach Neigung verschiedenen im Seminarraum verteilten Gegenständen zuordnen. Hier ist das Gemeinsame die augenblickliche Entscheidung für einen Gegenstand. Die Anzahl der Gegenstände muss der Anzahl der zu bildenden Gruppen entsprechen. Je kreativer die Gegenstände ausgewählt wurden, desto mehr Spaß werden die Teilnehmerinnen und Teilnehmer bei ihrer Zuordnung haben. Ein kurzes Gespräch in der neu entstanden Gruppe darüber, warum sich das einzelne Gruppenmitglied gerade diesem Gegenstand zugewandt hat, bereitet den Boden für ein kreatives Gruppenklima. Bei diesem ersten Kontakt werden häufig auch schon erste persönliche Dinge besprochen. Anstelle von Gegenständen können Sie auch Bilder, Düfte, Blumen, Obst usw. als Orientierungsmedium einsetzen.

Neigungsgruppen zeichnen sich dadurch aus, dass ihre Mitglieder etwas Gemeinsames, Verbindendes haben. Dadurch wird die Arbeit der Gruppe schnell beginnen. Nachteilig kann sich das Konkurrenzverhalten einzelner Gruppenmitglieder auswirken. Unter „Gleichen" will häufig der Einzelne der Beste sein.

STUHLPUNKT-METHODE

Die Teilnehmerinnen und Teilnehmer verlassen den Seminarraum. Das Kursleitungsteam baut einen Stuhlkreis auf. Die Anzahl der Stühle muß der Gruppe entsprechen. Unter die Sitzfläche der Stühle werden farbige Klebepunkte geklebt. Nachdem die Teilnehmerinnen

und Teilnehmer den Raum wieder betreten haben, setzen sie sich auf jeweils einen der Stühle. Damit ist die Gruppenbildung erfolgt. Ein Mitglied des Leitungsteams schmückt verbal aus, dass soeben eine Gruppenbildung stattgefunden hat.

Die Anzahl der unterschiedlichen Farben der Klebepunkte richtet sich danach, wie viele Gruppen gebildet werden sollen. Bei 4 Gruppen nehmen Sie vier Farben, z.B. blaue, rote, gelbe und grüne Punkte. Die Anzahl der Punkte bestimmt die Größe der einzelnen Gruppe. Ein besonderer Spaß ist das Umdrehen der Stühle und das Nachschauen, ob jemand zur blauen, roten, gelben oder grünen Gruppe gehört.

Abb.: M-9

Familie Meier

Eine Familie Meier besteht aus mindestens sechs Familienmitgliedern: Opa Meier, Oma Meier, Vater Meier, Mutter Meier, Sohn Meier und Tochter Meier. Bei Bedarf kann sie um weitere Personen wie Onkel oder Tante ergänzt werden. Für jedes Familienmitglied wird eine A6-Karte vom Kursleitungsteam angefertigt, auf der der Name Meier und der Verwandtschaftsgrad stehen. Es gibt also je eine Karte für Oma Meier, Opa Meier usw.

Entscheidender Unterschied ist allerdings, dass es verschiedene Familien Meier sind. Sie unterscheiden sich durch die Schreibweise ihres Familiennamens: Meier, Maier, Meyer und Mayer. Für jede Familie wird ein Satz Karten angefertigt. Die Anzahl der jeweiligen Familienmitglieder hängt von der gewünschten Gruppenstärke ab.

Im Seminarraum stehen vier Stühle. Alle Teilnehmerinnen und Teilnehmer ziehen verdeckt eine Karte aus dem gut gemischten Haufen. Ihre Aufgabe ist es nach einem Kommando eines Kursleitungsmitgliedes ihre Familie zu finden und sich familienweise übereinander auf einen der Stühle zu setzen und zwar in der oben beschriebenen Reihenfolge: Opa, Oma, Vater, Mutter usw. Die Familie, die zuerst richtig sitzt, hat gewonnen. Sie erhält ein kleines Präsent. Als Ergebnis haben sich mehrere Gruppen gefunden, die alle den gleichen Namen tragen, allerdings mit unterschiedlicher Schreibweise.

Abb.: M-10

b) Zufallsgruppen

Für die Bildung von Gruppen, die zufällig entstehen, spricht, dass Personen mit sehr unterschiedlichem Vorwissen ein Thema bearbeiten. Dadurch entsteht ein breites Wissensspektrum. Hier treffen Menschen zusammen, die verschiedene Arbeitsstile haben. Die einen arbeiten mehr ganzheitlich, während andere schrittweise an ein Thema herangehen. Auch unterschiedliche Lerntypen können sich ergänzen. In einer solchen Zufallsgruppe ist oft ein breiteres Spektrum an Kreativität vorhanden, das für die Erarbeitung von Lösungen nützlich ist. Auch in der Präsentationsphase bieten Zufallsgruppen ihr Ergebnis häufig sehr einfallsreich und unkonventionell dar. Die eine Gruppe visualisiert ihr Ergebnis, eine andere studiert ein Rollenspiel ein, eine weitere dreht einen Videofilm usw.

Nachteilig wirkt sich bei diesen Gruppen oft die längere Dauer der Gruppenentwicklung aus. Das Gemeinsame muss erst entwickelt, Vertrauen aufgebaut und der Status gefunden werden. Drei Beispiele für die Bildung von Zufallsgruppen sind die „Stuhlpunkt-Methode" (◁ Abb. M-9), die „Familie Meier" (◁ Abb. M-10) und das „Motivpostkarten-Puzzle" (☞ I. Materialien und Hilfsmittel).

PV

LITERATUR

BOY, J. U. A.:	*Projektmanagement, Bremen 1994:*
COHN, R. U. A.:	*Lebendiges Lehren und Lernen. TZI macht Schule, 2. Auflage, Stuttgart 1995.*
DECKER, F.:	*Die neuen Methoden des Lernens und der Veränderung, Lichtenau 1996:*
STANFORD, G.:	*Gruppenentwicklung im Klassenraum und anderswo, 4. Auflage, Aachen-Hahn 1995.*
VOß, P.:	*Umgang mit mündlichen Prüfungssituationen, 2. Auflage, Rinteln 1995:*

Unvereinbarkeiten, die keinen Konflikt darstellen

Logische Widersprüche

Unvereinbarkeiten nur im Denken

Unterschiedliche Begriffe von den Dingen oder Unterschiede im Denken stellen keinen Konflikt dar.

Hier spricht man z. B. von einem logischen Widerspruch.

Spannung

Unvereinbarkeiten nur im Fühlen

Emotionale Gegensätze müssen nicht zwangsläufig zum Konflikt führen.

Von einer Spannung spricht man, wenn wir uns der Gegensätze bewusst sind und uns unvereinbare Vorstellungen bilden.

Krise

Unvereinbarkeiten im Wollen

Kommen zu den Willensgegensätzen noch Gefühlsgegensätze und unvereinbare Vorstellungen hinzu, spricht man von einer Krise.

Dieser Zustand leitet nicht selten feindseliges Handeln ein und begründet dann einen Konflikt.

Inzident

Unvereinbarkeiten im Verhalten

Unterschiedliche Verhaltensweisen müssen nicht mit unterschiedlichem Wollen, Fühlen und unvereinbaren Vorstellungen einhergehen.

Verhalten basiert aber nicht selten auf einer umfassenderen Unterschiedlichkeit auf mehreren Ebenen.

Abb.: N-1

N. Konflikte und Konfliktmanagement

1. Was ist ein sozialer Konflikt?

Wir nehmen die Realität jeweils unterschiedlich wahr, denken, fühlen und wollen anderes als unsere Mitmenschen. Nicht bei jeder Meinungsverschiedenheit ist gleich von einem Konflikt zu sprechen. Erst beim Zusammenspiel von Denken, Wollen, Fühlen, unterschiedlichen Vorstellungen und hierdurch motivierten Handlungen, die sich bewusst oder unterbewusst auf den Interaktionspartner richten, kann von Konflikt gesprochen werden.
Dieser Konflikt kann im weiteren Verlauf eskalieren und lässt abgestufte Möglichkeiten der Einflussnahme zu. Die Einflussmöglichkeiten nehmen mit zunehmender Konfliktintensität ab und werden schließlich – ohne externe Hilfe – unauflösbar (◁ Abb. N-1).

2. Möglichkeiten der Konfliktintervention

Aus dieser Differenzierung ergeben sich unterschiedliche Formen der Konfliktintervention.

*a) **Beeinflussung des vorhandenen Konfliktpotentials***

Aus persönlichen Gründen (Charakterstruktur, bestimmten Verhaltensgewohnheiten …) oder aus sachlichen Gegensätzen (Organisationsstruktur, Schwächen in der Arbeitsorganisation ...) ergeben sich Konfliktpotenziale, die leicht zu Konflikten werden können.
Interventionen können sich auf diese **Konfliktpotenziale** in unterschiedlicher Art und Weise beziehen. Eine Konfliktlösung hat schwerpunktmäßig hier anzusetzen, bevor auf den Konfliktprozess und die Konfliktfolgen eingegangen wird. Die Ursachen sollen beseitigt werden, indem z. B. die Organisationsstruktur angepasst wird, ein Personalaustausch stattfindet etc. Die vormals unvereinbaren Ziele der Parteien sollen gleichgerichtet werden und die Beziehungen sollen sich normalisieren.

Interventionsmöglichkeiten

zielen auf	*Konfliktpotenzial*	*Konfliktprozess*	*Konfliktfolgen*
Ursachen	Persönliche oder sachliche Gegensätze	Entgegengesetzte Willen, Gefühle, Vorstellungen und Handlungen	(Ursachen werden vernachlässigt!)
Ziel	Ursachen der Gegensätze beseitigen	Unterbrechung der Eskalationsspirale	Schadensbegrenzung
Schwerpunkt	Ziele der Konfliktparteien sollen gleichgerichtet werden. Konfliktlösung.	Konfliktmanagement	Konfliktkontrolle und -beherrschung
Weg	Organisations-strukturen anpassen; Personalaustausch	Konfliktreduktion; Konfliktunterdrückung; Konfliktverschiebung	Bestrafung; Schadensvergütung; Abfindungen etc.

Abb.: N-2

b) Beeinflussung des Konfliktprozesses

Die Verkettung und Vermischung von entgegengesetzten Willen, Gefühlen, Vorstellungen und Handlungen bildet den Ansatzpunkt des **Konfliktmanagements**. Zielpunkt der Interventionsabsichten ist die Unterbrechung der Eskalationsspirale, eine positive Veränderung der Vorstellungen, Einstellungen und Handlungsweisen hin zum konstruktiveren Umgang mit den Konfliktpotenzialen. Gegensätze und Spannungen vollständig zu beseitigen, wird oft als gar nicht möglich angesehen. Die Konfliktpotenziale und -folgen werden von daher nur in ihren unmittelbarsten Formen behandelt.

Ausschließlich auf den Konfliktprozess konzentrieren sich die Formen der Interventionen wie **Konfliktreduktion, Konfliktunterdrückung** oder **Konfliktverschiebung**. Gemeinsam und gegenseitig werden Regelungen vereinbart. Ziel ist die äußere Verhaltensänderung, ohne Konfliktpotenziale und -folgen zu beeinflussen.

Von **Konfliktüberbrückung** spricht man dann, wenn der Konflikt als nicht lösbar gilt und dieser vorübergehend in den Hintergrund treten soll.

c) Beeinflussung der Konfliktfolgen

Schwerpunktmäßig hier setzt die sog. **Konfliktkontrolle** und **Konfliktbeherrschung** an. Die sachlichen und persönlichen Auswirkungen eines Konfliktes sollen unterbunden oder minimiert werden. Die Konfliktursachen bleiben unberücksichtigt, der Konfliktprozess wird nur am Rande behandelt. Abhilfe soll u. a. durch Strafen, Schadensvergütungen, Abfindungen bei Personalaustausch geschaffen werden (◁ Abb N-2).

3. Konfliktmanagement und Seminarsituation

In Seminarsituationen gibt es immer die Möglichkeit, dass Probleme (nicht Konflikte!) **latent** vorhanden sind oder sich Konflikte **manifest** äußern. Beispiele hierfür können sein:

- *Aufgrund der Zusammensetzung der Gruppe tragen einzelne oder mehrere Teilnehmer/-innen einen oder mehrere Konflikte aus. Die Konfliktursachen liegen häufig außerhalb des Seminars, werden aber durch den Seminarverlauf aktiviert.*

Konfliktträchtiger Allgemeinwissenstest

auf einem Seminar für internationale Manager.

„Der Modus ist einfach", erklärt der Seminarleiter, „ich sage Ihnen ein Zitat, und Sie sagen mir, wer es wo und wann gesagt hat. Also: `Vom Eise befreit sind Ströme und Bäche.´"

Im Raum herrscht Schweigen, bis sich ganz hinten ein kleiner Japaner meldet: „Goethe, Faust I, Osterspaziergang, 1806." Die Teilnehmer murmeln anerkennend.

Der Seminarleiter fragt: „Der Mond ist aufgegangen."

Wie aus der Pistole geschossen antwortet der Japaner: „Matthias Claudius, Abendlied, 1782."

Die anderen Teilnehmer sehen betreten zu Boden.

Dritte Frage des Seminarleiters: „Festgemauert in der Erden?" – „Schiller", strahlt der Japaner, „das Lied von der Glocke, 1799."

Murren im Raum. In der zweiten Reihe murmelt einer: „Scheiß-Japaner!" Und wieder die helle Stimme von hinten: „Max Grundig, Cebit Hannover, 1982."

Abb.: N-3

- *Das Seminarthema betrifft die Teilnehmer/-innen so stark, daß die Kursleitung zum Zielpunkt der Frustrationen oder Wut wird, ohne einen entsprechenden Anlass gegeben zu haben.*
- *Die von der Kursleitung vertretenen Positionen oder der Umgang mit den Teilnehmer/-innen führen dazu, dass die Teilnehmer/-innen sich nicht ernst genommen fühlen.*

a) Grundsätzliches zu Konflikten in Seminarsituationen

Der bekannte Grundsatz der Themenzentrierten Interaktion **„Störungen haben Vorrang!“** sollte Beachtung finden (☞ M. Gruppenarbeit und Gruppenbildung). Eine erfolgreiche Durchführung des weiteren Seminarverlaufs ist in Frage gestellt, wenn die gemeinsame Arbeit durch latente oder manifeste Konflikte behindert wird (◁ Abb. N-3).

b) Vorbeugende Maßnahmen zur Konfliktbearbeitung

Die Anfangssituation von Seminaren erhält hinsichtlich der späteren Konfliktbewältigungsmöglichkeiten einen zentralen Stellenwert. In dieser Phase kann das Leitungsteam den zukünftigen Umgang miteinander durch sein Auftreten und/oder durch vereinbarte für das Seminar gültige Kommunikationsformen demonstrieren.

In diesem Sinne sollten frühzeitig **Kommunikationsstrukturen** aufgezeigt werden, welche die konstruktive Bearbeitung von Konfliktprozessen zulassen. Nur so können diese frühzeitig erkannt und bearbeitet werden. Bereits über mehrere Stufen eskalierte Konflikte sind sehr viel schwieriger zu bearbeiten als frühzeitig erkannte.

Konkret kann dies bedeuten:

- regelmäßige Phasen des Feedback, z. B. regelmäßig am Ende des Tages,
- Signale der Kursleitung, für Kritik empfänglich zu sein,
- geeignete Methoden, die es den Teilnehmer/-innen erleichtern, Kritik äußern zu können, z. B. Punktabfragen zum Seminarverlauf (☞ Z. Evaluation und Rückmeldung).

Fragen zur Konfliktanalyse

1. Wer ist vom Konflikt betroffen?

2. Gibt es Parteien?

3. Gefährden die vertretenen Positionen einen gemeinsamen Gesamtrahmen?

4. Worüber wird wie mit welchen Folgen gestritten?

5. Gibt es einen Konfliktverlauf und wie wird dieser gestaltet?

6. Erscheint den Parteien der Konflikt als lösbar?

Abb.: N-4

c) *Woran erkenne ich einen vorliegenden Konflikt?*

Die Anzeichen für das Vorliegen eines Konfliktes können vielfältig sein:

- demonstratives Desinteresse und passive Teilnahme am Seminargeschehen;
- wiederholte explizite Kritik am Verhalten oder an Äußerungen der Kursleitung oder anderer Teilnehmer/-innen;
- Anzeichen starker emotionaler Erregung (bebende Stimme, roter Kopf, emotional determinierter verbaler Schlagabtausch etc.).

Beachten Sie, dass alle weiter oben skizzierten Merkmale eines Konfliktes vorliegen müssen, um von einem **faktischen Konflikt** sprechen zu können.

d) *Wie kann ein Konflikt analysiert werden?*

Wenn Sie es mit einem Konflikt innerhalb der Gruppe zu tun haben, sollten Sie die nebenstehenden Fragen beantworten können (◁ Abb. N-4).

In der Regel werden Sie es wahrscheinlich mit Seminargruppen zu tun haben, die für den Seminarzeitraum zusammenkommen und weniger formalen Regelungen hinsichtlich der Beziehungen zu den anderen Teilnehmer/-innen unterliegen. Diese eher **informellen Beziehungen** unterliegen eigenen Gesetzen, die zu folgenden Fragen bei der Konfliktanalyse führen:

- Welche Rollenverträge (wiederkehrende und gefestigte Verhaltensmuster) sind zu erkennen?
- Wie werden Verhaltensweisen der anderen Partei sanktioniert, um diese zu verändern?
- Welche Versuche der Veränderung der Rollenverträge wurden bisher unternommen?
- Welche impliziten Vertragsformeln existieren zwischen den Parteien? Diese sind meist unausgesprochen, aber nicht weniger akzeptiert und für den Konfliktverlauf wichtig. Beispiel: *Wer nicht deutlich seine Interessen formuliert, soll sich nicht wundern, wenn er übergangen wird.*
- Gibt es Gruppenführer und welche Aufgaben übernehmen diese?

  Hüten Sie sich davor, zu schnell zu interpretieren, gebrauchen Sie alle Wahrnehmungsorgane. Achten Sie gleichermaßen auf das **Was** und das **Wie** des Konfliktes. Die inhaltlichen Streitpunkte sind gleichermaßen zu registrieren wie die Art und Weise der Auseinandersetzung (Inhalts- und Beziehungsaspekt). Wie wird über die gegnerische Partei gesprochen? Wann zeigen sich heftige Emotionen, Angst, Hass oder Hoffnungslosigkeit?

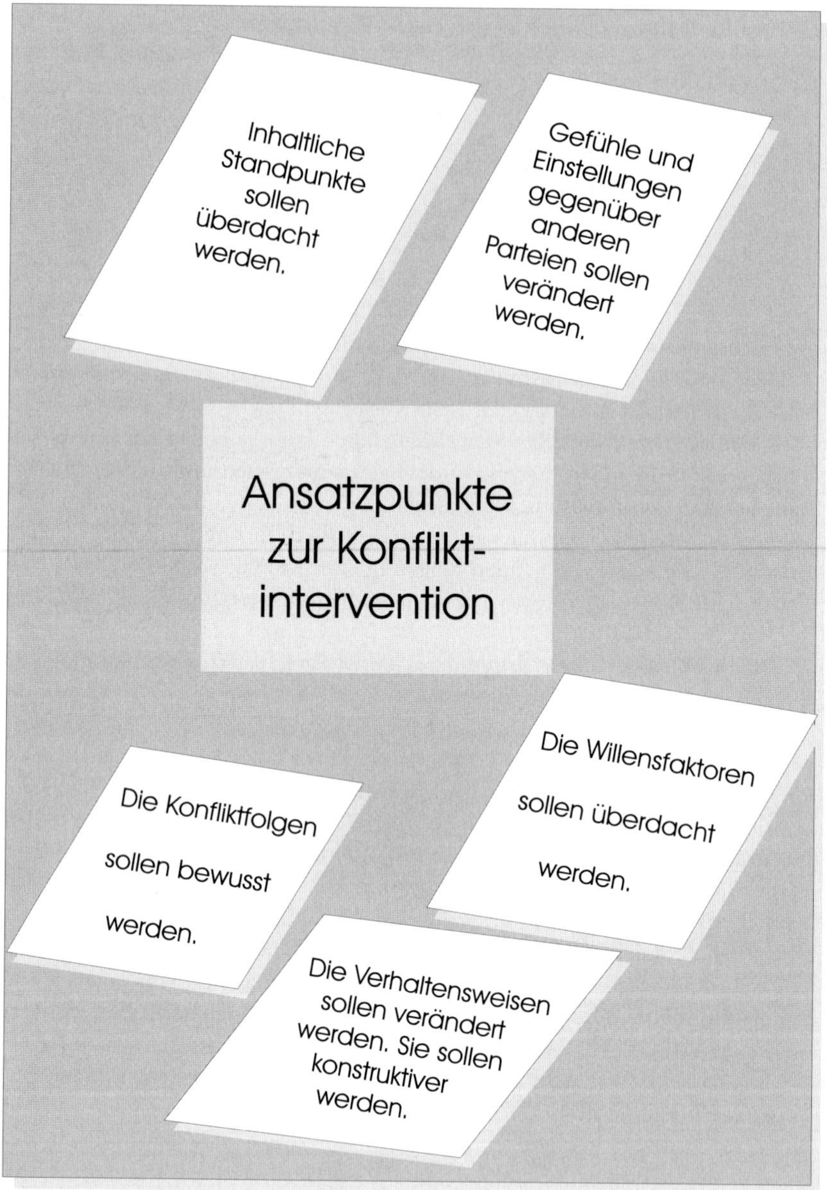
Inhaltliche Standpunkte sollen überdacht werden.
Gefühle und Einstellungen gegenüber anderen Parteien sollen verändert werden.
Ansatzpunkte zur Konflikt- intervention
Die Konfliktfolgen sollen bewusst werden.
Die Willensfaktoren sollen überdacht werden.
Die Verhaltensweisen sollen verändert werden. Sie sollen konstruktiver werden.

Abb.: N-5

Berücksichtigen Sie bei der Konfliktbetrachtung Mutmaßungen, Vorurteile, Wertvorstellungen, Gefühle und Willensregungen der Teilnehmer/-innen. Sie sind nicht zu ignorieren, aber getrennt von dem vorliegenden und zu analysierenden Konflikt zu betrachten.

4. Grundmechanismen der Konflikteskalation

In Konfliktprozessen wirken zahlreiche Mechanismen gleichzeitig und führen so zur Verstärkung der inhaltlichen Gegensätze, Einstellungen und eines destruktiven Verhaltens.

Charakterisieren kann man diese Grundmechanismen folgendermaßen:

a) Es kommt zu einer zunehmenden Projektion der Probleme auf die Gegenpartei infolge wachsender Selbstfrustration.
b) Die Konfliktgegenstände werden stetig erweitert, während die differenzierte kognitive Auseinandersetzung damit abnimmt.
c) Ursachen und Wirkungen des Konfliktes werden immer mehr vermischt und die Betrachtungsweise wird zunehmend simplifiziert.
d) Immer mehr Personen werden in den Konflikt mit einbezogen. Gleichzeitig wird der Konflikt immer stärker personifiziert.
e) Eine erhöhte Gewaltandrohung soll die Gegenpartei „bremsen“, beschleunigt aber tatsächlich die Konflikteskalation.

5. Ansatzpunkte für Interventionen

Interventionen können auf die Hauptfaktoren, die Konflikte bestimmen, bezogen werden. Eine bewusste Entscheidung, auf welche der Faktoren Interventionsbemühungen ausgerichtet sind, sollte durch die Seminarleitung getroffen werden können. Insbesondere der zeitliche Rahmen von Seminaren und die Dauer der Zusammenarbeit mit den Seminarteilnehmer/-innen lässt häufig eine weitergehende Aufarbeitung der Ursachen von Konflikten, die nicht unmittelbar aus der Seminarsituation erwachsen sind, kaum zu (◁ Abb. N-5).

Methoden der Konfliktbearbeitung

Spielregeln

Spielregeln bei der Konfliktbearbeitung

Schon aufgrund des geringen Zeitrahmens von Seminaren wird eine grundlegende Konfliktbearbeitung fast unmöglich. Innerhalb einer Konfliktbegrenzung geht es hauptsächlich um die Einigung auf bestimmte Spielregeln im Umgang miteinander.
Gesprächsregeln oder die Möglichkeit eines Vetorechts sind hier häufig hilfreich.

Moderation

Konfliktbearbeitung und Moderation

Durch eine konsequente Anwendung der Moderationsmethode wird eine positive Distanz zwischen Kursleitung und Seminargruppe gehalten, die der Konfliktbewältigung zuträglich sein kann.

Die Kursleitung schützt sich hierdurch, in den Konflikt mit einbezogen zu werden.

Rollenspiele

Konfliktbearbeitung und Rollenspiele

Die Anwendung von Rollenspielen, die einen Rollentausch ermöglichen, setzt die Bereitschaft der Seminargruppe hierzu voraus.
Dann aber können hiermit Blockaden aufgebrochen und Zugänge zu unterschiedlichen Willen und Gefühlen als Hintergrund von Vorstellungen und Handlungen gefunden werden.

Abb.: N-6

Zur Deeskalation eines Konflikts trägt es häufig schon bei, die zentralen Kontrahenten räumlich und zeitlich zu trennen, z. B. *durch Arbeitsaufträge, die einzeln oder in Kleingruppen zu erledigen sind.*

6. Kursleitung und Konfliktsituationen

Die Rolle der Kursleitung in Konfliktsituationen ist selbst dann problematisch, wenn diese nicht unmittelbar in den Konflikt einbezogen ist. Gründe hierfür sind:
Kursleitung und Seminargruppe beziehen sich aufgrund ihres gemeinsamen Anliegens, ein Thema zu erarbeiten, aufeinander. Hiermit sind auf beiden Seiten grundlegende Rollenzuschreibungen verbunden. Eine beratende Funktion der Kursleitung bei der Bearbeitung von Konflikten wird dieser nicht selbstverständlich zugewiesen. Dies ist auch in den Augen der Teilnehmer/-innen eher Supervisoren, Psychologen, Beratern oder Kommunikationstrainern zuzuschreiben. Die Kursleitung kann dennoch in dieser Richtung tätig werden, wenn eine Autorisierung durch die Gruppe erfolgt ist (◁ Abb. N-6).
Wenn die Kursleitung den Konflikt zum Thema macht, ist von grundlegender Bedeutung, dass sie einen Konflikt „als ganz normal" vermittelt. Schließlich können immer Situationen entstehen, die Konflikte erzeugen. Die Kursleitung demonstriert durch ihr Verhalten maßgeblich, inwieweit und ob der Konflikt lösbar ist. Je besser dies gelingt, um so besser können Beobachtungen über den Konfliktverlauf von Seiten der Kursleitung durch die Teilnehmer/-innen angenommen werden. Erscheint das Verhalten der Kursleitung als belehrend, kommt es häufig zu einer Blockade der Teilnehmer/-innen, die weitere Lösungsansätze unmöglich macht. **TM**

Literatur
Schulz von Thun, F.: *Miteinander reden. Bd. 1 Störungen und Klärungen, Bd.2 Stile, Werte und Persönlichkeitsentwicklung, Reinbek 1981/1993*

Kreativität
neue Lösungen erzeugen
etwas Neues schaffen
verschiedene Informationen zusammenführen
vorher Getrenntes kombinieren

Abb.: O-1

O. Kreativitätstraining

1. Was ist Kreativität?

Allgemein gilt Kreativität als die persönlichkeitsbestimmte besondere Begabung „kreativer" Menschen wie Maler, Bildhauer oder Komponisten. Die neuere Kreativitätsforschung bezieht sich jedoch sowohl auf die schöpferischen und gestalterischen Fähigkeiten besonderer „Genies", als auch auf die Entwicklung der Denk- und Handlungsmöglichkeiten aller Menschen. Kurz gefasst beschreibt Kreativität das Verhalten, eine originelle, praktische Idee zu entwickeln und hierbei seine persönlichen Potenziale freizusetzen und zu nutzen. Diesem erweiterten Verständnis von Kreativität als **die allen Menschen verfügbaren Denk- und Handlungsformen** folgte die Entwicklung der für jedermann erlernbaren Kreativitätstechniken. Die wesentlichen Merkmale dieses Verständnisses von Kreativität zeigt die Grafik (◁ Abb. O-1).
Kreativitätstechniken werden in der betrieblichen Praxis unter verschiedenen Bezeichnungen schon seit geraumer Zeit genutzt und finden immer mehr Zugang in den Bildungsbereich.
In betrieblichen und schulischen Lernsituationen werden zunehmend die Potenziale des auf Ganzheitlichkeit ausgerichteten intuitiven kreativen Denkens (rechte Gehirnhälfte) erkannt und gefördert (☞ E. Lernformen und Arbeitsmethoden). Dieser Entwicklung sollen Fort- und Weiterbildungsangebote Rechnung tragen und gezielte Angebote zur Förderung der Kreativität machen.

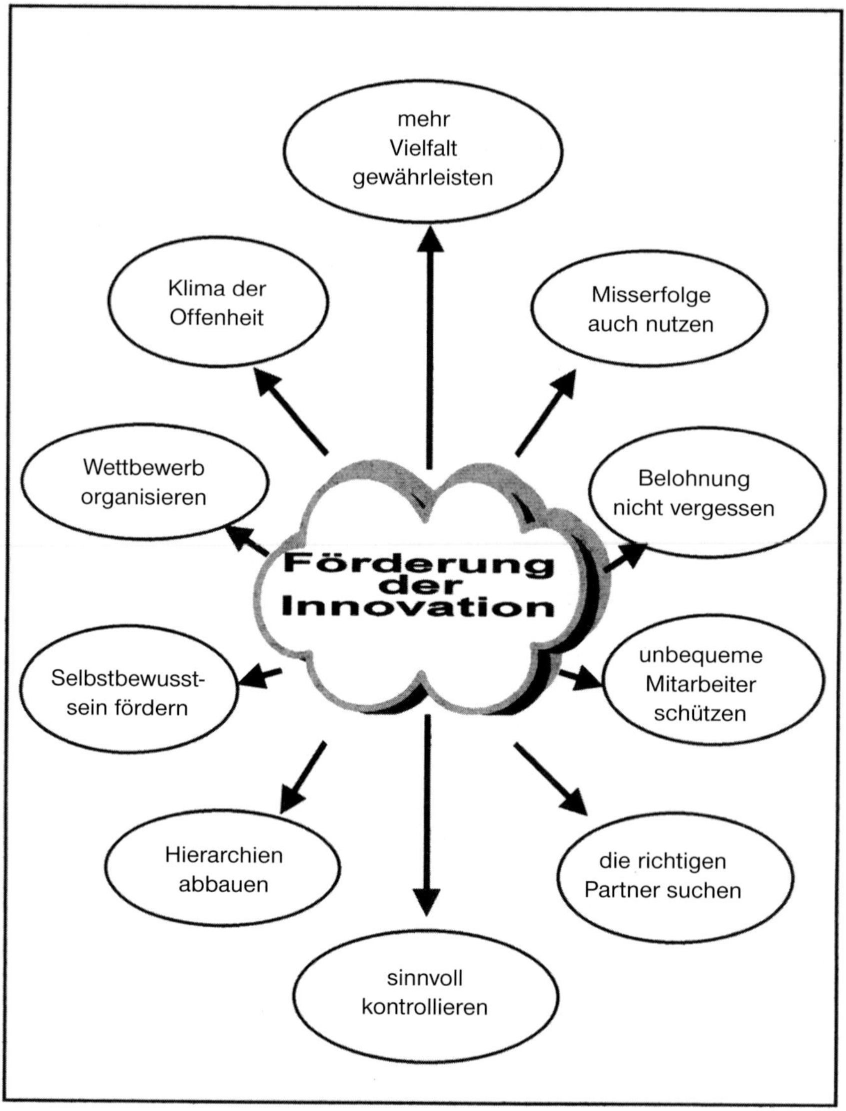
mehr
Vielfalt
gewährleisten
Klima der
Offenheit
Misserfolge
auch nutzen
Wettbewerb
organisieren
Belohnung
nicht vergessen
Förderung
der
Innovation
Selbstbewusst-
sein fördern
unbequeme
Mitarbeiter
schützen
Hierarchien
abbauen
die richtigen
Partner suchen
sinnvoll
kontrollieren

Abb.: O-2

2. Warum Kreativität fördern?

In der Arbeitwelt werden zunehmend ganzheitliche Konzepte statt der bisher vorherrschenden tayloristisch ausgerichteten Arbeitsweisen eingesetzt. Diese neueren Konzepte wollen die Qualifikation der Mitarbeiter bewusst nutzen.
Die berufliche Tätigkeit wird immer weniger ein „Verwalten“ und immer mehr ein „Problemlösungshandeln“. Flexibilität, Erfahrungswissen sowie manuelles Geschick helfen komplexe Arbeitsabläufe zu meistern.
Die Anforderungen der Wirtschaft sind durch die Verbreitung der Informations- und Kommunikationstechniken sowie die verschärfte Konkurrenzsituation deutlich gestiegen. Viele Betriebe haben aufgrund der Globalisierung der Märkte erkannt, dass sie Innovationen (◁ Abb. O-2) **bewusst** und gezielt fördern müssen.
In Unternehmen, die auf den Märkten am erfolgreichsten sind, ist auffallend häufig und intensiv vom Menschen die Rede. Damit rückt der Mensch tatsächlich in den Mittelpunkt. Die Praxis zeigt, dass Mitarbeiter und Mitarbeiterinnen in Teams, die ihre Aufgabe selbst organisieren und ihre Prozesse selbst steuern, zum wichtigsten Unternehmenskapital werden. Das Ideenpotenzial der Mitarbeiter und Mitarbeiterinnen ist die größte Einnahmequelle innovatorischer Unternehmen.
Kreativität ist die wichtigste Ressource der neuen **prozessorientierten** Organisation und zugleich das wesentliche Unterscheidungsmerkmal gegenüber der alten tayloristischen Arbeitsorganisation.
Die Anforderungen an Mitarbeiter erfüllen sich in einer kreativen Lernatmosphäre und einem innovativen Umfeld von Denken und Methoden.
Der kreative Seminarteilnehmer ist offen für die Entwicklung neuer, ungewohnter, überraschender Ideen, Impulse und Einfälle. Er bringt die Bereitschaft mit, sich auf den kreativen Prozess einzulassen. Kreativitätsprozesse fordern und fördern die ganze Persönlichkeit. Der schöpferisch arbeitende Teilnehmer nutzt seine kommunikativen Fähigkeiten, um sein kreatives Potenzial in das soziale Umfeld einzubringen.

Verhaltenskodex
in Kreativitätsgruppen

1. **Quantität vor Qualität!**
   Je mehr Ideen desto höher die Wahrscheinlichkeit einer Lösung
2. **Keine Kritik!**
   Ideensuche von Ideenkritik trennen
   Prinzip des aufgeschobenen Urteils
3. **Alles ist erlaubt!**
   Den Ideen freien Lauf lassen
   Je ausgefallener desto besser
4. **Es gibt kein geistiges Eigentum!**
   Offenheit gegenüber den Ideen der anderen Teilnehmer
   Die Idee des Einen zündet die Idee des Anderen
5. **Ideen werden nicht breit ausgetreten!**
6. **Der formale Rahmen wird eingehalten!**

Abb.: O-3

Brain-Writing: Methode 6-3-5

*Die **6** Personen Ihrer Gruppe erhalten jeweils dieses Blatt. Finden Sie **3** Ideen zum gestellten Thema und schreiben Sie diese in die erste Reihe. Geben Sie dann Ihr Blatt an Ihren linken Nachbarn weiter, der dann auf Ihrem Blatt die zweite Reihe mit seinen Ideen ausfüllt usw... Jedes Blatt wird also **5**-mal weitergegeben. Innerhalb von 20 Minuten soll Ihr Blatt wieder bei Ihnen sein!*

Aufgabenstellung:

Entwicklung einer Geschäftsidee für ein von uns zu gründendes Unternehmen!

Person	Idee 1	Idee 2	Idee 3
1			
2			
3			
4			
5			
6			

Abb.: O-4

3. Regeln für die Ideenfindung

Damit die Kreativität bei der Entwicklung von Ideen oder Lösungsvorschlägen in einer Lerngruppe gedeihen kann, müssen einige wesentliche Grundregeln für die Ideenfindung beachtet werden („Verhaltenskodex" ◁ Abb. O-3). Die Einhaltung dieser Regeln ermöglicht und fördert den erwünschten ungehemmten Ideenfluss der Teilnehmerinnen und Teilnehmer, sie sollten stets deutlich sichtbar ausgehängt werden.

4. Methode 6-3-5 oder Brain-Writing

In der Praxis der Seminar- und Kursgestaltung haben sich zahlreiche Verfahrensweisen und Übungen zur Förderung der Kreativität herausgebildet. Werden die Ideen der Teilnehmer schriftlich festgehalten, spricht man von **Brain-Writing**, welches häufig in Form der **Methode 6-3-5**, des **Brain-Pools** oder der **Kartenabfrage** (☞ P. Referieren und Moderieren) durchgeführt wird.
Bei der **Methode 6-3-5** (◁ Abb. O-4), sollen jeweils in einer Gruppe von **6** Teilnehmern zunächst von jedem Teilnehmer **3** Ideen entwickelt werden. Jeder Teilnehmer gibt das Blatt mit seinen Ideen weiter an den nächsten Teilnehmer und erhält vom anderen Nachbarn das Blatt mit dessen Ideen, die ihn zu weiteren Ideen unter Beachtung der Regeln zur Ideenfindung „anstacheln" sollen. Jedes Blatt wird **5** mal weitergegeben, so dass die Gruppe insgesamt sechs Blätter mit maximal 6 x 3 x 6 = 108 Ideen erarbeitet hat. Danach kann die Gruppe ihre Ideensammlung diskutieren und die für die Lösung der Aufgabenstellung besten Ideen auswählen.

5. Brain-Pool

Beim **Brain-Pool** werden die Ideen der Teilnehmer und Teilnehmerinnen schriftlich festgehalten. Für jede Idee wird von dem Ideengeber eine Karte beschrieben. Diese Karten mit den möglichst zahlreichen Einfällen werden für alle Gruppenmitglieder in die Mitte des Arbeitskreises platziert, damit jeder Teilnehmer und jede Teilnehmerin stets die neuesten Vorschläge der anderen Teammitglieder verfolgen kann. Jeder erhält dadurch für die eigene Ideenfindung laufend neue Impulse aus der Gruppe. Erst hinterher erfolgt eine Bewertung und Auswahl der für geeignet erscheinenden Ideen.

Morphologischer Kasten

Der "Morphologische Kasten" wird meist zur Verbesserung schon vorhandener Produkte herangezogen. Die Problemstellung wird vorgegeben, sie wird dann in Problemelemente zerlegt. Jeder einzelne Punkt wird für sich betrachtet und variiert.

Aufgabenstellung:

ENTWICKLUNG EINER NEUEN FLASCHE

Problem-elemente	**Variationen**				
Material +	Kunststoff	**Glas**	Messing	Hartgummi	Stein
Verschluss +	**Drehver-schluss**	Korken	Stöpsel	Saugverschluss	Plastik-einsatz
Inhalt +	0,3 l	**0,5 l**	0,75 l	1,0 l	1,5 l
Farbe +	Gelb	rot	**Schwarz**	grün	blau
Form +	gewöhnlich	zylindrisch	kugel-förmig	**kegel-förmig**	quadratisch

Abb.: O-5

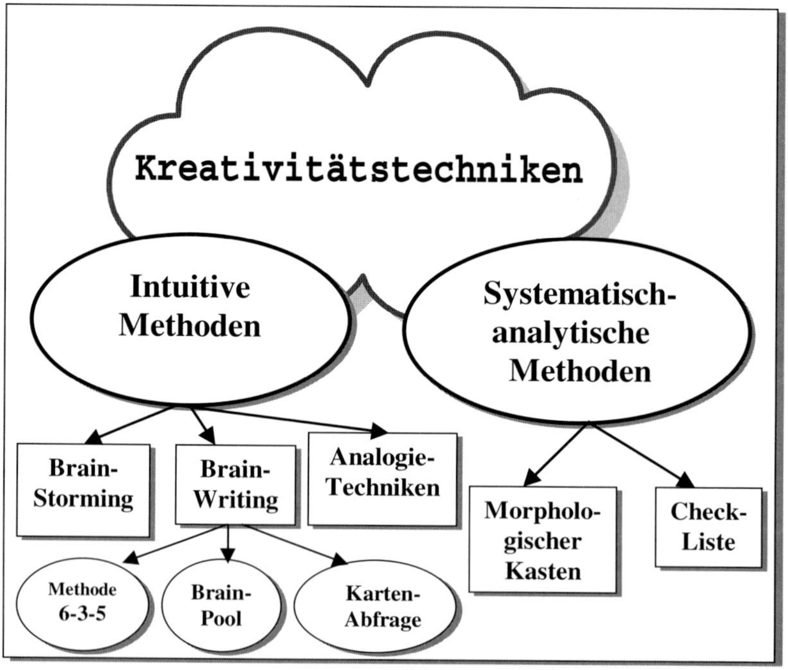

Abb.: O-6

6. Morphologischer Kasten

Werden die Teilnehmer und Teilnehmerinnen aufgefordert, eine Aufgabe in wesentliche Teilelemente oder Merkmale zu zerlegen, stellt der **Morphologische Kasten** eine ideale Kreativitätstechnik dar (◁ Abb. O-5).
Zu den einzelnen Merkmalen des Problemgegenstandes sollen zunächst möglichst viele denkbare Ausprägungen gefunden werden. Die gefundenen Ausprägungsalternativen werden vielfältig kombiniert und dann auf ihre Tauglichkeit zur Lösung des Problems bewertet.

7. Weitere Kreativitätsübungen

Zahlreiche **Kreativitätstechniken** (◁ Abb. O-6) stehen zur Schulung der Kreativität zur Verfügung. Aus der Vielzahl kreativer Übungen seien hier einige dargestellt und anhand von Beispielen illustriert, die in Seminarveranstaltungen besonders gerne durchgeführt werden.

a) Brain-Storming

Beim **Brain-Storming** geht es im Wesentlichen darum, dass die Teilnehmerinnen und Teilnehmer ohne große kognitive Vorarbeit eher intuitiv zu einem Problem oder Lerngegenstand möglichst viele Ideen und Einfälle oder Lösungsvorschläge produzieren.

Folgende Regeln gilt es zu beachten:

- Sagen Sie alles, was Ihnen einfällt, auch wenn es verrückt erscheint!
- Diskutieren oder werten oder kritisieren Sie nicht die Aussagen!
- Wiederholungen und leichte Abwandlungen bereits vorgetragener Gedanken sind erlaubt!
- Denkpausen sind gestattet!
- Machen Sie weiter, auch wenn Sie glauben, dass Sie fertig sind!

Sie können in Ihren Gruppen ein Brainstorming unter Beachtung obiger Regeln beispielsweise zu folgenden Themen durchführen:

- *Wohin sollte der nächste Betriebsausflug gehen?*
- *Welche Möglichkeiten sehen Sie, den Aufenthaltsraum zu verschönern?*
- *Wie könnte die Mitarbeiterzeitschrift interessanter gestaltet werden?*

Assoziationsübung

Wer wird eine unvorhergesehene Situation elegant lösen ?

Nennen Sie eine Zahl zwischen 1 und 15. Hinter dieser Zahl steht ein Begriff. Sie sollen zu diesem Begriff innerhalb von 10 Minuten ein Plakat zeichnen und sich auf eine Präsentation dieses Begriffes von maximal 2 Minuten einstellen.

Zu zeichnen:
Schildkröte

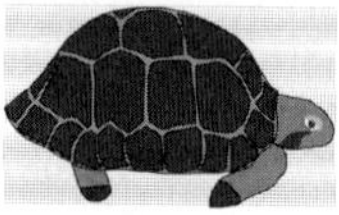

Zu erklären:
Feinschmecker

Kurz vor der Präsentation wird den Teilnehmern ein anderer Begriff genannt. Die Teilnehmer sollen nun über diesen, scheinbar völlig anderen Begriff sprechen und trotzdem ihre Folien präsentieren und damit den neuen Begriff erklären. Die Begriffe sind natürlich so ausgewählt, dass eine sinnvolle Verbindung möglich ist.

Zahl	Vorzubereitender Begriff auf Plakat	Endgültiger Begriff, der zu erklären ist
1	Schildkröte	Feinschmecker
2	Hose	Sommer
3	Fahrrad	Fabrikarbeiter
4	Wein	Hotel
5	Herd	Hand
6	Sekt	Handwerker
7	Mädchen	Drachen
8	Liege	Teppich
9	Motorrad	Staub
10	Schlafzimmer	Telefon
11	Münze	Kirche
12	Regen	Schnee
13	Rasenmäher	Kabel
14	Kleid	Blume
15	Reisebus	Familienfeier

Abb.: O-7

b) Assoziationsübungen

Sie dienen dazu, dass die Teilnehmer und Teilnehmerinnen zu vorgegebenen Begriffen spontan und ungesteuert viele denkbare auch ungewöhnliche Sinnzusammenhänge herstellen (assoziieren) und damit zu neuen Ideen für eine innovative Problemlösung gelangen.

Assoziationen in Form von Schlagfertigkeitsübungen oder Erfinden von Bildgeschichten fördern auf spielerische Weise im hohen Maße die Kommunikationsfähigkeit. Die Fantasie wird auf spielerische Weise angeregt und neue Sinnzusammenhänge eröffnen sich den Teilnehmern und Teilnehmerinnen (◁ Abb. O-7).

c) Mind-Map

Sollen kreative Ideen völlig frei und ungelenkt entstehen und diese gleichzeitig visualisiert werden, ist Mind-Mapping die ideale Arbeitsmethode. Die oder das Mind-Map eignet sich besonders dazu, das Vorwissen der Teilnehmerinnen und Teilnehmer zu einem komplexen Thema zusammenzutragen. (Beispiele: ☞ Abb. E-1, Abb. H-1, Abb. M-2)

Empfehlungen zur Erstellung von Mind-Maps:

- Arbeiten Sie möglichst im Querformat.
- Beginnen Sie mit dem Hauptgedanken/Thema und setzen Sie diesen Begriff mit Rahmen versehen in die Mitte des Blattes.
- Die sich aus dem Thema entwickelnden Hauptgedanken halten Sie an dicken Ästen fest.
- Fortführende Gedanken zu einem Hauptast können Sie anhand dünnerer Nebenäste darstellen.
- Für spontane Ideen, die Sie nicht sofort zuordnen können, richten Sie einen Ast „Sonstiges“ ein.
- Schreiben Sie die Begriffe als Substantive gut lesbar an die Äste.
- Zusammenfassungen und Astgruppen können Sie durch Einkreisen kennzeichnen.
- Machen Sie Verbindungen, Abhängigkeiten, Rangordnungen durch Pfeile, Farben oder Nummerierungen kenntlich.

Zeichenergänzungstest

Beispiel A

Schreiben Sie bitte zum unten angegebenen Begriff so viel passende Eigenschaftswörter auf, wie Ihnen dazu einfallen.

__________ **wie eine Blume** __________ **wie eine Blume** __________ **wie eine Blume**

__________ **wie eine Blume** __________ **wie eine Blume** __________ **wie eine Blume**

__________ **wie eine Blume** __________ **wie eine Blume** __________ **wie eine Blume**

Beispiel B

Ergänzen Sie die Formen durch möglichst viele Zeichnungen

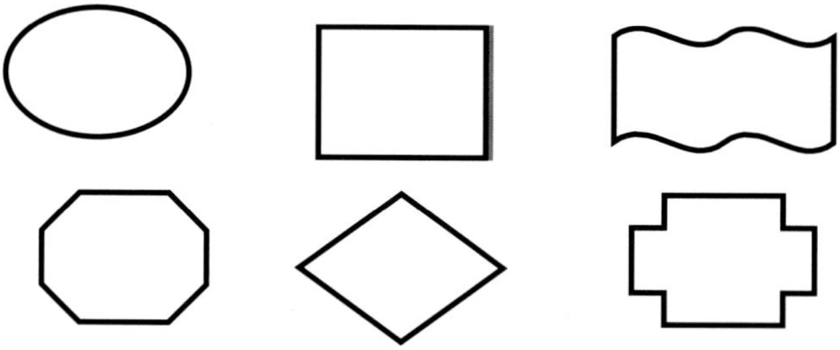

Tipp: *Versuchen Sie schnell, aber nicht zu schön zu zeichnen!*
Produzieren Sie möglichst viel und rasch!

Beispiel C

Nennen Sie möglichst viele Gegenstände, zu denen das abgebildete Detail passen könnte.

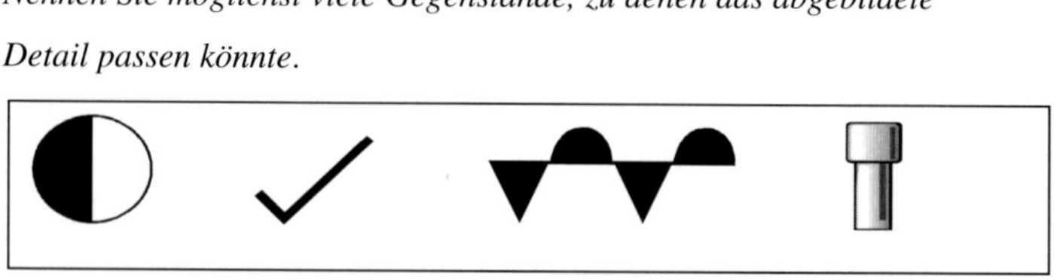

Abb.: O-8

d) Zeichenergänzungstest

Er fördert die folgenden Kreativitätsmerkmale ganz besonders: schöpferische Einfälle, Fantasie und flexibles Denken (◁ Abb. O-8). Die Teilnehmer und Teilnehmerinnen lassen ihren Gedanken freien Lauf, so wie sie gelegentlich Notizzettel oder die Ränder von Büchern vollkritzeln.

Was sieht so ähnlich aus? Was könnte damit verwandt sein? Wo kommt so etwas vor? Wozu nützt es? - und ähnliche Fragen helfen, viele Einfälle zu produzieren.

e) Stegreifvortrag

Jeder Teilnehmer und jede Teilnehmerin erhält mit Hilfe der Zahlenauswahl ein Thema zugewiesen. Er oder sie soll über dieses Thema einen Meinungsvortrag von ein oder zwei Minuten (vorher festlegen!) halten.

Zahl	Beispielthemen für eine Stegreifübung
1	*Macht Geld allein glücklich?*
2	*Ausbildung oder Studium?*
3	*Duale Ausbildung – ein Auslaufmodell?*
4	*Wozu Modellversuche in der Schule/Firma/Behörde?*
5	*Es geht (nicht) ohne Fernsehen.*
6	*Jedem Jugendlichen wird ein Ausbildungsplatz garantiert!*
7	*Ist das Klassensystem in unseren Krankenhäusern überholt?*
8	*Fluch und Segen der Automation!*
9	*Warum Verkaufstraining?*
10	*Der Computer – dein Freund und Helfer?*

f) Folienübung

Jeder Teilnehmer soll spontan und schnell eine Folie anfertigen und präsentieren! Jeder Teilnehmer wird einzeln aufgerufen. Der Seminarleiter bittet jeden Teilnehmer um die Nennung einer Zahl zwischen 1 und 12. Zu dem hinter dieser Zahl stehenden Begriff soll vom Teilnehmer innerhalb von 15 Minuten eine Folie angefertigt und präsentiert werden. Die Präsentation kann auf Videoband aufgezeichnet und hinterher ohne jegliche Kritik durch den Seminarleiter abgespielt werden! Anschließend können die Stärken und Schwächen jeder Präsentation im Teilnehmerkreis besprochen werden.

1

Ein-Punkt-Abfrage

Die Förderung der Kreativität ist bei mir bereits fester didaktisch methodischer Bestandteil des Unterrichts ●

++	+	≈	-	--

2

Teilnehmer-äußerungen sammeln zur Frage:

Welche Gründe gibt es für die unterschiedlichen Äußerungen zur Kreativität?

3

Partnerarbeit

Vorstellen des Partners

- Unterhalten Sie sich mit einem Partner Ihrer Wahl, den Sie noch nicht gut kennen, über wesentliche Dinge Ihres Lebens!
- Machen Sie sich kurze Notizen zu den Angaben des Partners!
- Visualisieren Sie die Angaben des Partners nach folgendem Muster:
  (Plakat quer nehmen und in der Mitte falten!)

Lebensdaten in Bildern

Aussagen zum Partner.........

A ....

G ....

L ....

E ....

H ....

- Präsentieren Sie Ihr Ergebnis!

Abb.: O-9

Zahl	Vorschläge für mögliche Folienthemen
1	*Umweltschutz*
2	*Autobahn*
3	*Urlaub*
4	*Wohnen im Hochhaus*
5	*Stadtverkehr*
6	*Fußgängerzonen*
7	*Ausbildung in Schule und Betrieb*
8	*Computer im Unterricht*
9	*Eigenheim*
10	*Kultur erleben*
11	*Sport treiben*
12	*Suchtgefahren*

g) Schlagfertigkeitsübung

Jeder Teilnehmer wird einzeln aufgerufen und nennt eine Zahl zwischen 1 und 12. Die hinter dieser Zahl stehenden drei Wörter müssen vom Teilnehmer in eine Geschichte sinnvoll eingeflochten werden. Jeder Teilnehmer und jede Teilnehmerin muss sofort beginnen und darf maximal zwei Minuten lang sprechen. Die ganze Übung kann auf Videoband aufgezeichnet und hinterher ohne jegliche Kritik durch den Seminarleiter abgespielt werden!

Zahl	Wörter für die Schlagfertigkeitsübung		
1	*Einkäufer*	*Mondrakete*	*Rosenduft*
2	*Neger*	*Himmel*	*Schnee*
3	*Tomate*	*Brunft*	*Ameise*
4	*Satz*	*Elektronik*	*Spiegel*
5	*Papier*	*Tunnel*	*Haarzopf*
6	*Mieder*	*Eisenbahn*	*Taucher*
7	*Gold*	*Hexe*	*Liebe*
8	*Hotel*	*Lehrbuch*	*Wurzel*
9	*Roman*	*Frosch*	*Tanne*
10	*Kind*	*Eiffelturm*	*Heizung*
11	*Wurm*	*Auto*	*Tisch*
12	*Radio*	*Wiese*	*Bett*

h) Kreative Begrüßungs- und Einstiegsmöglichkeiten

Anregungen für den Einsatz von Kreativitätstechniken gibt die Grafik (◁ Abb. O-9) neben dem speziellen Kapitel (☞ L. Vorstellung und Kennenlernen).

Abb.: O-10

Ideenliste für die innovative Präsentkreation		
Zum Einpacken	**Für die Befestigung**	**Als Schmuck**
1.	1.	1.
2.	2.	2.
3.	3.	3.
4.	4.	4.
5.	5.	5.
6.	6.	6.
7.	7.	7.
8.	8.	8.
9.	9.	9.

Abb.: O-11

i) Bild-Slogan-Übungen

Zu vorbereiteten Bildern aus Zeitschriften und Illustrierten sollen die Teilnehmer und Teilnehmerinnen eigene originelle Slogans erfinden (◁ Abb. O-10).

j) Innovative Präsentkreation

Diese Übung wurde von H. Lungershausen entwickelt und dauert zwei bis drei Stunden. Die Teilnehmer sollen in Gruppen von 2 bis 4 Personen für einen anspruchsvollen Menschen ein Präsent kreativ verpacken. Der Geschenkempfänger kann zugeteilt, ausgesucht oder ausgelost werden. Der Gegenstand ist bereits ausgewählt und besorgt (Faltkarton der Post AG). Das Päckchen muss jetzt noch originell verpackt werden.

Folgende Aufgaben sind von den Gruppen zu erledigen:

- ⋆ Sammeln Sie in der Ideenliste (◁ Abb. O-11) so viele Einfälle wie möglich!
- ⋆ Bilden Sie beliebige Kombinationen und stellen Sie sich diese bildlich vor!
- ⋆ Wählen Sie eine Kombination zur Realisierung aus, die Sie abwandeln, verändern und verbessern können!
- ⋆ Besorgen Sie sich das notwendige Material (Schere, Bindfaden, Klebstoff, Farbstifte, Papier, Dekorationsmaterial usw.) und verpacken Sie das Präsent nach Ihrem Plan!

Wenn das Präsent fertig verpackt ist, soll es „in aller Form“ überreicht werden.

Für die **Präsentübergabe** sind folgende Anregungen zu beachten:

- Überlegen Sie, wie Sie das Präsent überreichen wollen. (Stichworte: Bekleidung, Transport des Geschenks, Schmuck, Übergaberitual …)
- Planen Sie eine kleine Darbietung anlässlich der Übergabe. (Stichworte: Gesang, Rede, Musik, Pantomime, Einbeziehen des Publikums …)
- Legen Sie fest, wer welche Rolle oder Aufgabe übernimmt.
- Führen Sie die feierliche Übergabe des Präsents durch.

Zur Erinnerung an diese Übung sind Fotos der Präsente und Videoaufnahmen der Übergabe ein Muss!

Kreativitätsübung

Erzählen Sie zu den unten abgebildeten Bildern eine Geschichte, die einen Bezug zu Ihrer beruflichen Situation hat oder haben könnte!

Abb.: O-12

k) Beispiel zum Einsatz verschiedener Kreativitätstechniken

Situation: Familie Baumann wohnt zur Zeit in einer 90 m² großen Mietwohnung in einem Haus mit 24 Wohnungen am Stadtrand von Miesstadt. Eltern und die beiden Kinder sehnen sich nach einem eigenen Haus.

Möglichkeiten: Schreiben Sie alle Ideen auf, die den Baumanns bei der Lösung ihres Problems helfen könnten! **(Brainwriting)**
Zeichnen Sie auf einem Plakat Baumanns Traumhaus einschließlich einer kleinen Grundrisszeichnung! **(Kreatives Plakat)**
Erstellen Sie ein Mind-Map über die Probleme und Entscheidungen, welche die Baumanns noch lösen müssen, wenn sie sich dazu entschließen, ein eigenes Haus zu bauen! **(Mind-mapping)**
Bereiten Sie das Gespräch der Familie Baumann mit dem Architekten vor, indem Sie alle Fragen auflisten, die zur Sprache kommen sollten. **(Rollenspiel)**

l) Kreative Bildgeschichten

Diese Übung regt mit Hilfe von Bildern die Teilnehmer und Teilnehmerinnen an, Erfahrungen und Eindrücke aus ihrer Arbeitswelt zu schildern (■ ◁ Abb. O-12).

RT

LITERATUR

BIRKENBIHL, V.: *Stroh im Kopf, 21. Auflage, München 1995.*
DECKER, F.: *Die neuen Methoden des Lernens und der Veränderung, München 1995.*
KASPER, H.: *Kreative Schulpraxis, München 1995.*
KLIPPERT, H.: *Methoden-Training, 3. Auflage, Weinheim 1995.*
WACK, O.G. U.A.: *Kreativ sein kann jeder, Hamburg 1993.*

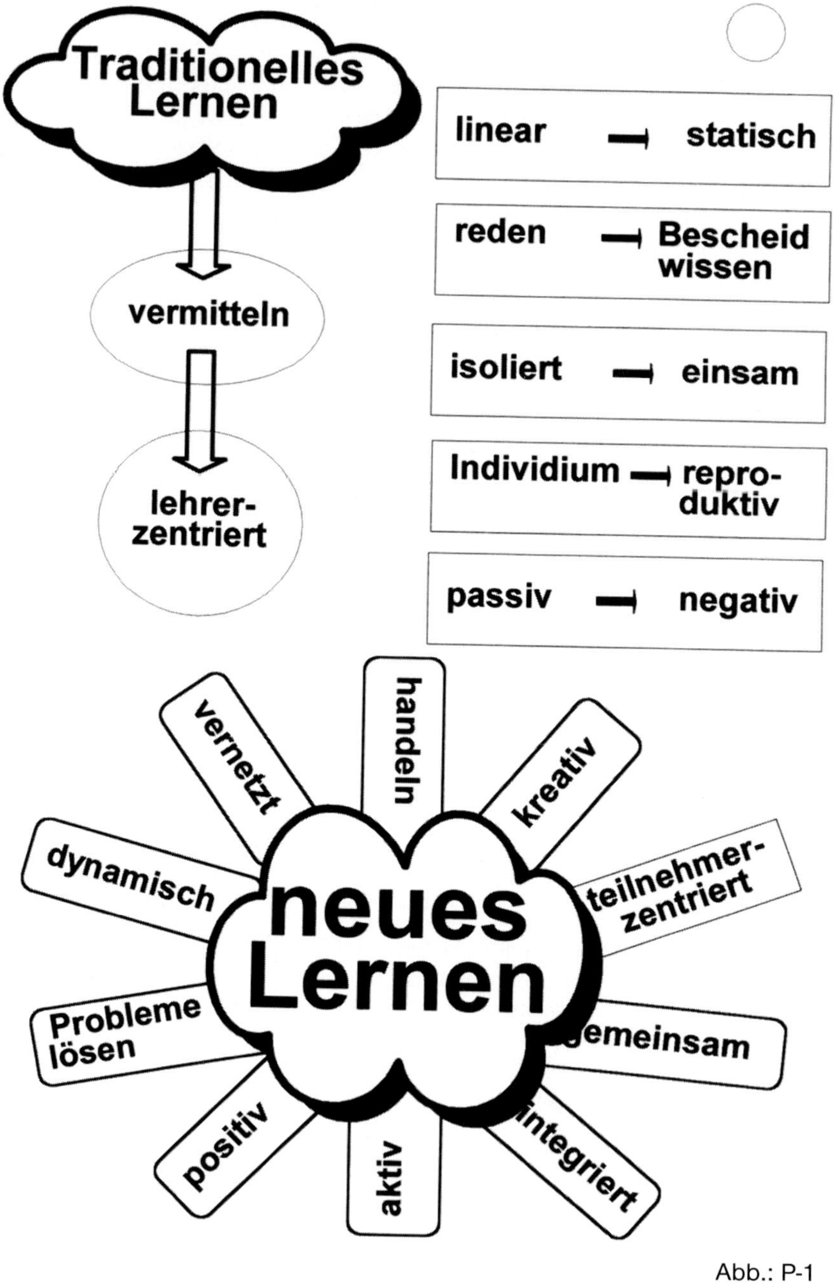
Traditionelles Lernen
vermitteln
lehrer-zentriert
linear → statisch
reden → Bescheid wissen
isoliert → einsam
Individium → repro-duktiv
passiv → negativ
neues Lernen
vernetzt
handeln
kreativ
teilnehmer-zentriert
gemeinsam
integriert
aktiv
positiv
Probleme lösen
dynamisch

Abb.: P-1

P. Referieren und Moderieren

1. Moderation und Moderationsanlässe

Haben auch Sie auch schon diese Erfahrungen gemacht? In Fort- und Weiterbildungsmaßnahmen nehmen die Referenten häufig eine dominierende Rolle ein, weil sie das Seminargeschehen fast ganz alleine inhaltlich und methodisch gestalten (◁ Abb. P-1). Hierbei halten die Referenten nicht selten langatmige, wenig teilnehmerorientierte Referate (Monologe). Falls die Teilnehmer tatsächlich hinterher noch die Energie besitzen, eine Frage zum Thema zu stellen, erfolgt meist eine relativ kurze oberflächliche Aussprache. Die Moderationsmethode – auch Metaplan-Methode genannt – stellt dagegen die Teilnehmer und Teilnehmerinnen in den Mittelpunkt des Seminargeschehens.
Diese interaktive Arbeit mit und in Gruppen will die betroffenen Gruppenmitglieder aus ihrer Rolle als Zuhörer herausholen und zu aktiv Beteiligten des Lernprozesses machen (◁ Abb. P-1). Der Moderator initiiert, steuert und unterstützt diesen Prozess und ist Lernhelfer. Das kreative Lernen und Arbeiten unter Beteiligung aller Sinne fördert die Motivation der Teilnehmer und Teilnehmerinnen und sichert einen hohen Lernerfolg bei maximalem Erinnerungswert.
Die Gestaltung lerntypengerechter Lernsituationen (☞ E. Lernformen und Arbeitsmethoden) ermöglicht den Teilnehmern und Teilnehmerinnen, ihr Wissen, ihre Ideen und Vorstellungen eigenverantwortlich und kooperativ zur Lösung eines Problems einzubringen.
Da das referentenzentrierte Dozieren in der Regel die Teilnehmer und Teilnehmerinnen zu wenig in das Seminargeschehen einbindet und ihre Potenziale zur Lösung eines Problems meist brach liegen lässt, sollten sich die Kursveranstaltungen tendenziell vom Referieren zum Moderieren hin entwickeln.
Hiermit soll das Referieren nicht verdammt, sondern lediglich in seine sinnvollen Grenzen verwiesen werden. Gelegentliche Kurzreferate zu ganz speziellen Themen, insbesondere von den Teilnehmern und Teilnehmerinnen vorbereitet und vorgetragen, können ein Seminar positiv und motivierend beleben.

1. Ziele setzen
2. Themen finden
3. Arbeitsform organisieren
4. am Thema arbeiten
5. Ergebnisse präsentieren
6. Empfehlungen formulieren
Der Moderationszyklus
steuert den Prozess, nicht den Inhalt
ist Fragender, kann zuhören
überwacht Zeit und Regeln
Der Moderator/ die Moderatorin
ist methodischer Helfer, nicht Gruppenleiter
fördert und korrigiert gruppendynamische Prozesse
formuliert Leitfragen

Abb.: P-2

Es gibt zahlreiche Seminarsituationen, für die sich der Einsatz der Moderationsmethode geradezu aufdrängt. Ein komplexes Problem ist zu lösen, eine kreative Idee soll entwickelt werden und mehrere Personen sollen gleichberechtigt beteiligt werden – in solchen Situationen ist die Moderationsmethode sehr gut geeignet, den Sachverstand, den Ideenreichtum sowie die Erfahrung vieler Menschen zur Problemlösung einzubringen und zu nutzen. Zu diesen Anlässen werden häufig einzelne Elemente oder ein kompletter Moderationszyklus durchgeführt und somit die Teilnehmer in vollem Umfang an der Arbeit mit dem Bildungsgegenstand beteiligt.

2. Die Rolle der Moderatoren und Moderatorinnen

Moderation als gruppendynamisches Lernen benötigt methodische Leiter und organisatorische Helfer. Die Moderatoren und Moderatorinnen sind zuständig für den methodischen Ablauf einer Moderation. Für die inhaltliche Arbeit in den Moderationsgruppen übernehmen sie keine Verantwortung.
Wenn Sie sich mit dem Gedanken tragen, eine Moderation zu einem bestimmten Thema durchzuführen, kann Ihnen folgende Umschreibung Ihrer Aufgaben in einer Moderation eine Hilfe sein (◁ Abb. P-2).

Die Moderatoren und Moderatorinnen
- steuern den Prozess aber nicht den Inhalt,
- sind keine Gruppenleiter, sondern methodische Helfer, vergleichbar der Funktion einer Hebamme bei der Geburt,
- müssen gut zuhören können und stellen die eigene Meinung zurück,
- initiieren, fördern, begleiten und fangen gruppendynamische Prozesse auf,
- lassen sich bei unvorhergesehenen Ereignissen nicht aus der Ruhe bringen,
- beschaffen die notwendigen Arbeits- und sonstigen Hilfsmittel,
- geben sich große Mühe bei der Formulierung präziser Fragen,
- achten auf die Zeitvereinbarungen und Arbeitsbedingungen,
- fördern die Stimmung und die Lernfreude in den Gruppen.

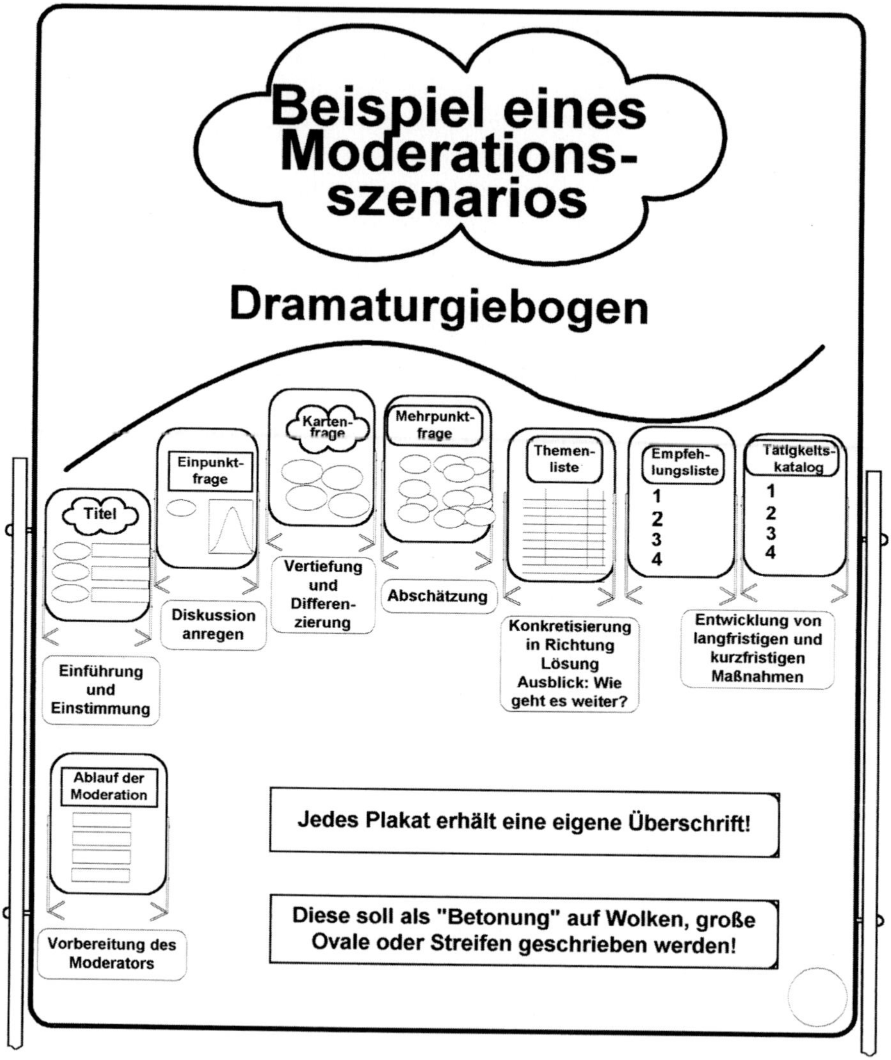
Beispiel eines Moderations-szenarios
Dramaturgiebogen
Titel
Einführung und Einstimmung
Einpunkt-frage
Diskussion anregen
Karten-frage
Vertiefung und Differen-zierung
Mehrpunkt-frage
Abschätzung
Themen-liste
Konkretisierung in Richtung Lösung Ausblick: Wie geht es weiter?
Empfeh-lungsliste
1
2
3
4
Tätigkeits-katalog
1
2
3
4
Entwicklung von langfristigen und kurzfristigen Maßnahmen
Ablauf der Moderation
Vorbereitung des Moderators
Jedes Plakat erhält eine eigene Überschrift!
Diese soll als "Betonung" auf Wolken, große Ovale oder Streifen geschrieben werden!

Abb.: P-3

3. Spielregeln für die Moderatoren und Moderatorinnen

Moderieren kann man lernen: durch Übung und Beachtung der folgenden Regeln:

- Moderiere nicht, wenn du Betroffener eines Problems bist!
- Moderiere möglichst zu zweit und abwechselnd!
- Stimme dich mit den Ko-Moderatoren offen vor der Gruppe ab!
- Manipuliere nicht die Gruppe und gehe niemals gegen die Gruppe vor!
- Beteilige stets die Gruppe und bitte um deren Mithilfe!
- Frage stets anstatt zu sagen!
- Bewerte und beurteile nicht die Teilnehmerbeiträge!
- Würdige alle Teilnehmerbeiträge!
- Sage „ich" statt „man"!
- Formuliere deine Fragen stets präzise!
- Visualisiere so viel wie möglich!
- Lass dich nicht in Diskussionen über die Methode des Vorgehens ein!
- Achte stets auf den Blickkontakt mit der Gruppe!
- Achte auf nonverbale Signale und behandle Störungen vorrangig!

4. Das Moderationsszenario

Moderation kann eine sehr spannende Angelegenheit sein. Eine gute Inszenierung sorgt für lebhafte und erfolgreiche Teilnehmerbeteiligung. Anhand eines Dramaturgiebogens lässt sich der Moderationsablauf wie folgt darstellen (◁ Abb. P-3).

Der vollständige Moderationsprozess durchläuft mehrere Phasen:

✷ Einführung und Abstimmung
✷ Vertiefung und Differenzierung
✷ Themenliste erstellen
✷ Tätigkeitskatalog erarbeiten
✷ Orientierungsphase
✷ Problembewertung
✷ Empfehlungsliste entwickeln

- Ein Gedanke pro Karte
- Eine Karte pro Gedanke
- Maximal 3 Zeilen pro Karte
- Stichworte oder Stummelsätze
- Quantität geht vor Qualität
- Einfälle nicht zerreden
- Keine Methodendiskussion

Abb.: P-4

Die methodischen Teilschritte einer Moderation müssen von den Moderatoren und Moderatorinnen sorgsam vorbereitet und durchdacht werden, wobei sie jedoch keine inhaltlichen Ziele vorgeben.
Nicht jeder Moderationsanlass muss alle folgend skizzierten Schritte durchlaufen, sondern kann sich auf einzelne oder nur einen einzigen Moderationsschritt beschränken. Bei der Planung einer Moderation müssen daher die durchzuführenden Moderationsschritte sorgfältig überlegt werden. Hierbei ist besonders die zur Verfügung stehende Zeit zu beachten.

Phasen eines vollständigen Moderationsszenarios

a) Einführung und Einstimmung

Nachdem die Moderatoren und Moderatorinnen ihren Seminarbeitrag sorgfältig durchdacht und geplant und alle notwendigen Materialien beschafft bzw. angefertigt haben, beginnt die Moderation mit einer Begrüßung und der Vorstellung der Moderatoren und Teilnehmer.
Anschließend werden die Teilnehmer und Teilnehmerinnen auf das Thema der Moderation eingestimmt. Diese Hinführung zum Gegenstand der Moderation soll die Teilnehmer für das Thema interessieren und motivieren. Eine sinnstiftende Einführung und Begründung für die Wahl dieses methodischen Vorgehens erhöht die Akzeptanz bei den Teilnehmern.
Die wichtigsten Regeln für Moderationsgruppen (◁ Abb. P-4) sowie der geplante Ablauf der Moderation werden den Teilnehmern erläutert.

b) Orientierungsphase

In dieser Phase sollen die Teilnehmer eine erste individuelle Einschätzung der Grundprobleme des Moderationsthemas vornehmen. Mit Hilfe einer Transparenzfrage soll unter den Teilnehmern eine lebhafte Diskussion angeregt werden. Eine eröffnende Einpunktabfrage wird anschließend von den Teilnehmern als deren erste grobe Einschätzung mit Hilfe vorbereiteter skalierter Raster beantwortet.
So könnte beispielsweise bei einer Moderation zur Ausbildung im dualen System, die Zufriedenheit mit der Ausbildung in Schule und Betrieb von den Teilnehmern in ein skaliertes Koordinatensystem eingetragen werden.
Daraufhin bewerten die Teilnehmer das Ergebnis dieser ersten Einpunktabfrage.

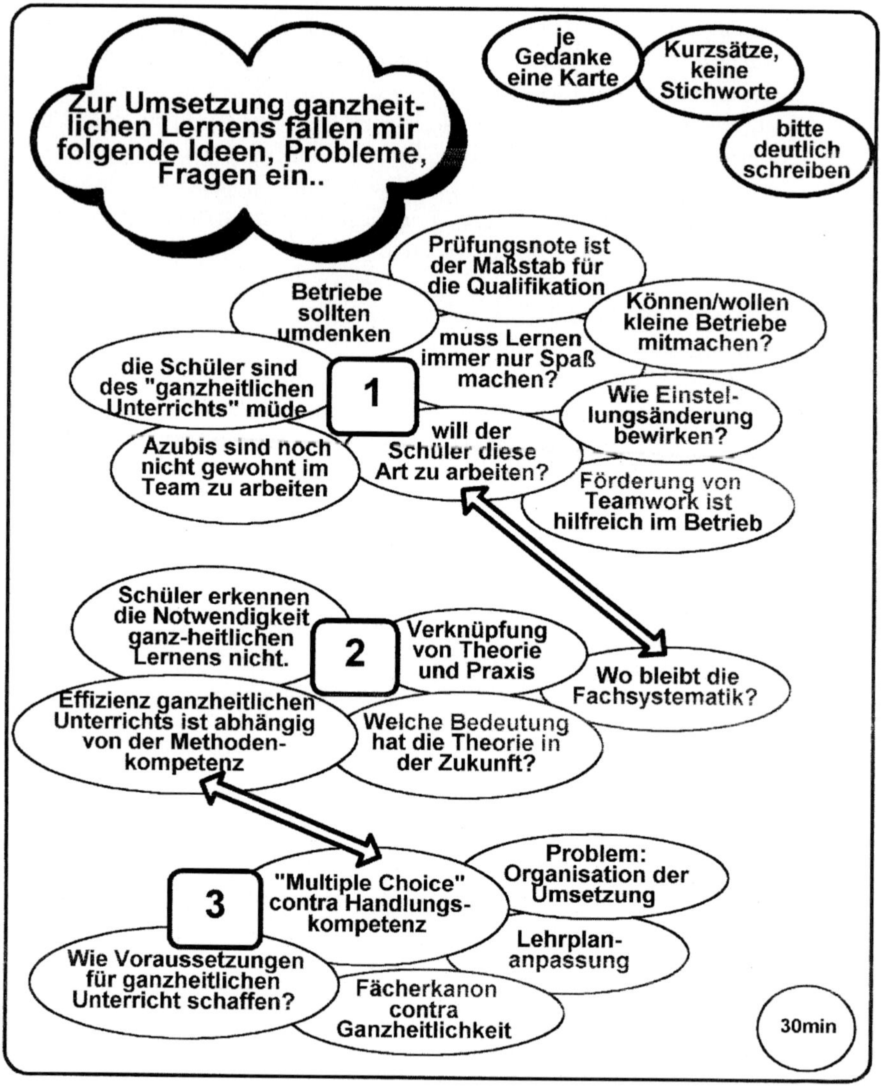
Zur Umsetzung ganzheitlichen Lernens fallen mir folgende Ideen, Probleme, Fragen ein..
je Gedanke eine Karte
Kurzsätze, keine Stichworte
bitte deutlich schreiben
Prüfungsnote ist der Maßstab für die Qualifikation
Betriebe sollten umdenken
Können/wollen kleine Betriebe mitmachen?
muss Lernen immer nur Spaß machen?
die Schüler sind des "ganzheitlichen Unterrichts" müde
1
Wie Einstellungsänderung bewirken?
will der Schüler diese Art zu arbeiten?
Azubis sind noch nicht gewohnt im Team zu arbeiten
Förderung von Teamwork ist hilfreich im Betrieb
Schüler erkennen die Notwendigkeit ganz-heitlichen Lernens nicht.
2
Verknüpfung von Theorie und Praxis
Wo bleibt die Fachsystematik?
Effizienz ganzheitlichen Unterrichts ist abhängig von der Methodenkompetenz
Welche Bedeutung hat die Theorie in der Zukunft?
3
"Multiple Choice" contra Handlungskompetenz
Problem: Organisation der Umsetzung
Lehrplananpassung
Wie Voraussetzungen für ganzheitlichen Unterricht schaffen?
Fächerkanon contra Ganzheitlichkeit
30min

Abb.: P-5

c) *Vertiefung und Differenzierung*

Mit Hilfe der Kartenabfrage soll nun jeder Teilnehmer zu einer Sammel- oder Bearbeitungsfrage zum Thema differenziert Stellung nehmen.

Bei einer Moderation zur Ausbildung im dualen System könnte der Arbeitsauftrag wie folgt lauten:

1. *Sie erhalten vier Arbeitskarten!*
2. *Sammeln Sie mit Hilfe einer Kreativitätstechnik (wie z. B. Brainstorming) Ideen zur Verbesserung der Ausbildung!*
3. *Schreiben Sie auf je eine Karte stichwortartig (Stummelsätze) einen Verbesserungsvorschlag!*

Dann werden die Karten eingesammelt, gemischt, vorgelesen und von den Teilnehmerinnen und Teilnehmern gemeinsam in Clustern an die Pinnwand geheftet. Die einzelnen Cluster müssen nicht notwendigerweise eine Überschrift erhalten. Zur besseren Orientierung sollten sie jedoch durchnummeriert werden.

Eine geclusterte Pinnwand zur Kartenfrage: „Wenn ich an die Umsetzung ganzheitlichen Lernens denke, fallen mir folgende Ideen, Probleme, Fragen ein…“, enthält die Grafik (◁ Abb. P-5).

d) *Problembewertung*

Aus der gesamten durch Kartenabfrage und Clustern entstandenen Ideenlandschaft zum Thema können nun mit Hilfe einer Mehrpunktfrage von den Teilnehmern Arbeitsschwerpunkte, Interessen, Einschätzungen usw. mit Hilfe von Klebepunkten ausgedrückt und ermittelt werden.

e) *Erstellen einer Themenliste*

Die geclusterte und bepunktete Ideenlandschaft gibt noch nicht zwingenderweise die Reihenfolge der weiter zu bearbeitenden Problemfelder wieder. Sie stellt lediglich eine subjektive momentane Einschätzung der Problemkreise dar. Nun können die Teilnehmer paarweise oder in Kleingruppen für sie interessante Problemansätze aus der Ideenlandschaft diskutieren und als W-Fragen formulieren, die im nächsten Schritt in Kleingruppen weiter bearbeitet werden. Alle W-Fragen zur Ideenlandschaft werden in der Themenliste festgehalten. Mit Hilfe einer erneuten Mehrpunktabfrage kann nunmehr eine Themenpriorität innerhalb der Themenliste ermittelt werden.

Themenliste

Themen sind WIE-Fragen.

Welche Themen sollen weiter bearbeitet werden?

1	Wie kann die Schulorganisation durch geeignete Maßnahmen den handlungsorientierten Unterricht unterstützen?			
2	Wie kann die Ausbildung durch konkrete inhaltliche Kooperation zwischen Schule und Betrieb optimiert werden?			
3	Was müsste die Schulleitung leisten, um Teamarbeit zu fördern?			

Masterchart

zum Thema der Empfehlungsliste: ⇨	Wie kann die Ausbildung durch konkrete inhaltliche Kooperation zwischen Schule und Betrieb optimiert werden?
Was wollen wir erreichen?	**Mit welchen Hindernissen müssen wir rechnen?**
Was müssen wir als erstes tun?	**Wessen Unterstützung brauchen wir?**

Empfehlungsliste

Vorschläge für Maßnahmen, die es in den nächsten 6 Monaten anzupacken gilt, an Kollegen, Beteiligte, die Hierarchie, als Konjunktiv formuliert.

1	Wir sollten die Ergebnisse unserer Arbeitsgruppe der Gesamtkonferenz präsentieren!	In 2 Monaten	Lehrer, Schüler, Eltern	
2				
3				
4				

Tätigkeitsliste

Liste erster konkreter Schritte

		Wer ?	Mit wem?	Bis wann?	Kontroll-kriterium
1	Wir werden unsere Ergebnisse mit Vertretern der IHK besprechen!	Herr Müller-Steinhagen	Frau Haller	31.05.	Tagungsprotokoll
2					
3					

Abb.: P-6

f) Die Empfehlungsliste

Ausgehend von der Themenliste kann nun jede Gruppe ein Thema, das sie besonders interessiert, mit Hilfe einer Masterchart weiter verfolgen. Die Arbeitsweise ist die gleiche wie im Schritt „c) Vertiefung und Differenzierung“. Als Arbeitsergebnis hat dann jede Gruppe zu ihrem Thema der Themenliste ein geclustertes Gruppenergebnis zu den vier Fragen der Masterchart. Daraufhin können die Teilnehmer einzeln oder in Kleingruppen aus diesen Arbeitsergebnissen wichtige Empfehlungen zum Moderationsthema auf Arbeitskarten schreiben. Die Karten aller Teilnehmer werden in der Empfehlungsliste zusammengetragen.

g) Erstellen eines Tätigkeitskataloges

Während in der Empfehlungsliste mögliche oder wünschenswerte Lösungsansätze im Konjunktiv formuliert werden, ist es Ziel des Tätigkeitskatalogs, zeitlich und sachlich konkrete Maßnahmen mit personeller Verantwortung und kontrollierbaren Kriterien festzulegen.

Dieser Schritt muss sehr sorgfältig mit den Gruppen bearbeitet werden, damit die gesamte Moderation zu ganz konkreten Handlungen und Zielen führt und sich nicht in verbalen Absichtserklärungen erschöpft. Dies ist bekanntlich das große Manko noch so gut gemeinter Veranstaltungen zur Veränderung unbefriedigender Verhältnisse oder Situationen.

Die Gestaltungselemente von der Themenliste bis hin zur Tätigkeitsliste sind in der Übersicht (◁ Abb. P-6) dargestellt.

5. Die Collage-Technik

Die schriftliche Kommunikation aller Teilnehmer ist das wesentliche Kennzeichen der Moderationsmethode. Eine gute Moderation legt daher großen Wert auf eine entsprechende Visualisierung der Moderationsschritte und Gruppenergebnisse. Damit die Beiträge auf den Moderationskarten von jedem Platz aus gut

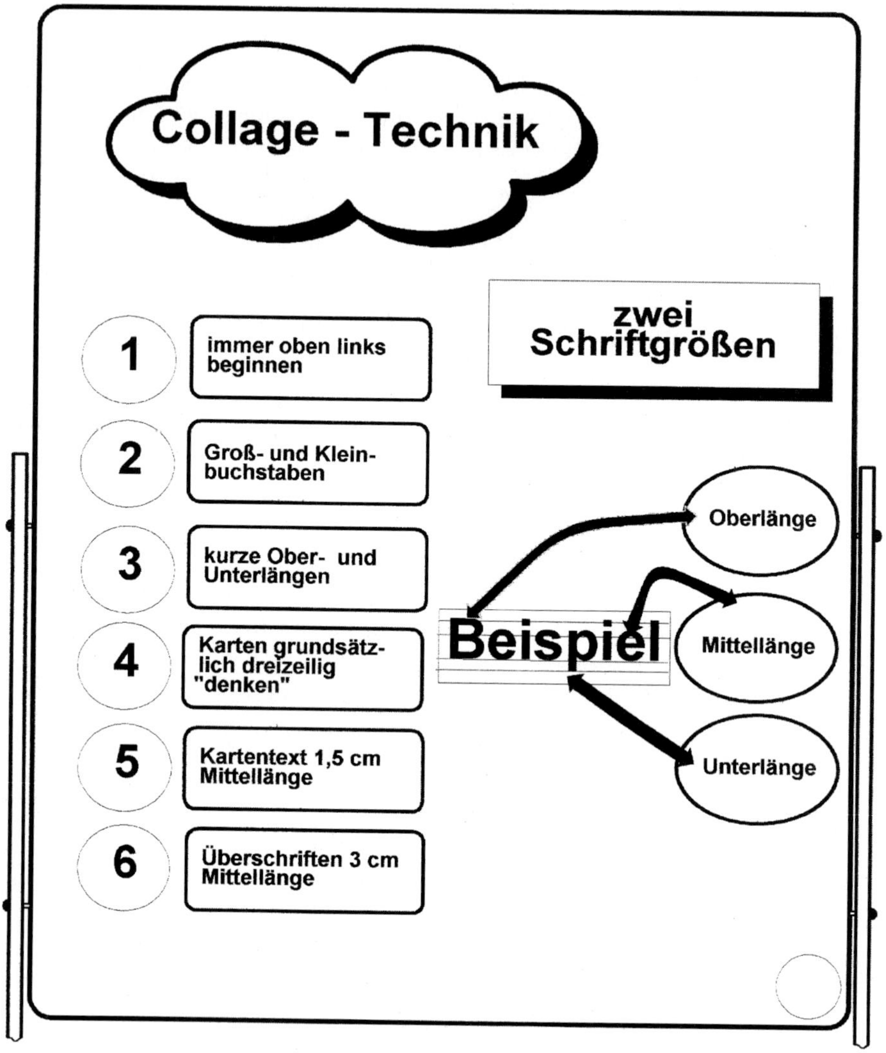
Collage - Technik
zwei Schriftgrößen
1
immer oben links beginnen
2
Groß- und Klein-buchstaben
3
kurze Ober- und Unterlängen
4
Karten grundsätz-lich dreizeilig "denken"
5
Kartentext 1,5 cm Mittellänge
6
Überschriften 3 cm Mittellänge
Beispiel
Oberlänge
Mittellänge
Unterlänge

Abb.: P-7

leserlich sind, sollen die wichtigsten Grundzüge der Collage-Technik zu Beginn einer Moderation angesprochen und auch eingeübt werden (◁ Abb. P-7). Leider werden bei vielen Seminarveranstaltungen die besonders wichtigen Schriftübungen mit dem Hinweis auf den Zeitdruck vernachlässigt.

6. Beispiel einer vollständigen Moderation

Thema: „Verbesserung der Berufsausbildung im Einzelhandel“
Moderationsschritte:

- Begrüßung und Hinweise zum methodischen Ablauf des Seminars
- Arbeitsaufträge zur Moderation

a) Arbeitsauftrag

Tragen Sie sich bitte in die vorbereitete Liste ein und kleben Sie einen Punkt in das vorbereitete Plakat zum Inhalt und zu Ihrer momentanen Stimmung!

b) Arbeitsauftrag

Unterhalten Sie sich mit Ihrem Nachbarn über sich selbst und Ihre Einstellung zur Berufsausbildung im Einzelhandel, suchen Sie sich ein passendes Poster, versehen Sie dies mit einem Slogan und heften Sie beides an die vorbereitete Pinnwand!

▲ Präsentation und kurze Statements zur Ausbildungssituation

c) Arbeitsauftrag

Geben Sie mit Hilfe eines Klebepunktes eine erste Einschätzung der betrieblichen und schulischen Ausbildungssituation!

▲ Auswertung der Einschätzungen

d) Arbeitsauftrag

Mit Hilfe eines Plakates zur vorbereiteten Moderation: Wie kann die Ausbildung verbessert werden? (☞ Abb. P-8) sind folgende Aufgaben zu erledigen:

▲ Kartenabfrage ▲ Vorlesen und Anpinnen
▲ Clustern ▲ Mehrpunktabfrage zur Wichtigkeit der Cluster

e) Arbeitsauftrag

Suchen Sie sich in der Gruppe aus der geclusterten Ideenlandschaft zwei Themen aus, die Sie gerne weiter bearbeiten möchten! Formulieren Sie Themenvorschläge als W-Fragen und tragen Sie Ihre Themen in die vorbereitete Themenliste ein!

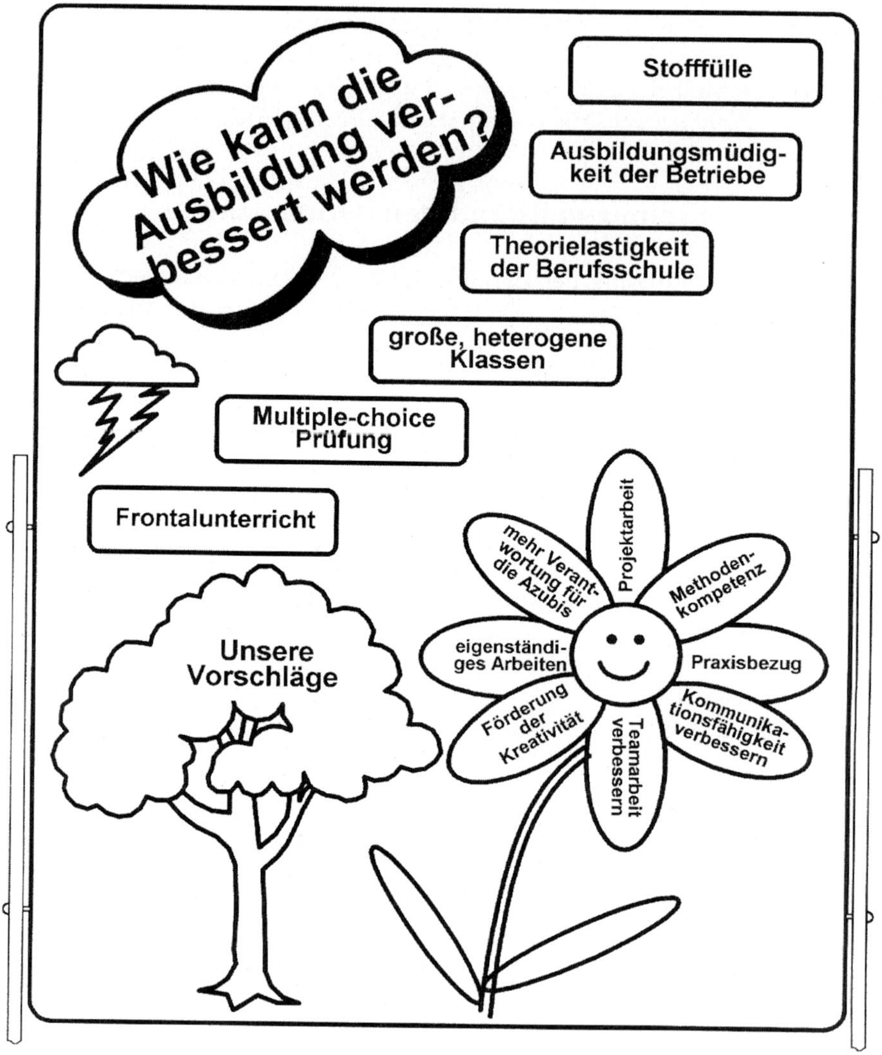
Wie kann die Ausbildung verbessert werden?
Stofffülle
Ausbildungsmüdigkeit der Betriebe
Theorielastigkeit der Berufsschule
große, heterogene Klassen
Multiple-choice Prüfung
Frontalunterricht
Unsere Vorschläge
Projektarbeit
mehr Verantwortung für die Azubis
Methodenkompetenz
eigenständiges Arbeiten
Praxisbezug
Förderung der Kreativität
Teamarbeit verbessern
Kommunikationsfähigkeit verbessern

Abb.: P-8

▲ Zwei-Punkt-Abfrage zur Prioritätsfindung innerhalb der Themenliste

f) Arbeitsauftrag

Bilden Sie Arbeitsgruppen zu den wichtigsten Themen der Themenliste!

▲ Bauen Sie einen Arbeitsplatz für Ihre Gruppe!

▲ Richten Sie Ihre Masterchart ein (Muster-Masterchart in (☞ Abb. P-6)!

▲ Jedes Gruppenmitglied schreibt acht Karten und heftet diese in die entsprechenden Quadrate der Masterchart!

▲ Die Gruppe clustert ihre Karten!

▲ Jede Gruppe präsentiert ihre Ergebnisse im Plenum! (◁ Abb. P-8)

g) Arbeitsauftrag

Aus den Mastercharts und der Themenliste entwickelt jede Gruppe zwei Vorschläge für Maßnahmen, die es in den nächsten sechs Monaten anzupacken gilt. Diese Empfehlungen gehen an Betroffene, die Beteiligten oder die Verantwortlichen.

Tragen Sie Ihre Empfehlungen, im Konjunktiv formuliert, in die vorbereitete Empfehlungsliste ein!

▲ Präsentation und Besprechung der Ergebnisse im Plenum

▲ Empfehlungsliste nach Doubletten durchsuchen.

h) Arbeitsauftrag

Entwickeln Sie gemeinsam im Plenum aus der Themenliste konkrete Tätigkeiten, die in den nächsten Wochen angepackt werden können. Zu jeder Tätigkeit ist ein Verantwortlicher für diese Tätigkeit, eventuelle Helfer sowie die zeitliche Festlegung dieser Maßnahme anzugeben. Des weiteren wird ein Kontrollinstrument angegeben, mit dessen Hilfe die Erledigung der Tätigkeit nachgeprüft werden kann.

▲ Präsentation des Tätigkeitskatalogs **RT**

LITERATUR

KLEBERT, SCHRADER, STRAUB: *KurzModeration, Hamburg 1992.*

NISSEN, IDEN: *KursKorrektur Schule: Handbuch zur Einführung der Moderationsmethode im System Schule für die Verbesserung der Kommunikation und des miteinander Lernens, Hamburg 1995.*

SEIFERT, J.: *Visualisieren – Präsentieren – Moderieren, 4. Aufl. Speyer 1989.*

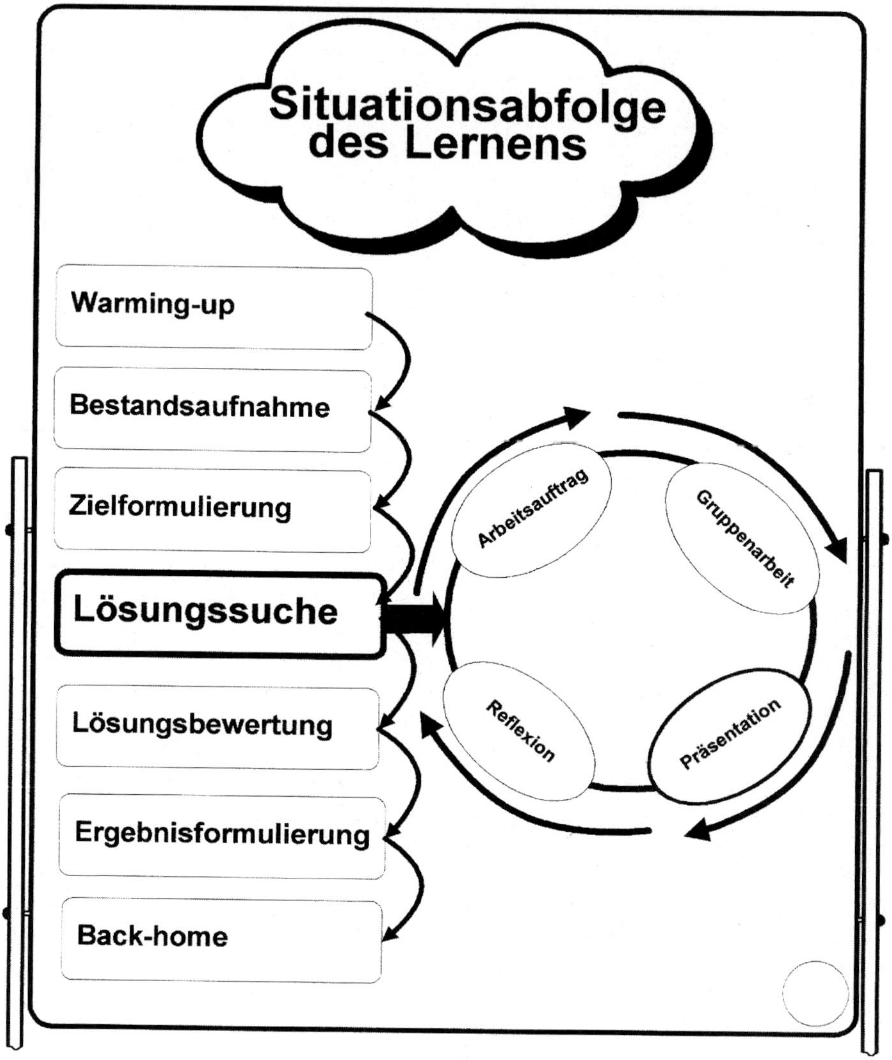
Situationsabfolge des Lernens
Warming-up
Bestandsaufnahme
Zielformulierung
Lösungssuche
Lösungsbewertung
Ergebnisformulierung
Back-home
Arbeitsauftrag
Gruppenarbeit
Präsentation
Reflexion

Abb.: Q-1

Q. Präsentieren und Vorstellen

1. Bedeutung der Präsentationsphase
2. Vorbereitung einer Präsentation
3. Verhalten während der Präsentation
4. Aufbau, Durchführung und Besprechung
5. Visualisierung und Einsatz von Medien

1. Bedeutung der Präsentationsphase

Im Seminargeschehen gibt es zahlreiche Anlässe für Präsentationen. Hierbei geht es um Kommunikation zwischen den Präsentatoren und ihrem Publikum. Der Sender möchte eine Botschaft an den Empfänger richten und dadurch ein bestimmtes Ziel erreichen. Das Gelingen dieser „kommunikativen" Präsentation hängt von vielen Faktoren ab und ist im Sinne der Zielsetzung gestaltbar und beeinflussbar.
Präsentation bedeutet, dass eine Person oder ein Team für eine Zielgruppe bestimmte Inhalte oder Produkte mit der Absicht darstellt, diese zu informieren oder zu überzeugen. Ein weiteres Ziel der Präsentation kann es sein, den Interessentenkreis zu einem bestimmten Tun oder Verhalten zu motivieren. Hierbei werden die Sachaussagen durch grafische oder sonstige Veranschaulichungsmittel unterstützt. Im Seminarablauf sind Präsentationen häufig in eine komplette Lernschleife (☞ E. Lernformen und Arbeitsmethoden) eingebunden und damit ein wesentlicher Baustein in der Situationsabfolge des Lernens (◁ Abb. Q-1).
Die Präsentatoren können durch einen gut durchdachten Aufbau, eine gelungene Visualisierung und angemessenes persönliches Verhalten bei der Durchführung ihrer Präsentation den Grundstein für den Erfolg der Veranstaltung legen.

2. Vorbereitung einer Präsentation

Das gewünschte Ziel einer Präsentation kann nur erreicht werden, wenn diese vorbereitet und durchdacht ist. Sowohl das eigentliche Thema der Präsentation als auch die Zusammensetzung der Zielgruppe und die äußeren Rahmenbedingungen sind Bereiche, die intensiv in die Planung einbezogen werden müssen.
Mit Hilfe von Leitfragen können die einzelnen Schritte der Vorbereitung verdeutlicht werden:

Abb.: Q-2

a) Aus welchem Anlass präsentieren Sie?
b) Was ist das Ziel Ihrer Präsentation?
c) Welches Verhalten sollen die Teilnehmer am Ende der Präsentation zeigen?
d) Was wollen Sie präsentieren?
e) Wie können Sie durch Partneraussagen den Teilnehmern gegenüber Wertschätzung entgegenbringen?
f) Welche Selbstaussagen machen Sie, um sich selbst darzustellen?
g) Wie soll es nach dem Ablauf der Präsentation weitergehen?

Ihre Vorbereitung sollte folgenden Prüfkriterien gerecht werden:

- Ist die Auswahl und Gestaltung meiner Inhalte an den Interessen meiner Teilnehmerinnen und Teilnehmer orientiert?
- Habe ich die Inhalte so gründlich aufbereitet, dass mein Konzept keine groben sachlichen Fehler enthält?
- Habe ich meinen persönlichen Bezug zu den Inhalten meiner Präsentation formuliert?
- Gehe ich bei meiner Präsentation von der Perspektive meiner Teilnehmer und Teilnehmerinnen aus?
- Zeige ich durch mein gesamtes Konzept und mein Verhalten meinen Teilnehmern gegenüber die ihnen gebührende Wertschätzung?
- Wie kann ich durch eine optimale Gestaltung der äußeren Rahmenbedingungen eine angenehme Atmosphäre schaffen?
- Werde ich mich so kleiden, wie ich es in der konkreten Präsentationssituation für angemessen halte?
- Habe ich unterstützende ansprechende Unterlagen ausgearbeitet und weiß ich, wann ich diese austeilen möchte?
- Kann ich meine Ziele und Inhalte in der zur Verfügung stehenden Zeit realisieren, und welche Kürzungsmöglichkeiten lässt mein Konzept zu, ohne die Kernaussagen zu gefährden? (◁ Abb. Q-2)

Sie haben bereits einen entscheidenden Einfluss auf den Erfolg Ihrer Präsentation genommen, wenn Sie die Leitfragen und Prüfkriterien gewissenhaft durcharbeiten. Sie gewinnen durch die gründliche Vorplanung eine große Sicherheit für die Durchführung. Bei der fachlichen Vorbereitung müssen Sie die infrage kommenden Inhalte sammeln, auf das Wesentliche reduzieren und ansprechend visualisieren.

Gesprächs- und Feed-back-Regeln

In vollständigen Sätzen reden!	Auf Vorredner Bezug nehmen!
Laut und deutlich sprechen!	Beim Reden die anderen Teilnehmer anschauen!
Beim Thema bleiben/ Frage beachten!	Das Wort an andere Teilnehmer weitergeben!
Kurz und präzise argumentieren!	Niemanden auslachen oder herabsetzen!
Meinungen/ Behauptungen begründen!	Gut zuhören, wenn andere reden!

Abb.: Q-3

Auch im Bereich des persönlichen Verhaltens müssen im Vorfeld einer Präsentation grundlegende Anforderungen berücksichtigt werden. Bei der Durchführung der Präsentation werden von Ihnen kommunikative Kompetenzen verlangt. Diese Fähigkeiten sind nicht kurzfristig planbar und veränderbar. Verhaltensmodifikationen müssen in einem langfristigen Prozess entwickelt und trainiert werden. Elementare Kommunikations- und Feed-back-Regeln (◁ Abb. Q-3) stellen ein solides Fundament für eine vertrauensvolle und positive Beziehung zwischen den Beteiligten einer Präsentation dar.

3. Verhalten während der Präsentation

Neben der bereits erwähnten intensiven Vorbereitung hängt die Wirkung einer Präsentation zu einem wesentlichen Teil vom Verhalten des/der Vortragenden ab. Die Teilnehmer beobachten Sie ganz genau und bilden sich eine Meinung über Sie, bevor Sie überhaupt etwas gesagt haben. Sie schauen insbesondere auf

- Ihr Äußeres
- Ihren Gang
- Ihre Körperhaltung
- Ihre Augen
- Ihren Gesichtsausdruck
- Ihre Gesten
- Ihre Stimme

Da wir Menschen alle Eindrücke individuell wahrnehmen, gibt es keine allgemein gültigen Regeln, wie man sich beim Präsentieren verhalten soll. Was ein Teilnehmer positiv erlebt, kann auf andere neutral oder sogar negativ wirken. Gleichwohl können mit einiger Vorsicht Empfehlungen für eine erfolgreiche Sitzung gegeben werden.

- Kleiden Sie sich in etwa wie Ihre Teilnehmer, immer jedoch korrekt. Wenn Sie nicht wissen, wie Ihre Teilnehmer gekleidet sein werden, ziehen Sie sich mindestens so gut an, wie Sie es von diesen vermuten.
- Sprechen Sie bei Ihrer Präsentation frei. Eine vorbereitete Liste von Stichworten kann dabei sehr hilfreich sein.
- Zeigen Sie Ihren Teilnehmern, dass Ihnen das Thema am Herzen liegt.
- Zeigen Sie, dass Sie für das gewählte Thema kompetent und fachlich qualifiziert sind.
- Verstecken Sie sich und Ihre eigene Meinung nicht. Machen Sie persönliche Aussagen und stehen Sie dazu.

So ist unsere Sitzung erfolgreich!

Der Sitzungsverlauf hängt auch von meiner Beteiligung ab. Deshalb sage ich offen meine Meinung und berichte über meine Erfahrungen.

Die anderen Teilnehmer akzeptiere ich als vollwertige Partner. Ihre Beiträge sind nützlich und genauso viel wert wie meine.

Meine Beiträge bringe ich kurz und verständlich. Schriftliche und bildliche Darstellungen helfen dabei.

Zuhören ist für mich genauso wichtig wie reden.

Meine Kollegen freuen sich über ein anerkennendes Wort von mir. Kritik übe ich helfend, positiv, nicht verletzend.

Treten Spannungen auf, gehe ich sofort darauf ein und helfe, sie zu lösen.

Wichtige Informationen notiere ich sofort.

Habe ich im Moment einen Verbesserungsvorschlag zum Thema oder zum Sitzungsablauf, trage ich ihn auch vor.

Ich bedanke mich für Ihre kreative Mitarbeit!

Abb.: Q-4

- Nutzen Sie, wenn immer es sich ergibt, die Möglichkeiten der Visualisierung und arbeiten Sie mit praktischen Beispielen.
- Sie sollten normalerweise stehend präsentieren. Nur im Ausnahmefall bei Kleingruppen bis zu etwa sieben Teilnehmern können Sie sitzend präsentieren, wenn mit allen Teilnehmern Blickkontakt möglich ist.
- Sprechen Sie „farbig", indem Sie Ihre Stimme und das Sprechtempo verändern.
- Machen Sie genügend häufig und ausreichend lange Pausen.
- Präsentieren Sie partnerorientiert, indem Sie den Teilnehmern das Aufnehmen Ihrer Informationen erleichtern, fesselnd formulieren, Ihre Wertschätzung zeigen und Sie sich die Zustimmung der Teilnehmer sichern.
- Halten Sie sich an den geplanten Sitzungsablauf und die mit den Teilnehmern vereinbarten Regeln.
- Reagieren Sie auf unvorhersehbare Ereignisse, Störungen und Pannen ruhig und gelassen, verhalten Sie sich flexibel und situationsangemessen.

Die Adressaten Ihrer Präsentation können durch ihr Verhalten ebenso den Verlauf des Seminars beeinflussen. Deshalb sollten Sie Ihre Wünsche zum Verhalten der Teilnehmer äußern. Zu Beginn Ihres Seminars können Sie mit Ihren Teilnehmern thematisieren, welches Teilnehmerverhalten sich günstig auf den Erfolg der Präsentation auswirkt (◁ Abb. Q-4).

4. Aufbau, Durchführung und Besprechung

In der **Eröffnungsphase** sollten Thema, Anlass und Ziel der Präsentation vorgestellt werden.
Stellen Sie beim Einstieg in den **Hauptteil** zur Orientierung der Teilnehmer eine Grobgliederung dieses Teils der Präsentation vor. Achten Sie im Ablauf dieser Phase auf die Einhaltung Ihres Konzepts, das jedoch Freiraum für Fragen der Teilnehmer beinhalten sollte. Störungen jeglicher Art haben Vorrang und sollten sofort angesprochen werden. Nutzen Sie bei allen Aktivitäten die wichtigsten Gesprächsregeln und Visualisierungsgrundsätze.

Der Einsatz des Flipcharts

Einsatz bei einer Präsentation

Gliederungspunkte der Präsentation aufschreiben und das Blatt im Arbeitsraum aufhängen!

Jedes Flipchartblatt mit einer Überschrift versehen!

Zum Abdecken der vorbereiteten Flips Leerblätter bereithalten!

Maximal sieben verschiedene Informationen auf jedem Flipchartblatt!

Nach Möglichkeit kariertes oder liniertes Papier verwenden!

Mut zur großen Schrift:
Kleinbuchstaben mindestens ein Karo
Großbuchstaben mindestens zwei Karos

Am besten extrabreite Filzstifte mit Schreibkante verwenden!

Abb.: Q-5

Zum **Abschluss** der Präsentation können Sie den Teilnehmern die Gelegenheit geben, sich zu Ihrer Präsentation zu äußern. Gehen Sie auf aufgetretene Fragen ein. Ergänzende Erläuterungen oder Visualisierungen festigen den Inhalt Ihrer Ausführungen.

5. Visualisierung und Einsatz von Medien

Die zentrale Bedeutung einer guten Visualisierung macht es nötig, sich mit wichtigen Grundkenntnissen der gebräuchlichsten Visualisierungsmittel auseinander zu setzen (☞ H. Einrichtung und Medien; ☞ I. Materialien und Hilfsmittel).

Die in einer Präsentation am häufigsten eingesetzten Medien sind:

- Flipchart (mit Papier und Stiften)
- Pinnwand (mit Karten)
- Overhead-Projektor (mit Projektionsfolien)

Das **Flipchart** ist das wohl bekannteste und am häufigsten eingesetzte Veranschaulichungsmedium bei einer Präsentation. Die Charts können vorbereitet sein oder während der Präsentation erstellt werden. Hinweise zur Gestaltung und zum Einsatz von Flipcharts beinhaltet die Grafik (◁ Abb. Q-5).

Bei umfangreicheren Präsentationen empfielt sich der Einsatz mehrerer Flipcharts. Diese können im Seminarraum flexibel und platzsparend aufgestellt werden und für die permanente Präsentation der Arbeitsergebnisse während des gesamten Seminars genutzt werden. Zur Erhöhung der Effizienz dieses beliebten Arbeitsmittels sollten bei der Visualisierung mit Hilfe des Flipcharts die folgenden Metaplan-Grundsätze beachtet werden:

- Breite Stifte verwenden
- Schrift gut leserlich, etwa 5 cm hoch
- Buchstaben einzeln schreiben mit geringer Ober- und Unterlänge
- Buchstaben eng zusammenschreiben
- Flips nicht überladen, wenig schreiben
- Sinnzusammenhänge kenntlich machen
- rundherum viel Freifläche

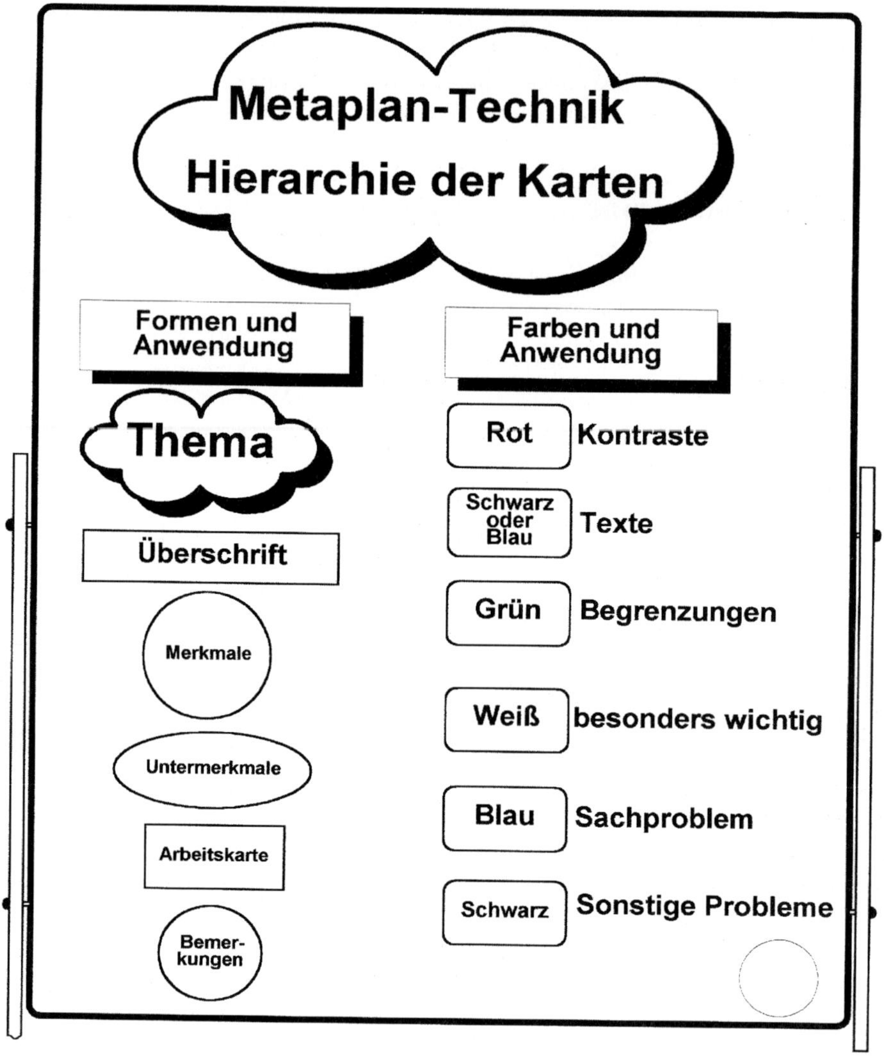
Metaplan-Technik
Hierarchie der Karten
Formen und Anwendung
Thema
Überschrift
Merkmale
Untermerkmale
Arbeitskarte
Bemer-kungen
Farben und Anwendung
Rot
Kontraste
Schwarz oder Blau
Texte
Grün
Begrenzungen
Weiß
besonders wichtig
Blau
Sachproblem
Schwarz
Sonstige Probleme

Abb.: Q-6

- wenig Farbe, nur dort, wo sie gezielt Wirkung erzielt
- nicht mit **Rot** schreiben, höchstens bei Ergänzungen
- nur mit **Schwarz** oder **Blau** schreiben
- **Grün** dient der Formgestaltung

Beachten Sie weitere Verhaltensregeln für die Präsentation auf Flipchart:
- Vorbereitete Flipcharts erklären!
- Erst sprechen, dann schreiben oder umgekehrt; aber niemals beides zusammen!
- Guten Blickkontakt gewährleisten mittels Führung durch Handbewegung oder Zeigestab!
- Bei der Präsentation immer seitlich vom Flipchart stehen!
- Präsentierte Flipchartblätter im Raum aufhängen!

Der Einsatz von **Pinnwänden** hat parallel zur Entwicklung des Kurs- und Seminargeschehens hin zu ganzheitlichen Konzepten mit vermehrter Gruppenarbeit sehr stark zugenommen. Die Wirkung einer gut strukturierten Präsentation auf einer Pinnwand kann mit den Kenntnissen der Hierarchie der Arbeitskarten optimiert werden (◁ Abb. Q-6). Arbeitskarten sind ein wichtiges Hilfsmittel bei der Arbeit mit Pinnwänden. Mittlerweile ist ein riesiges Sortiment unterschiedlicher Arbeitskarten auf dem Markt erhältlich, die sich in Form, Größe und Farbe unterscheiden. Ein wahlloser Einsatz der Karten ist nicht empfehlenswert, weil man mit Hilfe der unterschiedlichen Karten bei der Visualisierung unterschiedliche Akzente für verschiedene Aussagen machen kann.
Kein anderes Veranschaulichungsmedium bietet eine solche Fülle universeller und flexibler Einsatzmöglichkeiten wie die Pinnwand. Ihr leichter Transport und die großen Arbeitsflächen bieten ideale Voraussetzungen für den Einsatz bei teilnehmeraktivierenden Seminarkonzepten. Sie ist für Moderationen und Präsentationen gleichermaßen geeignet und für die Visualisierung von Gruppenergebnissen geradezu unerlässlich. Da die Pinnwand die Möglichkeit bietet, Arbeitskarten mit Stecknadeln (Pinns) anzuheften, können mehrere Personen gleichzeitig an der großflächigen Pinnwand arbeiten. Sie können die Arbeitskarten umhängen, neu strukturieren, durch andere ersetzen oder auch entfernen. Es können auch gleichzeitig mehrere Pinnwände eingesetzt werden, so dass eine komplette Ideenlandschaft mit den visualisierten Seminarergebnissen Schritt für Schritt im Laufe der Veranstaltung entsteht. Dieses Arbeiten ermöglicht eine optimale Visualisierung des fortschreitenden Gruppenprozesses. Die Pinnwände können bei der Gruppenarbeit als Raumteiler genutzt werden und fördern dadurch eine angenehme Arbeitsatmosphäre in den Arbeitsgruppen.

Arbeiten mit dem Overheadprojektor

Sicht

Handhabung

Zeigetechnik

Publikumskontakt

- Sorgen Sie für gute Sicht von jedem Platz!
- Prüfen Sie den Abstand zur Projektionswand und die Bildschärfe!
- Stellen Sie den Projektor in Schreibhöhe neben Ihren Arbeitstisch!
- Achten Sie auf die Sauberkeit des Projektors (Kleine Flecken werden groß)!
- Zeigen Sie mit einem Zeigestift und nicht mit dem Finger auf die Folie!
- Legen Sie den Zeigestift auf den Projektor oder kommentieren Sie Ihren Gedankengang an der Projektionswand!
- Wenn Sie nicht mehr zur Folie sprechen oder keine weitere folgt, schalten Sie den Projektor aus!
- Halten Sie Blickkontakt und stehen Sie nicht im Projektionsbild!
- Sagen Sie nicht: "Ich zeige Ihnen eine Folie" sondern "eine Übersicht oder Grafik oder Darstellung von..."!

Abb.: Q-7

Eine mit Packpapier bestückte Pinnwand bietet große Flächen zum Beschriften mit großer Schrift oder zur ansprechenden Visualisierung der Inhalte einer Präsentation und kann u. U. ein Flipchart ersetzen.

Der **Overhead-Projektor** war in der Vergangenheit das Präsentationsmedium schlechthin. Seine überragende Bedeutung der letzten Jahrzehnte hat er mittlerweile verloren. Dies liegt weniger an den neuesten Errungenschaften, die die Technik beim Einsatz von Multi-Media bietet, als an der Neukonzeption des Seminar- und Kursgeschehens. Für das gemeinsame Arbeiten und permanente Präsentieren von Ergebnissen besitzen Pinnwand und Flipchart unbestreitbare Vorteile gegenüber dem Overhead-Projektor. Das wachsende Medienangebot und der erwünschte Methodenwechsel begünstigen die schwindende Bedeutung des Overhead-Projektors. In diesem Medien- und Methodenmix hat er dennoch seinen Platz.
Eine gut aufgebaute und gestaltete Folie kann eine Bereicherung Ihrer Präsentation darstellen. Mittlerweile sollte jedoch die „Folienorgie", bei welcher der gesamte Seminarinhalt durch Folien mit Schwindel eregender Geschwindigkeit abgespult wird, der Vergangenheit angehören. Spärlicher, wohldosierter Folieneinsatz mit genügend Zeit zur Erfassung des Inhalts kann im Seminargeschehen neue Impulse setzen und die Teilnehmer motivieren. Auch beim Einsatz des Overhead-Projektors gilt es, einige Verhaltensregeln zu befolgen (◁ Abb.Q-7).
Folien sind dazu geeignet, Ergebnisse einzelner Teilnehmer oder Gruppenleistungen zu visualisieren. Werden mehrere aufeinander abgestimmte Folien der Reihe nach übereinander gelegt, kann mit dieser „Overlay-Technik" die stufenweise Entwicklung eines Themas demonstriert werden (weitere Hinweise: ☞ H. Einrichtung und Medien, Abschnitt 2.c).

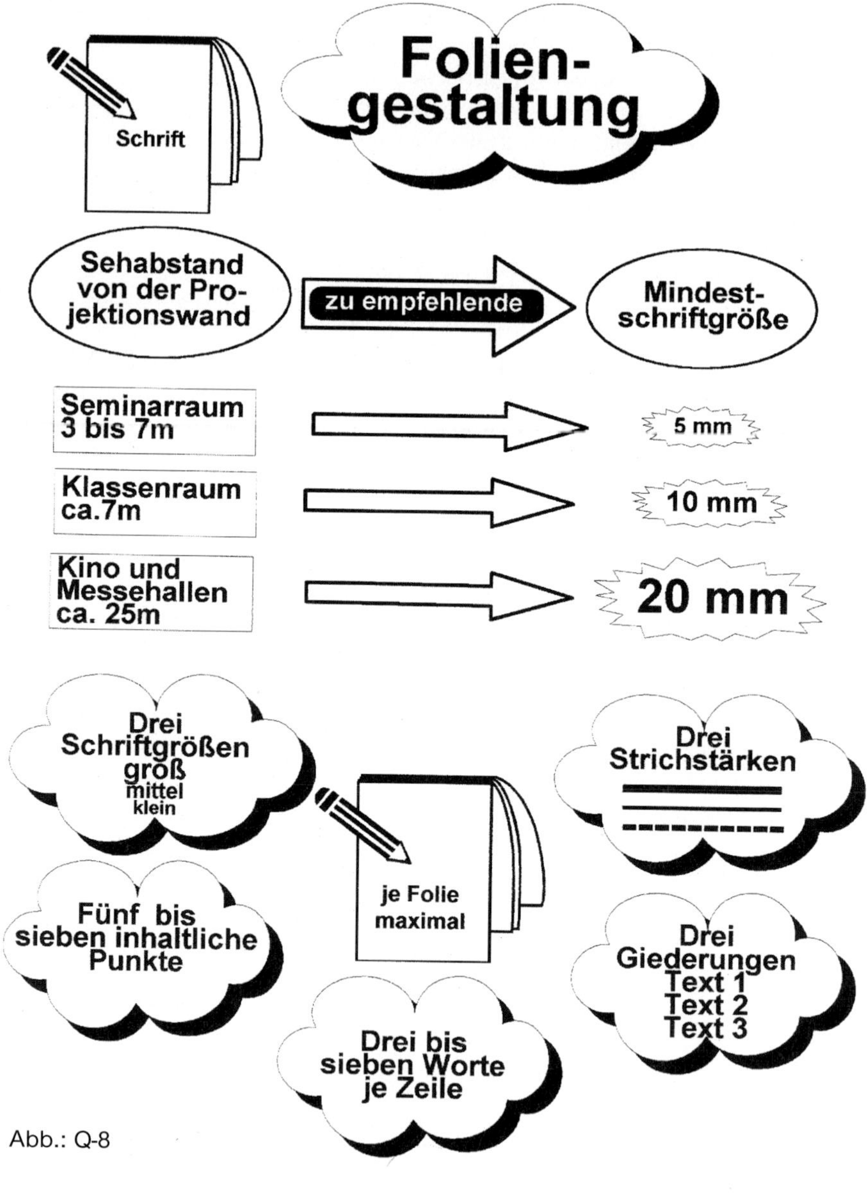
Schrift
Folien-
gestaltung
Sehabstand von der Projektionswand
zu empfehlende
Mindestschriftgröße
Seminarraum 3 bis 7m
5 mm
Klassenraum ca.7m
10 mm
Kino und Messehallen ca. 25m
20 mm
Drei Schriftgrößen
groß
mittel
klein
je Folie maximal
Drei Strichstärken
Fünf bis sieben inhaltliche Punkte
Drei Giederungen
Text 1
Text 2
Text 3
Drei bis sieben Worte je Zeile

Abb.: Q-8

Bei der inhaltlichen Gestaltung einer Folie kann die Beachtung folgender Hinweise nützlich sein:

- Der Inhalt muss auf einen Blick erfassbar sein!
- Möglichst nur ein Thema je Folie!
- Nur das, was zum Verständnis notwendig ist!
- Große und deutliche Schrift verwenden!
- Unwesentliche Details weglassen!
- Schrittweiser Aufbau, klare Gliederung!
- Text nur stichwortartig!
- Ein Bild sagt mehr als tausend Worte!

Bei der formalen Gestaltung einer Folie gilt als oberster Grundsatz, dass Folien nicht zu klein beschrieben werden sollen. Die Mindestschriftgröße ist abhängig vom Abstand des Publikums von der Projektionswand (◁ Abb.Q-8). **RT**

LITERATUR

SEIFERT, J.W.: *Visualisieren – Präsentieren – Moderieren, 5. Auflage, Bremen 1993.*

HARTMANN, FUNK, NIETMANN: *Präsentieren, Weinheim 1995.*

Großer Geist – gib, dass ich meinen Nachbarn nicht eher tadle, als bis ich eine Meile in seinen Mokassins gewandert bin! **(indianisches Gebet)**

Rollenspielmerkmale

- *Rollenspiele sind zielorientiert (Qualifikation, Unterricht).*
- *Rollenspiele finden in einerßvon subjektiver Wahrnehmung geprägten, exogen bestimmten Scheinwelt statt.*
- *Je nach Offenheitsgrad der Rollenspiele, sind Verläufe und Ergebnisse ungewiss, ggf. mehrdeutig. Sie erfordern von den Rollenspielern, Beobachtern und Moderatoren das Aushalten offener Situationen.*
- *Rollenspiele können zu einer Identifikation der Spieler mit ihrer Rolle führen und die Empathiefähigkeit gegenüber der jeweils anderen Rolle fördern.*
- *Rollenspieler müssen Regeln anerkennen.*
- *Rollenspiele bauen auf Erfahrungen und Informationen der Vergangenheit auf, erfüllen sich in der Gegenwart und beeinflussen das Verhalten der Beteiligten in der Zukunft.*
- *Rollenspiele können (auch noch) Spa machen!*

Abb.: R-1

R. Rollenspiele

1. Theoretischer Hintergrund
2. Rollenspielverläufe
3. Wahrnehmungsprobleme
4. Bewertungsprobleme und -hilfen

1. Theoretischer Hintergrund

„Panem et circenses" – und dennoch gibt es keine allgemein anerkannte, eindeutige Definition des Begriffes „Spielen", mit der alle Spiele in ihrem Facettenreichtum erfasst werden könnten. Ungeachtet dessen bestehen eine Reihe von Gliederungsversuchen, die als Strukturierungs- und Orientierungshilfen angesehen werden können. So lassen sich beispielsweise Interaktions-, Simulations- und szenische Spiele voneinander unterscheiden (Meyer 1994). Rollenspiele werden den Simulationsspielen untergeordnet. Dies schließt interaktionäre und szenische Elemente im Rollenspiel nicht aus. Gerade eine interaktionistisch orientierte Herangehensweise bietet die Freiräume, fördert die Kreativitätspotenziale, räumt die emanzipativen Chancen ein, die einen ganzheitlich-handlungsorientierten Ansatz auszeichnen sollten. Rollenspiele lassen sich durch eine Reihe von Merkmalen charakterisieren (◁ Abb. R-1).
In der Kurs- und Seminararbeit ist davon auszugehen, dass Rollenspiele das Lernen „menschlicher" machen können. Blitzlichter, wie Ermöglichen von Probehandlungen, Sammeln sozialer Erfahrungen, ganzheitliches Lernen, Stärken der Selbsttätigkeit, Teilnehmerzentrierung, Steigern der Motivation usw., leuchten die pädagogische Debatte aus. Sie fokussieren Rollenspiele im Bereich der Sozialkompetenz.
Jedes Rollenspiel ist ein neues Rollenspiel. Der Freiheitsgrad eines Rollenspiels hängt davon ab, ob es gelenkt (= strukturiert) oder ungelenkt (= unstrukturiert) ist. Beim gelenkten Rollenspiel übernimmt der Spieler oder die Spielerin eine weitgehend festgelegte Rolle (= role taking). Hierbei steht oftmals die Lösung eines Falles oder Problems im Vordergrund. Der Schwerpunkt sollte auf der Förderung der Kommunikationsfähigkeiten liegen. Beim ungelenkten, freien Rollenspiel gestaltet der Rollenspieler (= role making) seine Rolle individuell, kreativ und fantasievoll aus. Das Entdecken von Problemen, das Hineinleben und Erfahren stehen im Mittelpunkt. Darum ist diese Form primär für die Sensibilisierung, die Entwicklung und den Ausbau der Empathiefähigkeit sowie für Verhaltensänderungen geeignet.

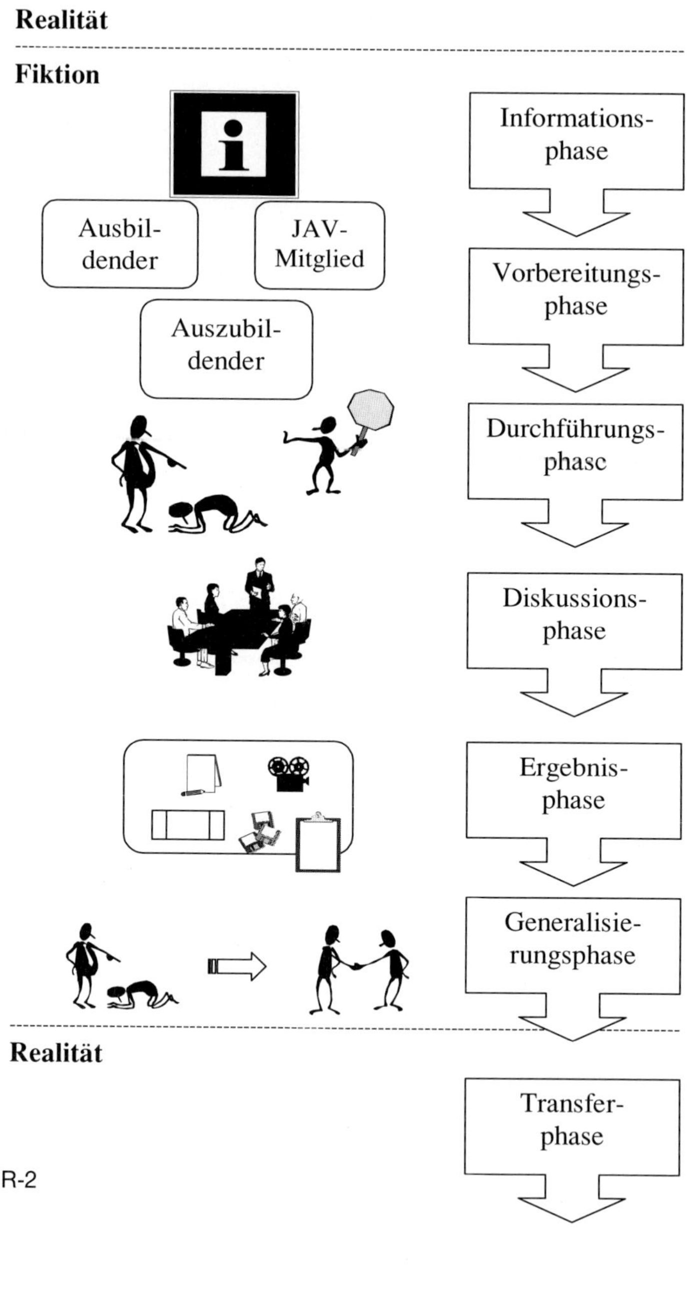
Realität
Fiktion
Ausbil-
dender
JAV-
Mitglied
Auszubil-
dender
Informations-
phase
Vorbereitungs-
phase
Durchführungs-
phasc
Diskussions-
phase
Ergebnis-
phase
Generalisie-
rungsphase
Realität
Transfer-
phase

Abb.: R-2

Grundsätzlich wird der Erfolg des Rollenspieleinsatzes davon abhängen, inwieweit es gelingt, das Rollenspiel „organisch" (Dubs 1995) in die makrosequenzielle Kurs-, Seminar- oder Lehrplanung einzubauen. Als Vorleistung bedarf es in den meisten Fällen einer gründlichen Wissensfundierung, auf der sich kognitive Strukturen weiterentwickeln und von affektiven Elementen flankiert bzw. durchdrungen werden können. Bei einer geschickt ausbalancierten kognitiv-affektiv Strukturierung ist mit einer deutlich höheren Motivation der Teilnehmerinnen und Teilnehmer sowie mit besseren Lernergebnissen zu rechnen.

2. Rollenspielverläufe

Das Szenario eines Rollenspiels läßt sich in einem 7-Phasenschema darstellen (◁ Abb. R-2).

A. Informationsphase

In der ersten Phase, der Informationsphase, müssen sowohl die Rollenspieler als auch die Beobachter sich mit den wichtigsten Fakten und Zusammenhängen, z. B. einer Ausgangssituation, vertraut machen. D. h., dass das zu lösende Problem – insbesondere beim gelenkten Rollenspiel – erkannt werden muss. Der Moderator hat dafür die notwendigen Medien und Materialien (☞ H. Einrichtung und Medien, ☞ I. Materialien und Hilfsmittel) bereitzustellen, z. B. *Texte, Statistiken, Charts, Folien.*

Es ist zu überlegen, ob der Informationsphase eine An- bzw. Aufwärmphase (☞ K. Warming up und Einstimmung) vorgeschaltet werden soll, die z. B. aus *Übungen zur Körper- und Raumerfahrung, Assoziationsübungen, Pantomime und Sprechtraining u.a.m.* bestehen kann. Eine derartige Warming up-Phase empfiehlt sich besonders für Gruppen, die bisher noch keine Rollenspiele durchgeführt haben oder sich erst kurz kennen.

B. Vorbereitungsphase

Die Rollenspielerinnen und Rollenspieler erhalten ihre Rollenkarten mit der Aufforderung, sich Gedanken über ihre Rollen zu machen, Argumente und Fragen zu formulieren. Dabei kann es sinnvoll sein, die Rollen der anderen Spielerinnen und Spieler zu antizipieren, um „strategisches" Denken zu üben.

Rollenkarte für die Arbeitnehmerin Sabine Bach

Sie sind 36 Jahre alt und haben zwei schulpflichtige Kinder. Seit 16 Jahren arbeiten Sie im Einzelhandelsfachgeschäft „Theo Teu – Tapeten, Farben, Lacke“. Sie sind eine von 15 kaufmännischen Angestellten. An Ihrem arbeitsfreien Samstag erhalten Sie von Ihrer Firma einen eingeschriebenen Brief mit folgendem Inhalt: „Hiermit kündigen wir Ihnen ordentlich zum ...“

Beachten Sie für das Rollenspiel folgende Gesichtspunkte:

- Sie suchen ein Gespräch mit dem Inhaber Herrn Teu. Bei wem könnten Sie Unterstützung finden?
- Welche Gründe hat Herr Teu (möglicherweise); was können Sie diesen entgegensetzen?
- Wären Sie bereit, an einem anderen Arbeitsplatz im selben Betrieb zu arbeiten?
- Welche rechtlichen Mittel könnten Sie nutzen?
- ...

Rollenkarte für den Arbeitgeber Theo Teu

Sie sind der Inhaber des Einzelhandelsfachgeschäfts „Theo Teu – Tapeten, Farben, Lacke“. Sie beabsichtigen, aufgrund der verschärften Wettbewerbssituation, einschneidende Rationalisierungsmaßnahmen durchzuführen. Ihr Fachgeschäft soll in einen Heimwerkermarkt umgestaltet werden. Sie müssen sich von vier Mitarbeitern trennen und haben Frau Bach gekündigt ...

Beachten Sie für das Rollenspiel folgende Gesichtspunkte:

- Sie gehen davon aus, dass Frau Bach ihre Kündigung nicht widerspruchslos hinnimmt. Ordnen Sie die Argumente, die für eine Kündigung sprechen.
- Machen Sie deutlich, dass die Kündigung sich nicht gegen Frau Bach als „Person“ richtet.
- Wie können Sie sich rechtlich absichern?
- Wären Sie bereit, Frau Bach an einem anderen Arbeitsplatz in Ihrem Betrieb einzusetzen?
- ...

Abb.: R-3

Die Rollenbeschreibung sollte auch beim ungelenkten Rollenspiel möglichst präzise sein (Beispiel ◁ Abb. R-3). Sie hat die zu spielende Person und deren Aufgabe innerhalb der Gesamtproblematik zu beschreiben. Es sollten auch die Bedingungen benannt werden, z. B. *Situation am Verkaufstresen, in der Straßenbahn oder im Wohnzimmer,* unter denen rollengespielt wird. Die Beobachterinnen und Beobachter erhalten oder erarbeiten Beobachtungshinweise, die in einem Beobachtungsbogen (☞ Abb. R-4) ggf. skaliert werden können, um eine effizientere Auswertung zu ermöglichen. Die Vorbereitungsphase kann in Form einer Gruppenarbeit gestaltet werden. Damit gewinnen die verwendeten Argumente häufig an Qualität und die Spielerinnen und Spieler erhalten „moralische" Rückendeckung.

C. Durchführungsphase

Es ist zwischen Rollenspiel und Rollenspielbeobachtung zu unterscheiden. Die Einteilung der Teilnehmer in eine der beiden Gruppen gestaltet sich nicht immer problemlos. Kommunikationsfreudige Menschen drängen eher in Rollen, während die zurückhaltenden Teilnehmerinnen und Teilnehmer lieber als Beobachterinnen und Beobachter agieren. Die Entscheidung, ob diesen Interessen entsprochen werden kann, hat der „Regisseur" zu treffen. Abweichungen vom Primat der Freiwilligkeit sollten jedoch gut begründbar sein. Grundsätzlich sollte der Moderator, Teamer oder Lehrer keine Rolle selber übernehmen. Er kann sich als Supervisor verstehen, der nur in extremen Situationen eingreift, z. B. eklatante sachliche Fehler, die eine Fortsetzung des Rollenspiels stark behindern oder unmöglich machen, oder Anhaltspunkte, die auf eine physische oder psychische Gefährdung einer Rollenspielerin oder eines Rollenspielers schließen lassen. In den meisten Fällen sollten Rollenspiele nicht zu lang sein. Es ist dem Motto zu folgen „in der Kürze liegt die Würze". Es kann durchaus zielgerichtet sein, Rollen rotieren und/oder von anderen/gleichen Gruppen wiederholen zu lassen. Ständige Wiederholungen beinhalten allerdings die Gefahr von Ermüdungseffekten. Eine Qualitätssteigerung und Verbesserung der Ergebnissicherung kann durch die Aufnahme eines Rollenspiels mit einer Videokamera erreicht werden. Nachdem die – meist nur kurze – Scheu vor dem objektivierenden Medium abgebaut wird, bietet der sequenzielle Zugriff viele Vorteile, die nicht zuletzt in einer höheren Spielkonzentration festzumachen sind.

Beobachtungsauftrag für die Zuschauer

- Beobachten Sie das Rollenspiel.
- Konzentrieren Sie sich sowohl auf die inhaltlichen Aussagen als auch auf das Verhalten der Teilnehmer.

Benutzen Sie zur Feststellung und Bewertung der Rollenspieler den Beobachtungsbogen und/oder die „Spinne".

		Frau Bach					Herr Teu				
Pos.	**Aussagen**	++	+	o	-	- -	++	+	o	-	--
1	Sicheres Auftreten										
2	Überzeugende Argumente										
3	Zutreffende jur. Aussagen										
4	Situationsadäquate Sprache										
5	Wirkung auf Gegenüber										
6	...										

Rollenspielauswertung

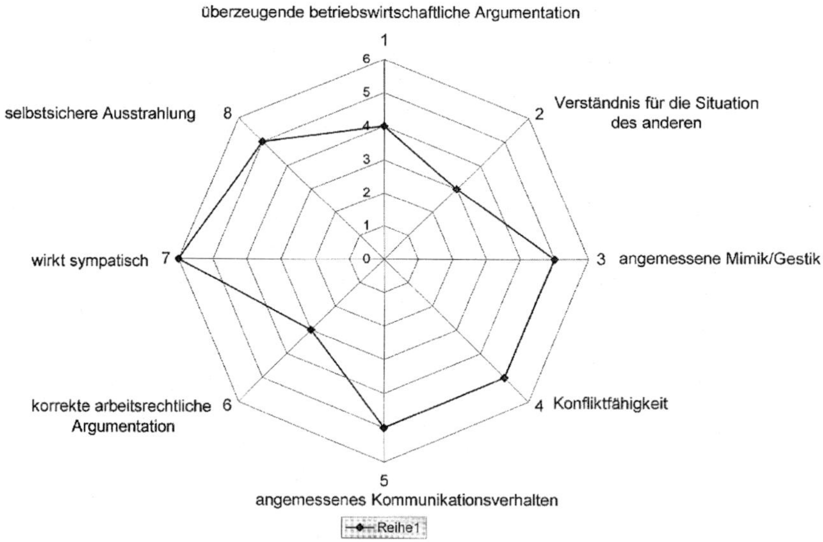

6 = trifft besonders zu	5 = trifft zu
4 = trifft noch zu	3 = trifft fast gar nicht zu
2 = trifft nicht zu	1 = widerspricht vollständig

Abb.: R-4

D. Diskussionsphase

Die Diskussionsphase hat die wichtige Brückenfunktion zwischen der eher affektorientierten, auf mehrere Sinne bezogenen Spielphase zur stärker kognitiv-rational orientierten Auswertung des Rollenspiels (◁ Abb. R-4). Sie bietet Möglichkeiten zur Widerspiegelung des Geschehenen. Zunächst sollte den Rollenspielern ausreichend Zeit eingeräumt werden, ihr eigenes Spiel zu reflektieren.

Fragenbeispiele für Reflexionen der emotionalen Ebene:
„Wie hast du dich in der Rolle des „X“ gefühlt?“
„Welches positive/negative Gefühl nimmst du aus der Rolle des „X“ mit?“
Auf der rationalen Ebene:
„Welche Argumente würdest du bei einem neuen Rollenspiel verändern?“
„Mit welcher Aussage hast du einen Partner am stärksten beeindruckt?“

Unabdingbar ist die bewusste Entlassung des Spielers aus seiner Rolle. Möglichkeiten sind ein bestätigender Applaus, ein anerkennender Kommentar verbunden mit der Rückkehr in die Gruppe. Viele Rollenspielregisseure entlassen die Spieler explizit. Sie legen die Hände auf die Schulter der Spieler und sagen z. B. *„Du bist jetzt nicht mehr die Verkäuferin Vera, sondern wieder Nora!“* Dementsprechend hat die anschließende Diskussion sich auch nicht am Verhalten von z. B. *Nora, Marga* oder *Heribert* zu entzünden sondern an den Rollen *der Verkäuferin, der Kundin* und *des Abteilungsleiters.*
Der (Selbst-)Erkenntnisprozess ist somit stets ein indirekter, vermittelter und wirkt gerade deshalb besonders intensiv und nachhaltig. Eine unmittelbare Kritik an den Personen treibt diese hinter die Mauern der Defensive. Sie sorgen dafür, dass mögliche Wissens- und Erfahrungszuwächse an ihnen abprallen und in Zukunft die Bereitschaft zur Teilnahme an Rollenspielen deutlich nachlässt.

E. Ergebnisphase

Die Spielleiterin, der Spielleiter hat die Möglichkeit, die wichtigsten Ergebnisse selbst zusammenzufassen oder von der Beobachtungsgruppe und den Rollenspielerinnen und Rollenspielern bündeln zu lassen. Der Einsatz von Medien, z. B. Tafel, Flipchart, Wandzeitungen und Video, bietet sich zur Sicherung wichtiger Ergebnisse an. Wobei klar sein muss, dass wesentliche

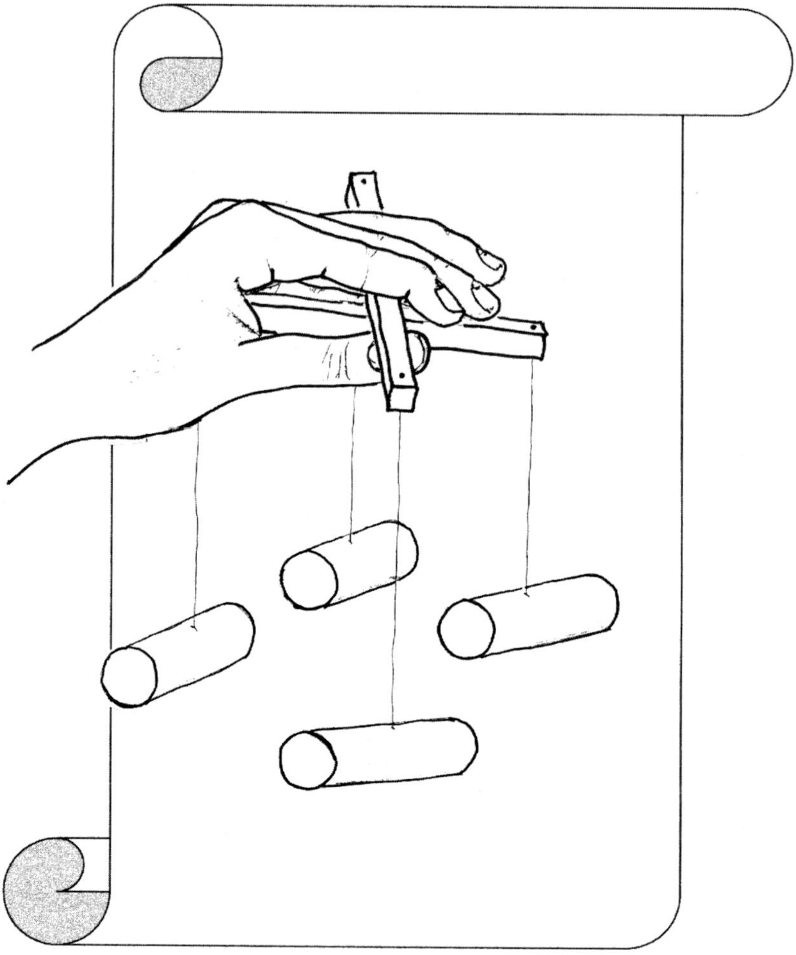

Abb.: R-5

Zeichnung:

Normen Zauske

BBS 12 Hannover

Elemente des Rollenspiels, die vorrangig im affektiven Bereich angesiedelt sind, sich einer „Tafelbildstruktur" verschließen. Vielmehr bedürfen diese eines hochgradig sensiblen Handlings (◁ Abb. R-5). Trotzdem kann eine schriftliche Ergebnissicherung als Grundlage für eine Generalisierung sinnvoll sein.

F. Generalisierungsphase

Die Generalisierungsphase steht in der Struktur einer prinzipiell induktiven Vorgehensweise am (vorläufigen) Ende des Lernprozesses. Eine Verallgemeinerung bietet die Möglichkeit, relativ komplexe Zusammenhänge auf das Wesentliche zu reduzieren, z. B. die Erkenntnis eines Verkaufsgespräches:
„Reden ist Silber, Zeigen ist Gold!"
„Ja-Aber-Methode" als eine Möglichkeit bei Kundeneinwänden
Oder bei der Sprachenschulung:
Hören ▷ sprechen ▷ lesen ▷ schreiben
In derartigen Verkürzungen ist kein qualitativer Mangel zu erkennen, weil die Betroffenen über die Erfahrung des Rollenspiels im Sinne einer ganzheitlichen Handlung (▷ Planung ▷ Durchführung ▷ Kontrolle des Rollenspiels) verfügen.
Die Erfahrung Rollenspiel ist somit weder Plattitüde noch Behaviorismus pur sondern sie bietet die Chance, Freiräume für das Denken und Fühlen zu schaffen. Auf dieser Basis können individuelle Bedürfnisstrukturen, z. B. *eines Kunden* oder *eines Kindes*, erkannt werden, die zu veränderten, selbstgesteuerten Verhaltensweisen führen.

G. Transferphase

Die aus dem Rollenspiel gewonnenen Informationen und Erkenntnisse sollten die Lösung analoger Fälle ermöglichen. Bei sehr kleinschrittig strukturierten Rollenspielen mag ein Fortschritt schon in einem zweiten Rollenspiel festgestellt werden können. Bei komplexeren Interaktionen entziehen sich Verhaltensänderungen im affektiven oder motorischen Bereich einer direkten, augenblicklichen Beobachtung, weil sie erst mittel- oder langfristig wirksam werden können.

„Die Grundlage der Empathie ist Selbstwahrnehmung;
je offener wir für unsere eignen Emotionen sind,
desto besser können wir die Gefühle anderer deuten."

(Daniel Goleman)

Abb.: R-6

Beispiel:

Der devote Mitarbeiter wird nicht schon am nächsten Tag zu seinem Chef gehen, mit der Faust auf den Tisch hauen und eine Gehaltserhöhung fordern. Aber er wird es in der Zukunft (hoffentlich) ablehnen, den Wagen der Frau seines Chefs in seiner Freizeit zu waschen.

3. Wahrnehmungsprobleme

Der Beobachtung bzw. Wahrnehmung durch die Rollenspieler selbst, die Beobachter und den Moderator kommt beim Einsatz von Rollenspielen eine wichtige Bedeutung zu. Sie ermöglicht, gedankliche und gefühlsbezogene Speicherungsprozesse des Gespielten und ist in ihrer Gleichzeitigkeit ihr Spiegelbild. Die damit verbundene Subjektivität ist nur scheinbar objektivierbar. Auch Hilfsmittel der Objektivierung, wie Videoaufzeichnungen und Beobachtungsbögen, ändern nichts an der Tatsache, dass mit ihnen nur Teilbilder, Facetten, Mosaiksteine der (Schein-)Realität des Rollenspiels erfasst werden können. Diese sind ebenso subjektiv, wie die Wahrnehmung beim Abspielen einer Videosequenz. Allerdings hat beispielsweise ein Beobachtungsbogen den Vorteil, die Wahrnehmung auf bestimmte, vorher vereinbarte Schwerpunkte zu konzentrieren. Damit gelingt es zugleich die Beobachtungsgruppe sinnvoll zu beschäftigen, ohne jedoch alle Dilemmata zu lösen.

Die Zitate (◁ Abb. R-6) verdeutlichen u. a., dass allzu schnell getroffene Schlussfolgerungen aus dem Gesehenen und Erfahrenen zu einem „blinden Aktionismus" führen können, der wenig zur Problemlösung beiträgt, ggf. sogar kontraproduktiv wirkt. Um so wichtiger ist es, mit größtmöglichen Einfühlungsvermögen Rollenspiele zu analysieren und sich gegenseitig über die gewonnenen subjektiven Eindrücke auszutauschen.

4. Bewertungsprobleme und -hilfen

Es gilt die Frage zu beantworten, ob auf der Grundlage vereinbarter Beobachtungskriterien, exemplarisch dargestellt , eine prozess- und ergebnisorientierte Auswertung stattfinden kann. Die Antwort darauf lautet – bei Beachtung der Wahrnehmungsproblematik – JA!

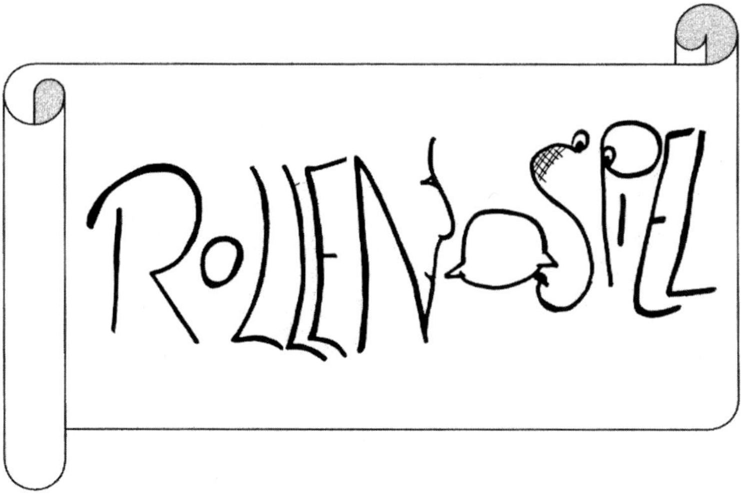

Zeichnung:

Nadine Brunotte

BBS 12 Hannover

Abb.: R-7

Ob damit in jedem Fall eine Bewertung – möglicherweise im Sinne von Zensuren – einhergehen sollte, ist eher zu verneinen. Steht eine Lehrkraft allerdings vor dem Problem der Zensurenfindung, dann kann eine auf mehrere Beobachtungsbögen gestützte Auswertung, als Teil einer Gesamtnote hilfreich sein, z. B. bei *kundenorientierten Verkaufsgesprächen*. Der Hauptvorteil ist in dem relativ transparenten Verfahren zu sehen, bei dem Urteilsbegründungen durch Selbst- und Fremdwahrnehmungen abgesichert werden können. Driften allerdings die Wahrnehmungen der Lehrkraft und die ihrer Schülerinnen und Schüler auseinander, gerät sie bei traditionellem Rollenverständnis in Konflikt mit ihrer („gespielten") Moderatorenrolle, die sie vor einer Leistungsbewertung bewahren sollte.

Dem Ausweg, eine Selbstbewertung und Benotung durch die Lerngruppe durchführen zu lassen, mögen verwaltungsrechtliche Gründe entgegenstehen, für die Förderung der Selbstkompetenz der Schülerinnen und Schüler ist sie jedoch förderlich. In Kursen und Seminaren sollten die Moderatoren Strukturierungsangebote zur Auswertung der Rollenspiele anbieten, ohne eine „notenmäßige" Bewertung im eigentlichen Sinne anzustreben, denn im Sinne Paul Watzlawicks bleibt zu fragen: „Wie wirklich ist die Wirklichkeit?" (◁ Abb. R-7). **MS**

Literatur

Broich, J.: *Rollenspiele mit Erwachsenen, Köln 1992.*
Dubs, R.: *Lehrerverhalten, Zürich 1995.*
Goleman, D.: *Emotionale Intelligenz, München 1997.*
Meyer, H.: *Unterrichtsmethoden II: Praxisband, 6. Aufl., Frankfurt a. M. 1994.*
Watzlawick, P.: *Wie wirklich ist die Wirklichkeit?, 10. Aufl., München 1976.*

Wenn der Wind des Wandels weht,
bauen die einen Mauern,
die anderen Windmühlen.
(chinesisches Sprichwort)

Abb.: S-1

S. Projektarbeit

1. Warum Projektarbeit?
2. Was ist ein Projekt?
3. Wie gestalten wir ein Projekt?
4. Welchen Erfolg hat unser Projekt?

1. Warum Projektarbeit?

„The times they are a-changin'“ (Dylan). Herausforderungen wachsen. Probleme sind zu lösen. So haben:

- die Globalisierung der Märkte
- der Wandel der Wertesysteme
- flache Hierarchien und offene Organisationen
- Gewalt und Drogen in Schule
- die Individualisierung der Gesellschaft o. Ä.

zumindest ein gemeinsames Kennzeichen. Sie enden weder im Betrieb, in der Schule noch im privaten Bereich an Abteilungs-, Funktions- oder Fächergrenzen bzw. an der Haut des eigenen Körpers. Schon 1978 stellte der Deutsche Bildungsrat fest, dass „Lehren nicht länger von der Annahme ausgehen kann, die Vermittlung humaner Kompetenz und fachlicher Kompetenz erfolgt in getrennten Lernprozessen. Es gibt keine abgrenzbaren Bereiche von Disziplinen, Fächern oder Sachverhalten, deren Inhalte des Lernens die allgemeine menschliche Bildung fördern, während andere Inhalte und insbesondere jeder unmittelbare Berufsbezug den Lernprozess zur bloßen Ausbildung werden lassen.“
Um den damit verbundenen qualitativen Anforderungen gerecht zu werden, muss sich Bildungsarbeit auf die Vermittlung von Schlüsselqualifikationen konzentrieren. Die sozialen und individuellen Kompetenzen werden im ausbalancierten Zusammenwirken mit der jeweiligen Fachkompetenz die Zukunft bestimmen, weil der Mensch als Ganzes gesehen wird - wider aller Behinderungsversuche der Mauerbauer (◁ Abb. S-1). Interessanterweise halten gerade Global-Player der Wirtschaft den Verwaltern antiquierter Bildungskonzepte ein „neues“ Menschenbild vor die Nase, das jahrhundertelang Humanisten und Idealisten gesehen haben: „Der ganzheitlich qualifizierte und handelnde Mensch, der sich engagiert mit seinem Können und Wissen in den von ihm selbst be- oder mitbestimmten Arbeitsprozess einbringt“ (Posth).

Projektarbeit fördert bzw. berücksichtigt:

- *Teamfähigkeit im Sinne von Zusammenarbeit und Rücksichtnahme*
- *reale Situationen und Sachverhalte*
- *Ganzheitlichkeit von Kognition, Motorik und Affekt („Kopf, Herz und Hand")*
- *individuelle Fähigkeiten, Fertigkeiten und Wünsche der Lernenden*
- *Motivationsstrukturen der Individuen und des Teams*
- *Verknüpfung unterschiedlicher Lernorte und –bereiche*
- *neue Ansätze und Methoden bei der Durchdringung der Problemstellung und Problemlösung*

...

Abb.: S-2

Theorien des Lernens (Piaget, Aebli) weisen den Weg über die Brücken des Denkens, das sich in Kontinuität aus dem praktischen Handeln und Wahrnehmen entwickelt. Diese kognitionstheoretisch abgesicherte Spur führt zu einem ganzheitlich-handlungsorientierten Lehr-/Lernansatz, der u.a. durch selbstgesteuertes Lernen mitcharakterisiert wird. Voraussetzung für die Befähigung zur Selbststeuerung sind Lernarrangements, die das Lernen zu einem aktiven, konstruktiven, kumulativen und zielorientierten Prozess machen. Selbstständig zu lernen bedeutet demnach, dass die Lernenden fähig sind, ihr eigenes Tun zu planen, zu steuern und zu bewerten. Die Projektarbeit kann dazu einen bedeutsamen Beitrag leisten, weil sie wichtige Aspekte berücksichtigt bzw. fördert (◁ Abb. S-2).

2. Was ist ein Projekt?

Im Bildungsbereich haben insbesondere Dewey (1859-1952) und für den deutschsprachigen Raum Frey wegweisende Beiträge zur Projektarbeit geleistet. Für Frey ist der Begriff Projekt durch zwei konstitutive Merkmale gekennzeichnet:

- den Weg, den Lernende und Lehrende gehen, wenn sie lernen wollen;
- das Team, die Projektgruppe, die das Lernunternehmen aushandelt, plant, anpackt, durchhält (abbricht) und auswertet.

Ohne sich mit terminologischen (Nominal-)Definitionen, z. B. DIN 69901, aufzuhalten, kann unter dem Begriff Projekt im Bildungsbereich ein didaktisch-methodisch geleitetes Lernverfahren verstanden werden, das hinreichend komplexe Probleme und Fragestellungen aus der realen Erfahrungswelt der Lernenden aufgreift und das Lernvorhaben thematisiert, um dann in weitgehend selbstgesteuerten Lernprozessen zur Problemlösung bzw. Beantwortung der Fragen zu gelangen. Projektmethode ist somit keine verselbständigte Größe im ausschließlichen Sinne des Lernweges (WIE?), sondern ist stets mit den Inhalten (WAS?) verknüpft. Sie unterscheidet sich nach diesem Verständnis von der in der deutschen Pädagogik „unglückseligerweise“ (Frey) vorgenommenen Trennung von Didaktik und Methodik. Somit ist weder der Weg schon das Ziel noch das Ziel die Glückseligkeit allein.
In diesen Lernprozess können vielschichtige Methoden (☞ E. Lernformen und Arbeitsmethoden, ☞ O. Kreativitätstraining, ☞ R. Rollenspiele) integriert werden, ohne dass die Projektarbeit ihren Wesenskern verliert. Sie kann insofern (wie die ☞ T. Zukunftswerkstatt) als „Makromethode“ klassifiziert werden.

Projekt Kommunikations-politik

Präsentation Bewertung	**Projektabschluss**	Videofilm Bewertungs-bogen
Arbeit in Gruppen	↑ **Projektdurchführung**	Info-Material Equipment
Betriebs-erkundung	↑ **Projektplanung**	Fragebogen Arbeits-/Zeitplan
Diskussion Mindmap	↑ **Projektskizzierung**	Poster Fachliteratur
Brainstorming Kartenabfrage	↑ **Projektinitiierung**	Moderations-material

Abb.: S-3

3. Wie gestalten wir ein Projekt?

Der Ablauf der Projektarbeit läßt sich in 5 Phasen (◁ Abb. S-3) strukturieren, ohne dass daraus ein starres Schema abzuleiten wäre. Phasenüberschneidungen sind möglich.

Phase 1: Projektinitiierung/Projektimpuls
Ausgangspunkt jeder Projektinitiative ist die Idee, der Vorschlag der Lerngruppe oder der Kursleitung, sich mit einem Thema zu beschäftigen. Die geäußerte Idee versteht sich als Angebot an die anderen Teilnehmerinnen und Teilnehmer. Erste Gedanken werden ausgetauscht. Methodisch bieten sich z. B. Brainstorming, Kartenabfrage und Mindmapping an, um zwei besonderen Merkmalen dieser Phase gerecht zu werden. Erstens eine offene Ausgangssituation zu schaffen, d. h. die potentiellen Projektteilnehmerinnen und -teilnehmer müssen sich darüber verständigen, ob sie ein Projekt zum vorgeschlagenen Thema in Angriff nehmen wollen – oder nicht. Zweitens ist die Projektinitiative noch ohne Bildungswert. Die Initiatoren sind nicht verpflichtet, einen pädagogisch wertvollen Sachverhalt als Projektidee vorzuschlagen. Erst die bestimmte Art der Beschäftigung mit einer Problemstellung gewährleistet einen Bildungswert. Für Seminare, Kurse und andere Bildungsveranstaltungen empfiehlt es sich jedoch, einen Themenschwerpunkt zu bearbeiten, der in die grundsätzliche Themenstellung der Veranstaltung bzw. in den curricularen Rahmen passt.

Phase 2: Projektskizzierung
Innerhalb eines zu vereinbarenden zeitlichen Rahmens findet eine erste inhaltliche Diskussion statt. Weder sollte die Projektidee über Stunden zerredet werden, noch sollte übereilig ein Projekt in Angriff genommen werden, das den Interessen der Teilnehmer nicht entspricht. Ist der Zeitrahmen für die Projektskizzierung (– nicht für das Projekt!) festgelegt, sollte die Teilnehmerinnen und Teilnehmer ihre Vorstellungen, Hoffnungen aber auch ihre Bedenken äußern. Krass formuliert: lieber jetzt fetzen und ggf. das Projekt absetzen, als wattebauschig in eine unerträgliche Projektzukunft schlittern! Moderationsmethode (☞ P. Referieren und Moderieren), Fishbowling und Englische Debatte können Steuerungshilfen für diese Sequenz sein. Ebenso sind TZI-orientierte Gesprächsführungen (☞ M. Gruppenbildung und Gruppenarbeit) sinnvoll. Erste Kontakte

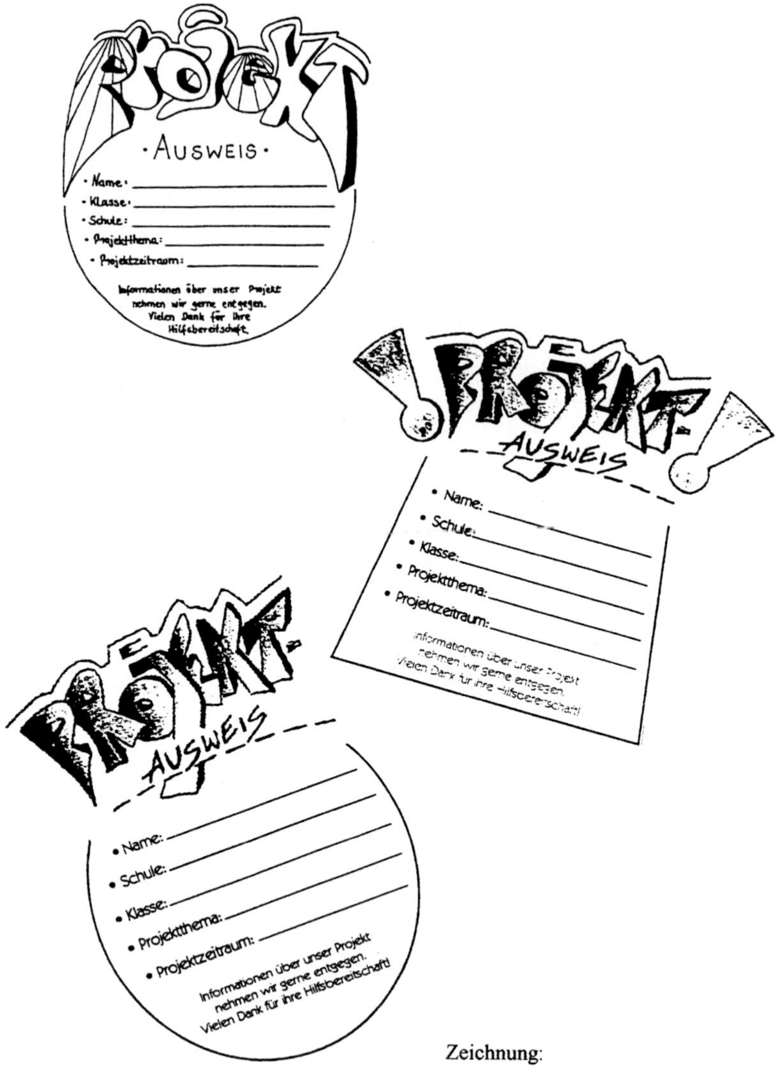

Zeichnung:
Anja Schröder
BBS 12 Hannover

Abb.: S-4

zu mittelbar Beteiligten und Experten können geknüpft werden. Die Sichtung der Fachliteratur, das grundlegende Nachdenken als Kraftquelle sollten nicht vernachlässigt werden. Dennoch ist nicht auszuschließen, dass die Projektidee von den Teilnehmerinnen und Teilnehmern abgelehnt wird, weil kein ausreichendes Interesse vorhanden ist oder sächliche bzw. zeitliche Faktoren einer Realisierung im Wege stehen. Spätestens an dieser Stelle ist erkennbar, dass Projektarbeit immer eine selbstbestimmte, hochgradig freiwillige Lern-/Lehrveranstaltung sein sollte. Dies widerspricht zugleich einer - wenn auch gut gemeinten - Projekt-Einforderung von „oben". Im positiven Fall endet die Diskussion mit einer Projektskizze.

Phase 3: Projektplanung

Das Projektthema und mit ihm das Projektziel kann von den Teilnehmerinnen und Teilnehmern in Teilziele bzw. Teilaufgaben gegliedert und beispielsweise in arbeitsteiliger Gruppenarbeit bearbeitet werden. Um diese Phase möglichst effizient zu gestalten, ist es notwendig, Arbeitsschritte, -mittel und -formen aufzulisten und bzgl. ihrer Realisierbarkeit abzuschätzen. Empfehlenswert ist das Aufstellen eines möglichst konkreten Arbeitsplans, der die Fragen wer?, was?, wie?, mit wem?, wo? und wann? beantwortet. Damit erhält das Projekt persönliche Konturen. Der Identifizierungsprozess („unser Projekt"), u. a. durch einen selbstgestalteten Projektausweis sichtbar gemacht (◁ Abb. S-4), führt zum Austausch persönlicher Erfahrungen inkl. erlebter Fehler der Teilnehmerinnen und Teilnehmer. Sie erweitern ihre Wissensbasis, entwickeln neue Ziele und modifizieren ggf. die Projektidee. Der Moderator tritt weiter in den Hintergrund. Er wird zum Lernprozessbegleiter und gibt als Methodenexperte den Hinweis, Fixpunkte für den Projektprozess zu setzen.

Phase 4: Projektdurchführung

In der Phase der Projektdurchführung arbeiten die Projektteilnehmerinnen und - teilnehmer überwiegend in Gruppen, die arbeitsteilig organisiert sein können. Der Intensitäts- und Schwierigkeitsgrad innerhalb der Gruppen kann variieren. Vielfältige, vom ursprünglichen Lernort wegführende Teilschritte, z. B. Expertenbefragung, Unternehmenserkundungen, Informationsbeschaffung in Bibliotheken oder im Internet (☞ U. Multimedia und computergestütztes Lernen), können gegangen werden. Stellen die Teilnehmerinnen und Teilnehmer jedoch fest, dass geplante Aktivitäten nicht zu verwirklichen sind, ist Flexibilität und häufig die Moderatorin bzw. der Moderator gefragt.

Projektbewertung

PROJEKT-THEMA: ABC der Kurs- und Seminargestaltung

Unser Projekt-Team

1. Lernkompetenz

Arbeitsplanung/-prozess

	1	2	3	4	5	6
Schwierigkeitsgrad der Aufgabe						
Qualität der Arbeitsplanung						
Flexibilität bei Schwierigkeiten						
Informations- und Materialbeschaffung						
Auswertung des Materials						
Bewertung insgesamt (ø)						

2. Fachkompetenz

Inhalte und Ergebnisse

	1	2	3	4	5	6
Sachliche Richtigkeit						
Vollständigkeit der wichtigen Inhalte						
Form und Fassung des Ergebnisses						
Bewertung insgesamt (ø)						

Abb.: S-5

Grundsätzlich kann es gerade bei auftretenden Schwierigkeiten sinnvoll sein, Zwischengespräche oder Formen der Metainteraktion durchzuführen. Dazu ist es zweckmäßig, eine Pause zu machen, möglicherweise den Raum zu wechseln, um eine gewisse Distanz zum bisherigen Projektprozess zu schaffen. Gerade bei gruppendynamischen Problemen sollten wieder Gesprächsregeln als Sicherheit gebende Rituale beachtet werden. Befindet sich die Gruppe in einer besonders tiefen Sackgasse, können Formen des Coaching, inkl. „neutraler" Spiegelungen weiterhelfen. Ferner ist es häufig notwendig, Zwischenergebnisse festzuhalten, z. B. auf Flipcharts oder Wandzeitungen. Zwischenbewertungen können bei zeitlich ausgedehnten Projekten flankierend eingesetzt werden.

Phase 5: Projektabschluss

Nach Frey gibt es drei Projektabschlussvarianten:
- bewusster Abschluss
- Rückkopplung zur Projektinitiative
- das Projekt auslaufen lassen.

Bei der ersten Möglichkeit wird ein bewusster inhaltlicher und zeitlicher Schlusspunkt gesetzt. Die Projektergebnisse werden einer Öffentlichkeit präsentiert. Die Präsentation (☞ Q. Präsentieren und Vorstellen) krönt das Projekt und bietet gleichzeitig die Chance für einen Ergebnistransfer. Bei der zweiten Variante, die auch als Vorschritt der ersten denkbar ist, gehen die Teilnehmer gedanklich zur Projektinitiative zurück. In einer Retrospektive werden der Ablauf, die Schwierigkeiten und deren Überwindung, die Kommunikation in der Gruppe, die Lernfortschritte usw. reflektiert. Möglicherweise beendet eine Seminarkritik oder eine Back home-Sequenz (☞ Y. Abschluss und Back home) das Projekt. Das negativ klingende „Auslaufen lassen" des Projekts ist nichts anderes als die harmonische, nahtlose Integration der Projektergebnisse in die beruflichen oder privaten Tätigkeiten. Gerade bei dieser Variante verliert die Projektarbeit den Charakter eines „isolierten Wissenstücks" (Frey), erhöht ihren Gebrauchswert und dient damit der Akzeptanz der Projektarbeit insgesamt.

3. Methodenkompetenz

Präsentation der Projektergebnisse

	1	2	3	4	5	6
Einbindung des Publikums						
Teamvorstellung, Rollenübernahme						
Struktur der Präsentation						
Zielgruppenorientierung						
Ausstrahlung fachlicher Souveränität						
Originalität						
Visualisierung						
Medieneinsatz						
Darstellung (sauber, verständlich)						
Auftreten (Gestik, Mimik)						
Sprache						
Umgang mit Fragen des Publikums						
Reflexionsverhalten						
Bewertung insgesamt (ø)						

4 Human- und Sozialkompetenz

Teamarbeit

	1	2	3	4	5	6
Selbstständigkeit des Teams						
Arbeitsteilung im Team						
Kooperationsverhalten der Mitglieder						
Kommunikationsverhalten im Team						
Konfliktfähigkeit der Mitglieder						
Selbstreflexionsfähigkeit des Teams						
Bewertung insgesamt (ø)						

5. Gesamt-Bewertung

	Gewichtung (%)	erreichter Durchschnitt (ø)						Gew. x ø
		1	2	3	4	5	6	100
1 Lernkompetenz								
2 Fachkompetenz								
3 Methodenkompetenz								
4 Sozialkompetenz								
	100							

Stellungnahme des Teams	Beurteilung

Abb.: S-6

4. Welchen Erfolg hat unser Projekt?

Es gibt eine Reihe von Argumenten, die jeweils für oder gegen eine Projektbewertung sprechen. Entschließt sich die Kursleitung oder die Projektgruppe, eine Evaluation durchzuführen, so müssen verschiedene Aspekte bedacht werden.

- Es muss klar sein, ob eine Beratung (formative Evaluation) und/oder eine Benotung (summative Evaluation) erfolgen soll.
- Die jeweiligen Beratungs- und/oder Beurteilungskriterien müssen möglichst eindeutig definiert sein.
- Das (genaue) Evaluationsverfahren muss vereinbart werden.

Im Sinne einer Selbstauswertung und -kontrolle der Projektgruppe ist zu empfehlen, dass das Team zunächst selbst, z. B. mittels eines Kriterienkatalogs, eine Bewertung durchführt. Anschließend kann dieses Ergebnis mit dem der Kursleitung abgeglichen und ggf. begründet modifiziert werden. Die dem Bewertungsbogen zu Grunde liegenden Kompetenzbereiche (◁ Abb. S-5 und S-6) sind als sich überlappende, sich ergänzende, sich weiterentwickelnde Teile eines Ganzen, der Handlungskompetenz, zu verstehen.

Projektarbeit beinhaltet die Chance, didaktisch-methodischen Herausforderungen im Bildungsbereich adäquat zu begegnen. Sie öffnet die Tür für eine Symbiose aus selbststeuerbaren, eigenaktiven Lernen und Teamlernen in einem handlungsorientierten Lern-/Lehrarrangement. **MS**

LITERATUR

FREY, K.: *Die Projektmethode. Der Weg zum bildenden Tun. Weinheim und Basel, 7. Aufl. 1996.*

NIEDERSÄCHSISCHES KULTUSMINISTERIUM (HRSG.): *Materialien zur Integration von Lerngebieten in der kaufmännischen Berufsausbildung durch die Methode des Projektunterrichts. Hannover 1996.*

KLINGER, D.: *Materialien zur Leistungsbewertung im handlungsorientierten Unterricht. Kloster Steterburg 1997.*

NÖTHEN, K.-G.; THELEN, L.: *Bewertung von Projektarbeiten, Köln–München 1996.*

Welche Merkmale hat eine (idealtypische) Zukunftswerkstatt?

ganzheitlich ✓

Selbst- und Gesellschaftsveränderung

integrativ ✓

Der Gegensatz von Lehrenden und Lernenden soll aufgehoben werden:
Rationalität und Intuition
Intellektualität und Spiritualität
Kognition und Emotion

kreativ ✓

Durch Planen, Entwerfen, Entwickeln wird schöpferische Phantasie und sozialer Erfindungsgeist herausgefordert

kommunikativ ✓

Auch die sonst Sprachlosen können sich einbringen

provokativ ✓

Herausforderung von staatlichen und wirtschaftlichen Institutionen

Abb.: T-1

T. Zukunftswerkstatt

1. Woher kommt die Zukunftswerkstatt?
2. Welche Werkzeuge gibt es in einer Zukunftswerkstatt, wie funktioniert sie?
3. Welche Werkstücke lassen sich in einer Zukunftswerkstatt bearbeiten, welche Handwerker sind zu gebrauchen ?
4. Welches Werkstattwissen sollte man haben? - Kleine Sammlung von Handwerkertips aus der Praxis

1. Woher kommt die Zukunftswerkstatt?

Die Zukunftswerkstatt ist eine Methode, die ursprünglich von R. Jungk und anderen entwickelt wurde, um in Gruppen gemeinsam und hierarchiefrei offene Fragen einer Lösung näher zu bringen. Dabei ging es z. B. darum, in Bürgerinitiativen und Protestgruppen aus der eigenen Besorgnis und Betroffenheit heraus lebensnahe Strategien zu entwerfen, die man den Konzepten der Industriellen, Politiker und Experten entgegenstellen konnte.
Es wurde davon ausgegangen, dass die (meistens) ungefragte Masse der Bevölkerung sehr wohl etwas zur Ausgestaltung ihrer Wohnviertel und Städte, ihrer Arbeitsplätze und Industriegebiete, ihrer Energieversorgung etc. zu sagen hat.
Das Arbeiten nach der Methode der Zukunftswerkstatt zielt also auf die Beteiligung der Betroffenen, auf eine Demokratisierung der Zukunft, auf Mitsprache und Mitbestimmung. Die idealtypischen Merkmale einer Zukunftswerkstatt sind ihre Orientierung auf Ganzheitlichkeit, Integration, Kreativität, Kommunikation und Provokation (◁ Abb. T-1). Eingeübt werden soll einfallsreiches Mitdenken und Mitplanen.
Durch die Regeln der Zukunftswerkstatt soll sichergestellt werden, dass alle Gedanken der Beteiligten offen ausgesprochen werden können und so in einem Prozess von Kritik und Kreativität die Chance haben, die Phantasie aller Beteiligten zur Lösung des gegebenen Problems zu mobilisieren.
In einem festgelegten und mehrstufigen Verfahren sollen mit Hilfe einer Kritik-, Phantasie - und Realisierungsphase nun auch Probleme aus unserem pädagogischen Bereich einer Lösung nähergebracht werden. Die Übertragung der Methode in den pädagogischen Bereich ist auch kritisiert worden. Unsere Erfahrungen zeigen jedoch, dass sie bei Einhaltung einiger Rahmenbedingungen der pädagogischen Arbeit wichtige Impulse geben kann.

Kritikphase

Themenbezogene Leitfragestellung:

- Was stört mich?
- Was empfinde ich als unbefriedigend?
- Wovor habe ich Angst?

Spielregeln

- Kritik nur in Stichworten!
- Keine langen Monologe!
- Diskussionsverzicht!
- Erlaubt sind nur kurze Verständnisfragen!

Schritte der Phantasiephase:

Positive Umformung: Konzentration auf einen Kritikpunkt

Brainstorming: keine Kritik am Vorgebrachten
keine Killerphrasen

Gemeinsame Systematisierung und Bewertung

Präsentation: anschaulich und sinnlich erfahrbar

Phantasiephase

Grundlegendes Motto:

- Alles ist möglich!
- Alles ist erlaubt!
- Alles ist machbar!

Verwirklichungsphase

Zielperspektiven:

- Kritische Prüfung der utopischen Entwürfe!
- Entwurf von Durchsetzungsstrategien

Spielregeln

- **Konkret werden:**
- Wer soll was, wie, wann, wo machen?
- **Schritte zur Realisierung aufzeigen:**
  Voraussetzungen, Bündnisse, Taktiken, unverzichtbare Teile
- **Zeitplan aufstellen:**
  Wann Endstand?
- **Eigener Beitrag:**
  Verhaltensalternativen?
- Verhaltensänderung

Abb.: T-2

2. Welche Werkzeuge gibt es in einer Zukunftswerkstatt, wie funktioniert sie?

„Wo sind denn hier nun die modernen Werkzeuge und Maschinen – ich dachte Ihr habt hier 'ne tolle neue Werkstatt aufgebaut …?"

Mit diesem Ausruf erläuterte uns ein auszubildender Gas- und Wasserinstallateur seine sehr direkten Vorstellungen, die er mit unserer Einladung zu einer „Zukunftswerkstatt Versorgungstechnik" verbunden hatte. Nachdem er erkannt hatte, worauf er sich tatsächlich eingelassen hatte, überlegt er zunächst gleich wieder zu gehen, weil *„dauernd nur über Sachen reden und so …"* nicht seine Sache sei, ließ sich dann aber doch auf die Zukunftswerkstatt ein, kam im Anschluss daran mächtig ins Schwitzen, produzierte viel mehr als nur „papierne" Fragen und Ergebnisse und erklärte am Ende, Hammer und Zange hätten zwar gefehlt, aber er hätte noch nie so *„… prima an wichtigen Sachen herumgefeilt"* und *„… soviel davon mitgekriegt, wie andere Leute die Sachen sehen und wie man zusammen etwas anpacken kann"*.

Zukunftswerkstätten sind methodisch gesehen ein Mix oder eine Makro-Methode, worin eine Vielzahl der in diesem Buch vorgestellten Arbeitsformen und -techniken zum Einsatz kommen.

Formal betrachtet geht es um die Abfolge von drei Arbeitsphasen, der Kritikphase, der Phantasiephase und der Realisierungsphase. Innerhalb der einzelnen Phasen wird nach Arbeitsregeln gearbeitet (◁ Abb. T-2), für deren Einhaltung zu sorgen ist eine der wesentlichen Aufgaben der Moderatoren (☞ P. Referieren und Moderieren).

Am Anfang jeder Zukunftswerkstatt stehen die Einstimmung auf die kommende Arbeit und die gemeinsame (endgültige) Festlegung des Themas der Werkstatt. Diese Phase ist besonders dann von besonderer Bedeutung, wenn die Teilnehmerinnen und Teilnehmer nicht (was in der Bildungsarbeit der Normalfall ist) aus einem originären Eigeninteresse (also einer gemeinsam empfundenen Problemlage) zusammengefunden haben, sondern unter der Überschrift eines vorläufigen Themas eingeladen wurden. Zur Themenformulierung finden sich weiter unten noch einige Erläuterungen. Ein Beispiel für die konkrete Vorplanung und Ausgestaltung dieser ersten und der folgenden Phasen gibt die allgemeine Ablaufstruktur auf den folgenden Seiten, die Sie als Grundlage einer Zukunfts-

Schritt/Phase	Inhalt	Bemerkungen	Medien
		ERSTER TAG	
Vorstellung	• Wer sind wir? • Was hat uns -wie- zusammengeführt? • Was wollen wir hier?	Wechsel zwischen persönlicher Vorstellung und Erläuterung von Intentionen und Arbeitszusammenhang	
Vorstellung der TeilnehmerInnen, thematische Orientierung	• Wer bin ich? • Was erwünsche ich mir von dieser Veranstaltung? • Wie könnte für mich eine Leitfrage für diese Veranstaltung lauten?	Stuhlkreis Klare Ansage: Regeln beachten! Fragen beantworten: kurz, Thema – kurz, groß, lesbar – aufschreiben) ***Wir sammeln die Karten und heften an, ggf. sortieren wir dabei vor***	• Stifte • Tesakrepp • Karten • Pinnwand
Erläuterung der Zukunfts-werkstatt	• Was ist die Zukunftswerkstatt? • Wo kommt sie her? • Was sind ihre Elemente? • Was will sie?	Wir platzieren uns in gegenüberliegenden Raumecken, präsentieren (abwechselnd) die Stichworte und erläutern sie (kurz). ***Bedeutung der Realisierungsphase hervorheben***	Karten mit Stichworten zum Schluss das Plakat
	ERSTE MÖGLICHKEIT FÜR DIE MITTAGSPAUSE (oder: 5 – 10 Min Kurzpause		
Einstimmung I.	Zuhören, sich selber spüren	zunächst 2 Minuten Musik Augen schließen Spannung und Entspannung (Sitzen bis Stehen) Nach Ansage	Marc Cohn
Einstimmung II.	Geistige Orientierung auf die Absichten und Möglichkeiten der Zukunftswerkstatt	• Für Ruhe sorgen • ausreichende Lautstärke • evtl. abdunkeln	Filmsequenz: Club der toten Dichter
Themenfindung	Anknüpfung an die Filmsequenz, dann: • Was sagt die Ankündigung? • Welche Aussagen gibt es auf den Karten? • Wie berühren sie sich? • Was haben wir uns gedacht? ***Unser Vorschlag:*** ☞	Bedeutung dieser Phase hervorheben! Verständigung ist erforderlich (Verweis auf die Vorschläge zur Thematik ⇨ Karten der TeilnehmerInnen) **Umweltlernen in Ausbildung und Praxis der LehrerInnen ein didaktisch/ methodisches Problem oder mehr?**	Pinnwand Folie (unser Thema) OHP
	ZWEITE MÖGLICHKEIT FÜR DIE MITTAGSPAUSE		
Einstieg in die Kritikphase	• Regeln der Kritikphase • Bedeutung der Regeln (allgemein) • unsere Rolle als Moderatoren	Hinweis auf unser „Nichtfachmannsein" Wir als „Spielleiter"	Regeln der Kritikphase (Plakat)
<u>Kritikphase I</u> Kartenabfrage	• Leitfaden der Kritikphase • Was stört mich? • Was empfinde ich als unbefriedigend? • Wovor habe ich Angst?	***Beispielstatement „Wichtig – groß und deutlich"***	Karten Stifte Pinnwände

Abb.: T-3a

werkstatt mit einer speziellen Themenstellung für Ihren Kurs oder Ihr Seminar verwenden können (◁ Abb. T-3a).

In der Kritikphase werden dann zunächst die Sorgen, Befürchtungen und Ängste der Beteiligten gesammelt. Dazu nähert man sich dem jeweiligen Thema der Zukunftswerkstatt, indem die Leitfragen themenbezogen gestellt werden. Die Kritikpunkte werden dann in geeigneter Weise visualisiert (z. B. Kartenabfrage), von den Teilnehmern nötigenfalls kurz erläutert und schließlich zu inhaltlich zusammenhängenden Bereichen systematisiert.

Die Phantasiephase steht unter dem grundlegenden Motto „Alles ist möglich, Alles ist erlaubt, Alles ist machbar". Unter Außerachtlassung jedweder politischen, ökonomischen, gesellschaftlichen, allgemein „vernünftigen" und - falls für die anschauliche Ausformung einer Phantasie erforderlich - sogar der naturwissenschaftlichen Gegebenheiten unseres Alltages werden Einzelaspekte des Themas utopisch gewendet (z. B. *„ein Fluss wird über eine Anhöhe geleitet"*). Zunächst formulieren die Teilnehmerinnen und Teilnehmer positive Umformungen zu den negativen Gesichtspunkten aus der Kritikphase. Ein anschließendes Brainstorming erweitert dann diese positiven Umformungen und es entstehen Umrisse von Utopien. Durch gemeinsame Systematisierung und Bewertung der Ergebnisse lassen sich wiederum Schwerpunkte und zusammenhängende Bereich erkennen. Den abschließenden Schritt der Phantasiephase bildet dann die Konkretisierung und „handfeste" Darstellung (Präsentation) der utopischen Entwürfe. Dazu arbeiten die Beteiligten die ihnen wichtig erscheinenden Aspekte aus und präsentieren sie der Gesamtgruppe. Alle erdenklichen Formen, Methoden und Hilfsmittel kreativer Präsentation sind dabei denkbar: Collagen, szenische Spiele, Pantomimen, Hörspiele, Videosequenzen, Tanzvorführungen, Wandzeitungen, Moritaten usw.

In dieser Phase besteht die Rolle der Moderatoren hauptsächlich darin, die Gruppen mit Materialien, Medien und technischen Hilfsmitteln zu versorgen.

In der abschließenden Verwirklichungsphase geht es darum, die Utopien, Hoffnungen und Wünsche, die mit dem Thema der Zukunftswerkstatt verbunden worden sind, auf ihre Realisierungsmöglichkeiten zu untersuchen, Strategien der Veränderung, Zeitleisten, Arbeitsteilungen und Handlungsperspektiven zu entwickeln.

Kritikphase II **Vorstellung, Erläuterung**	Sammeln der Karten, kurze Statements dazu, Verständnisnachfragen	***Großes Gewicht auf Einhaltung der Regeln legen!***	• Karten • Fußboden
Kritikphase III **Systematisierung und Bewertung**	• Ordnung der Karten nach inhaltlichen Bereichen • Entwicklung von Überschriften • Überprüfung der Zuordnung • Gewichtung mit Klebepunkten Auswertung: Auszählen und einordnen	***4 Klebepunkte pro TeilnehmerIn Setzen auf UNTERPUNKTE geballt oder verteilt*** ***Zahlen (Kärtchen) und Kurzkommentar zur Einschätzung durch uns***	• Karten • Klebepunkte • Pinnwände • Tesafilm • Karten für Überschriften • Zahlenkarten
	KAFFEEPAUSE		
Fantasiephase	Absicht und Regeln der Fantasiephase	Motto/Intention: Jochen Regeln/Schritte: Wilfried	Plakate mit den Regeln
Positive Umformung	Beliebige (persönlich relevante Punkte der Kritik) werden positiv umgeformt	TeilnehmerInnen ordnen direkt zu ***Bewertung der Ergebnisse aus der Moderatorensicht, z. B.:*** • Wird „Kurs“ gehalten? • Nimmt man die eigene Arbeit ernst? • Wo sind evtl. bemerkenswerte Verschiebungen?	• Karten • Stifte • Tesa
	PAUSE		
Brainstorming	Spontane Weiterführung der positiven Umformung	***Bedeutung hervorheben:*** Das B. ermöglicht Assoziationsketten, die sich aufeinander beziehen! Mitschrift durch die Moderatoren	• Karten • Stifte • Fußboden
	ERSTE MÖGLICHKEIT ZUM ENDE DES ERSTEN TAGES		
Systematisierung und Bewertung des Brainstorming	Die TeilnehmerInnen ordnen ihre Einfälle, sie bilden Überschriften und überprüfen die Zuordnung	Klebepunkte dieses Mal (2 pro Teilnehmer) nur auf die Überschriften Begründung für die TeilnehmerInnen: Langsame Zuspitzung auf besonders relevante Bereiche als Orientierung für die Weiterarbeit in Gruppen	• Karten • Überschriftskarten • Pinnwände • Klebepunkte
	ZWEITE MÖGLICHKEIT ZUM ENDE DES ERSTEN TAGES		
Gruppenbildung	Orientierung der TeilnehmerInnen auf Aspekte der Utopie Ausformung der utopischen Entwürfe in Gruppen	Hilfe bei der Gruppenfindung Materialien erläutern Räume zuweisen Zeitvorgabe	Materialien für die utopischen Entwürfe
Einstimmung	Geistig und körperlich frei werden Anknüpfung an gestern Erwartungen an die Gruppenarbeit	• Sinnlich erfahrbare Präsentationen! • Kreativ sein! • Medien und Materialien nutzen! • Rückverweis auf Schritte der Fantasiephase!	Meditation, Entspannungsübung evtl. auch durch TeilnehmerIn!

Abb.: T-3b

Die Zielperspektiven und Spielregeln strukturieren dabei das Vorgehen. Erfahrungsgemäß kommt in dieser Phase den Moderatoren wieder eine sehr wichtige Aufgabe zu. Es geht darum, den Gruppen bei ihren Übergängen in die „schnöde Wirklichkeit“ methodische Hilfen zur Fixierung der Ergebnisse und Perspektiven anzubieten, im Gespräch der Werkstatt-Beteiligten gesponnene Fäden der Realisierung zusammenzuführen und – besonders wichtig – die Sicherung der Ergebnisse, z. B. als Wandzeitungen, Mind Maps oder in anderer Form sicherzustellen.

3. Welche Werkstücke lassen sich in einer Zukunftswerkstatt bearbeiten, welche Handwerker sind zu gebrauchen ?

Weiter oben wurde bereits die Bedeutung der Themenwahl für den Erfolg einer Zukunftswerkstatt hervorgehoben. Grundsätzlich sollte ein Themenvorschlag natürlich zunächst einmal auf vermutete – besser noch bekannte – Problem- bzw. Interessenlagen der potenziellen Teilnehmer gezielt sein. Dabei ist die subjektive Komponente (Problemwahrnehmung der Beteiligten) wichtiger als tatsächliche Gegebenheiten, jedenfalls solange es lediglich darum geht, für eine bevorstehende Werkstatt „Appetit zu machen“. Die Frageform hat sich in unserer Praxis als die geeignete Ausdrucksweise erwiesen, wichtig ist bei der Formulierung auf Ergebnisoffenheit und darauf zu achten, dass die Fragestellung keine Einengungen des angesprochenen Themenfeldes beinhaltet, um nicht bereits vor Beginn der Arbeit bestimmte Aspekte der Thematik auszublenden. Mit unserer Werkstattplanung für einen Kreis von Berufsschullehrkräften (◁ Abb. T-3b) zielten wir beispielsweise auf den Bereich des Umweltlernens in der Berufsausbildung und luden unter der Überschrift „Umweltlernen in Ausbildung und Praxis der LehrerInnen – ein didaktisch/methodisches Problem oder mehr?“ ein.

Unsere praktischen Erfahrungen mit der Durchführung fußen durchweg im Bereich der Berufsschule, innerhalb dieses Bereiches haben wir aber mit sehr verschiedenen Gruppen gearbeitet. Auszubildende Gas- und Wasserinstallateure arbeiteten in einer „Zukunftswerkstatt Versorgungstechnik“ (siehe oben, der Ausruf eines Teilnehmers!), auszubildende Tischler fragten sich „Tischlerwerkstoffe statt Gefahrstoffe?“, diverse Gruppen von Referendaren und Kollegien

Gruppenarbeit	Konkrete Ausformung von utopischen Entwürfen	• Hilfestellung • Materialzulieferung • Auf die Einhaltung der Zeitvorgaben achten	Material für die Gruppenarbeit
	KAFFEEPAUSE		
Präsentation		• Sammeln • Für Aufmerksamkeit sorgen	Gruppenergebnisse
	MITTAGSPAUSE		
Realisierungsphase I Strukturierung	• Erfassen der Regeln der Realisierungsphase • Ableitung von Anknüpfungspunkten für Realisierungschritte • Sammlung der Anknüpfungspunkte • Gruppenbildung • Zuteilung der Anknüpfungspunkte zu Gruppen	Bedeutung der R. hervorheben Als Schwierigkeit identifizieren, dass die TeilnehmerInnen keine/geringe Arbeitszusammenhänge haben andererseits: Statusgruppen könnten jetzt (mehr) zusammenarbeiten?!	• Plakate • Wandzeitung • Pinnwände
Realisierungsphase II Gruppenarbeit	Erarbeitung von Ansätzen in den Gruppen	Wichtig: Aufgabe für alle Gruppen: Über die Präsentation der Zukunftswerkstatt im Forum nachdenken (evtl. Notizen dazu)! Auf die Leitfragen der R. und die Regeln orientieren! Zeitvorgabe!	Diverse Materialien, Moderatorenkoffer
	KAFFEEPAUSE (FLIESSENDER ÜBERGANG)		
Realisierungsphase III Präsentation	Vorstellung der Ergebnisse im Werkstattplenum	Diskussion jetzt erwünscht aber: Regeln der R. sind gesetzt und: Regeln der Kritikphasen (Keine Monologe, keine Killerphrasen) gelten weiter!	Gruppenergebnisse
Realisierungsphase IV	Vorbereitung der Darstellung der Ergebnisse der Werkstatt in der anschließenden Präsentation, Festlegen von Rollen und Verantwortlichkeiten	***Vorschlag:*** Gestaltung einer Ausstellung mit den Ergebnissen aus allen Arbeitsphasen!	sämtliche Ergebnisse
	ENDE EINER ZUKUNFTSWERKSTATT		

Abb. T-3c *Beispiel einer Werkstattvorplanung durch die Moderatoren* verschiedener Berufsschulen untersuchten die Frage „Berufsschule der Zukunft – gestalten?!". Bis heute haben wir keine Erfahrung gemacht, die es nahelegen würde, bestimmte Gruppen oder Idealtypen von Einzelpersonen tunlichst nicht im Rahmen einer Zukunftswerkstatt an offenen Fragen werkeln zu lassen. Die Arbeitsprozesse waren immer wieder spannend und intensiv, Ergebnisse haben Perspektivwechsel, Veränderung und vielfach konkrete Weiterarbeit nach Ende der Werkstätten bewirkt.

4. Welches Werkstattwissen sollte man haben? – Kleine Sammlung von Handwerkertipps aus der Praxis

Natürlich gibt es nichts Gutes – außer man tut es, soll heißen: Dieses Kapitel kann für die Durchführung der ersten eigenen Zukunftswerkstatt im Prinzip nur eine grobe Orientierung geben, was formale Struktur, Regelwerk und Randbedingungen angeht; vielleicht aber doch noch ein wenig mehr: Geschrieben wurde es nämlich, um Appetit zu machen das „Methodenbündel Zukunftswerkstatt" in der eigenen Praxis einzusetzen und – was überaus wichig ist – dabei mit eigenen Noten, Schwerpunkten und methodischen Varianten zu versehen.

Zum Abschluss eine kleine Liste von Tipps die allen Interessierten den Einstieg erleichtern soll:

- Moderatoren einer Zukunftswerkstatt sollten offensiv und zugleich zurückhaltend, freundlich zuvorkommend und zugleich quälend insistierend, lässig zurückgelehnt und zugleich gestrafft reaktionsbereit sein – je nachdem welche Schritte auf welchen Wegen die Werkerinnen und Werker gerade gehen. Entscheidend ist in jedem Fall: Die Beteiligten beschreiten die Wege, die Moderatoren machen lediglich (aber das so wach, wie irgend möglich!) ihrem Namen alle Ehre!
- Moderatoren einer Zukunftswerkstatt sind die Hüter der (Spiel-) Regeln und lassen sich dabei nicht beirren!
- Eine gut sortierte Ausrüstung mit Moderationsmaterial sowie Medien und Hilfsmittel zur Visualisierung der Ergebnisse aller Arbeitsphasen ist unabdingbar!

Abb.: T-4

- Besonders für den Anfang kann es sehr hilfreich sein, den Ablauf einer bevorstehenden Zukunftswerkstatt auch schriftlich zu planen, vielleicht in Anlehnung an unser Beispiel.
- Wenn möglich, sollte eine Zukunftswerkstatt für die Teilnehmerinnen und Teilnehmer ein räumliches und soziales „Time Out" darstellen. Entfernt vom Alltäglichen läßt sich gleich wesentlich besser werkeln. Deshalb eignen sich mehrtägige Kurse und Seminare besonders für eine Zukunftswerkstatt.
- Angenehme Umgebung, gemeinsames Essen und Trinken, Pausen, integrierte Entspannungsübungen und was einem an angenehmen Dingen noch alles einfällt, befördern sehr das Arbeitsvermögen und die Arbeitsbereitschaft der Werkerinnen und Werker!

Unsere Zukunftswerkstätten waren immer Veranstaltungen mit intensiver Kommunikation, Diskussion und kreativer Entfaltung, häufig mit beeindruckenden Ergebnissen, und fast immer auch mit sehr viel Spaß und Freude verbunden. Vielleicht gibt die nebenstehend Fotocollage einen kleinen Eindruck davon (◁ Abb. T-4). Also – viel Spaß und Erfolg bei Ihrer ersten eigenen Werkstatt!

WK

Multimedia-User:

Mit Kopfhörer Wirtschaftsenglisch lernen

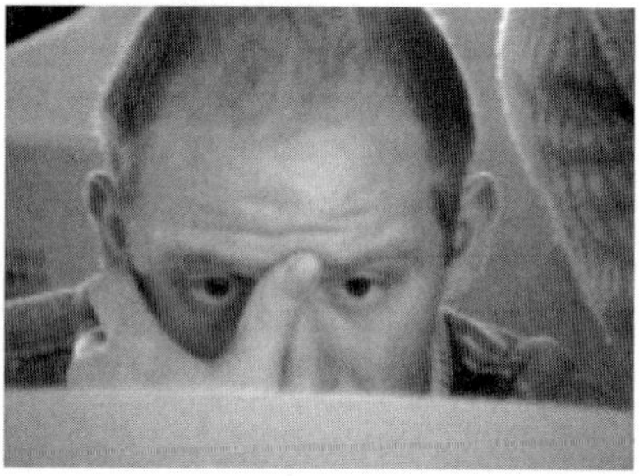

Konzentriertes Arbeiten

Gemeinsames Arbeiten trotz eigenem PC

Auch Multimediaanwendungen ersetzen das Lernen nicht.

Abb.: U-1

Mit freundlicher Unterstützung der Teilnehmer/-innen des Kurses
Projektmanager: Schwerpunkt Onlinemarketing,
Bad Sooden-Allendorf 1998

U. Multimedia und computergestütztes Lernen

1. Was ist Multimedia?

Die Kombination aus unterschiedlichen Medien (Grafik, Audio, Video, Text, Animation) wird gemeinhin mit dem Begriff Multimedia bezeichnet (◁ Abb. U-1). Multimedia als Lernangebot:

- Als mediales Angebot transportieren Multimediaprodukte zu kommunizierende Botschaften, die mit einer bestimmten Absicht von den Entwicklern codiert und strukturiert wurden.
- Diese sind vom Anwender als bedeutungsvolle Informationen wahrzunehmen und zu verarbeiten.
- Die Informationsverarbeitung wird jeweils beeinflusst durch Lernervariablen (Vorerfahrungen, Zielsetzungen etc.), Situationsvariablen (individuelles Lernen, Lernen in der Gruppe), materiale Merkmale der beteiligten Medien (Film, Ton, Bild …) und die Codierung und Struktur der Botschaft.
- Auf dieser Basis werden folgende kognitiven und motivationalen Aspekte wichtig: Einwirkungsmöglichkeiten auf und Herausforderungen durch das Programm, Anregung der Fantasie, Erzeugung von Neugier durch einen optimalen Grad an Komplexität des Informations- und Handlungsangebotes und die Integration von Elementen, die aus der bisherigen Wahnehmung bekannt sind und/oder an vorangegangene Erfahrungen anknüpfen.

2. Vorurteile gegenüber Multimediaanwendungen

Multimediaprogramme (MM) haben sich in der schulischen oder beruflichen Aus- und Weiterbildung längst noch nicht durchgesetzt. Skeptiker verweisen

Vorurteile gegenüber Multimedia

Vorurteil 1

Multimedia spricht mehrere Sinneskanäle an, ist dadurch automatisch interessanter und fördert so das Behalten von Lerninhalten.

Vorurteil 2

Die Kombination aus Grafik, Ton, Film und Text ist abwechslungsreicher als herkömmliche Unterrichtsmedien und wirkt sich deshalb motivierend aus.

Vorurteil 3

Die Möglichkeiten der Einflussnahme auf die Programmsteuerung aktiviert den Lernenden.

Vorurteil 4

Es werden mehr Informationen/ Inhalte vermittelt, da die Datenbasis komplexer und zugänglicher als bei herkömmlichen Lernmedien ist.

Vorurteil 5

Multimediaprodukte stellen die zeitgemäße Form der Wissensvermittlung dar.

Abb.: U-2

häufig mit einer deutlichen Distanz zu Neuen Technologien allgemein auf mögliche Nachteile für den Lernprozess. Gleichzeitig gelten MM als zu unflexibel und in der Entwicklung als zu zeit- und kostenintensiv. Das Internet wird als **das** Transportmittel für leicht zu aktualisierende Informationen und Konzepte favorisiert. Einige häufig in der Diskussion um Multimediaanwendungen geäußerten Vorurteile (Vorteile?) sollen hier diskutiert werden (◁ Abb. U-2).

3. Behalten durch Bilder

In der Diskussion um die Frage, ob Bilder das Behalten fördern, sind folgende Aspekte von Bedeutung:

- Bilder und bildhafte Vorstellungen hinterlassen eine reichhaltigere Gedächtnisspur als Wörter.
- Man vermutet, dass ein Bild als „Einheit" im Arbeitsgedächtnis holistisch (= ganzheitlich) repräsentiert werden und deshalb auch als Einheit verarbeitet werden kann.
- Auf die Elemente eines derartigen Bildes könne simultan zugegriffen werden, während verbale Repräsentationen sequentiell gespeichert und auch nur so wieder abgerufen werden können.

Aus der gut belegten Erforschung der positiven Wirkungen von Illustrationen auf das Behalten können folgende Erkenntnisse verwendet werden:

- Verbale und bildhafte Repräsentationen werden aufeinander bezogen und integriert (referential connections). Hieraus folgt ein Behaltensvorteil aufgrund der multicodal (durch mehrere Darstellungscodes) präsentierten Informationen besonders nach längeren Behaltensintervallen.
- Es ist weniger ausschlaggebend, welche Sinnes-Eingangskanäle für den Lernenden zur Verfügung gestellt werden. Die Frage, zu welchem Lerntyp jemand gehört, ist häufig nicht eindeutig zu entscheiden und stark von der Selbsteinschätzung des Lernenden abhängig (☞ E. Lernformen und Arbeitsmethoden). Multimediaangebote können vielfältige und auswählbare Angebote für die Repräsentation von Informationsangeboten machen. Innerhalb von Multimediaprodukten als Lernmedien kann also grundsätzlich, aber nicht zwangsläufig, mit einer Steigerung des Behaltens gerechnet werden. Zusätzliche Möglichkeiten ergeben sich aus der erhöhten Stimulierung der mentalen Multicodierung durch die unterschiedlichen Präsentationen des Lerngegenstandes, die das Behalten steigern können.

Funktionen interaktiven Lernens

1. Multimediaanwendungen können bei entsprechendem Informations- und Steuerungsangebot als zielgerichtetes, *individuelleres Lernmedium* wirken, die den Interessen und Fragestellungen der Nutzer entsprechen (*Individualisierung des Lernens*).

2. Durch die aktive Einbindung des Lernenden in das Lerngeschehen kann das interaktive Lernen als *motiviertes Lernen* wirken.

3. Das *Problembewusstsein* kann *geschärft* werden, wenn argumentativ strukturierte Dialoge zur Verfügung stehen (Argument - Gegenargument).

4. *Konstruktives Lernen* kann entwickelt werden, wenn die Problemlösungen Alternativen anbieten.

5. Durch die vielfältigen Aufbereitungsmöglichkeiten, die weit über die von Arbeitsblättern und Fallbeispielen hinausgehen, kann *kontextgebundenes Lernen* gefördert werden.

6. Der potenziell größere Umfang an Informationen und umfangreichere Interaktionsmöglichkeiten können die *kognitive Flexiblität* fordern und fördern.

Abb.: U-3

4. Abwechslung motiviert

Der Zusammenhang zwischen der Aufbereitung eines medialen Lernangebotes und Aspekten der Lernmotivation sind bisher wenig erforscht. Bekannt ist allerdings ein **Neuigkeitseffekt**, der regelmäßig zu Lernvorteilen führt, wenn Lernende mit neuen Lernmedien konfrontiert werden. Dies hängt weniger von der Neuigkeit des Mediums als von der ungewohnten Weise der Präsentation ab. Nach längerer Beschäftigung mit dem medialen Angebot verschwindet dieser Effekt allerdings wieder (◁ Abb. U-3).

Bedeutsam sind in diesem Zusammenhang weiterhin:

- Neue Medien werden von den Lernenden und Lehrenden als „leicht“ empfunden. Dies gilt für Fernsehen, Rundfunk und auch für Multimediaanwendungen (**Unterschätzungsthese**).
- Untersuchungen zum Lernen mit Büchern haben ergeben, dass bei dieser Art zu lernen in höherem Maße Folgerungen gebildet wurden, die über das unmittelbar Repräsentierte hinausgingen.
- Als hemmend wirkt sich bei medialen Lernangeboten ein Überangebot an Reizen, z. B. gleichzeitige Reize (Bilder und Text, Spezialeffekte) aus, die kaum noch „Leerstellen“ für Ergänzungen durch den Rezipienten lassen. Hier spricht man von einer „automatischen Enkodierung“ (**Hemmungsthese**).
- Kennzeichnend für Interesse ist die intensive Beschäftigung mit dem Lerngegenstand, der als befriedigend erlebt wird und auf Grund dessen eine komplexe Wissensstruktur herausgebildet werden kann. Hierfür konstituierend ist die intensive Ausrichtung auf das Lernmaterial. Bildmerkmale wie Farbe und Größe, emotionale Inhalte und Überraschungen sind besonders gut geeignet, Aufmerksamkeit zu wecken.

Insbesondere die **Hemmungsthese** impliziert bei der Betrachtung von Fernsehzuschauern ein geringes Maß an Interaktivität. Andere Beobachtungen sind bei Instruktionen per interaktivem Video zu machen. Dies deckt sich mit dem schnell nachlassenden Interesse an CD-Produktionen, die hauptsächlich linear aufgebaut sind und kaum Möglichkeiten der Festlegung selbstbestimmter Verzweigungen lassen.

Eine positive Perspektive für den Einsatz von Multimediaprodukten ergibt sich erst, wenn die grundsätzlich Aufmerksamkeit begünstigende Aufbereitung des Lehrinhaltes ergänzt wird: mit einer dem Inhalt und dem Umfang angemessenen Komplexität der Sachverhalte und geeigneter Formen der Interaktivität. Zur Unterstützung eines instruktionalen Methodenansatzes zur Erarbeitung komplexer Lehrinhalte sind multimedial aufbereitete Informationen besonders gut geeignet. So können komplexe Situationen authentisch, realitätsnah und mit einem Angebot an unterschiedlichen Perspektiven, Kontexten und auf unterschiedlichen Abstraktionsniveaus dargestellt werden.

Zunehmende Interaktivität in Multimediaprogrammen

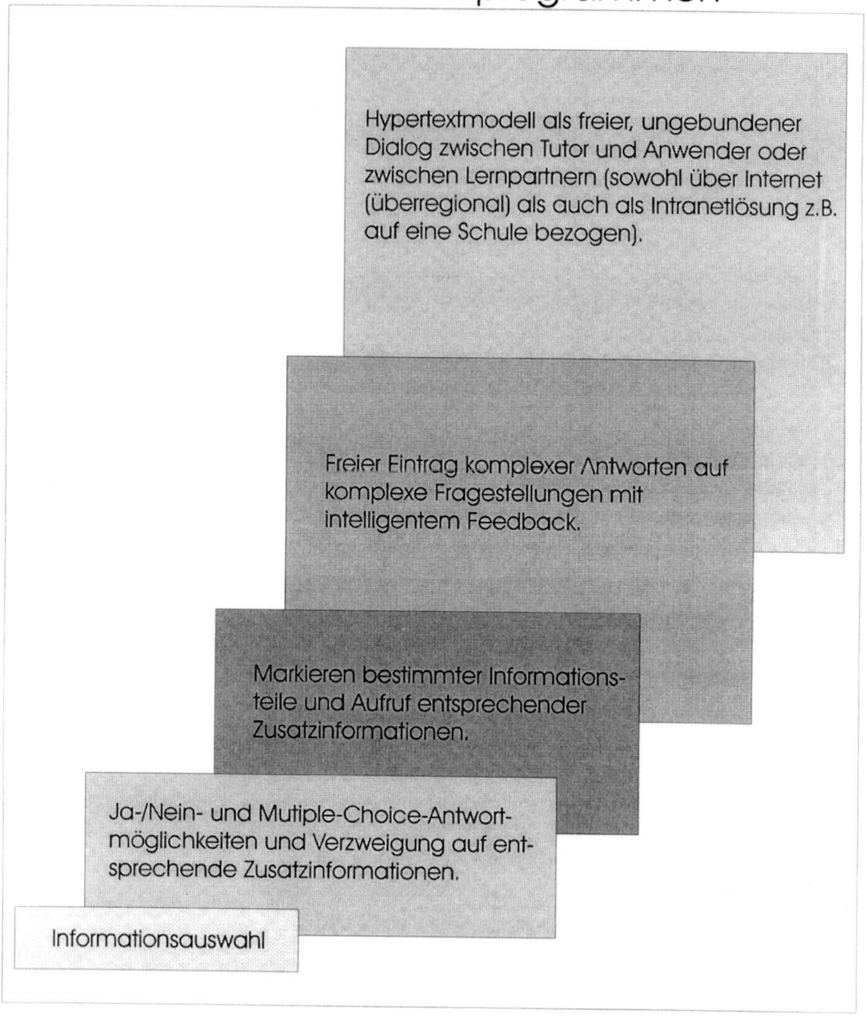

Abb.: U-4

Auf diese Weise können unterschiedliche Arbeits-, Denk- und Lernansätze der Anwender/-innen integriert werden, Interesse geschaffen und die Entwicklung mentaler Modelle und anwendbaren Wissens begünstigt werden.

5. Multimedia aktiviert

Es gehört zum Erfahrungshintergrund eines jeden EDV-Trainers, dass sich Kursteilnehmer schon nach kurzer Zeit wie „Kaninchen gegenüber der Schlange" verhalten. PCs konzentrieren anscheinend die Aufmerksamkeit. Inwieweit sich die hiermit einhergehende Aktivierung in Form der Auseinandersetzung mit dem Medium (PC bzw. Programm) positiv auf die Entwicklung von selbstdeterminierten und flexiblen Wissens- und Handlungsstrukturen auswirkt, ist hiermit längst noch nicht gesagt. Umfangreicher ist das Angebot an möglichen Aktivitäten in Multimedianwendungen in der Regel aber schon (◁ Abb. U-4). Insbesondere die Möglichkeit und Notwendigkeit zur selbstgesteuerten Erarbeitung von Inhalten stellen eine Erweiterung von Lernstrategien dar.

6. Multimedia bietet höhere Komplexität

Allein die Grundstruktur des medialen Lehrangebotes und die Navigationsmöglichkeiten in einem Multimediaprogramm entscheiden darüber, ob die technisch sehr wohl zur Verfügung stehenden größeren Möglichkeiten, umfangreiche Datenmengen zu speichern und auf Abruf zur Verfügung zu stellen, auch genutzt werden können.

7. Multimedia als zeitgemäße und zukunftsweisende Lernform

Allein die Beteiligung eines PCs am **Lern**prozess begründet noch nicht diese Aussage. Das technische Medium ist lediglich Transportmittel und irrelevant für den Lernprozess selbst. Zwar kann der routinierte Umgang mit neuen Technologien sehr wohl als zukunftsweisende Schlüsselqualifikation verstanden werden,

Entscheidungskriterien für computergestütztes Lernen

Stehen den Benutzern adäquate Strategien zur Systemsteuerung zur Verfügung?

Entspricht das Alter und der kognitive Entwicklungsstand den Auswahl- und Steuerungsmöglichkeiten?

Stehen den Benutzern adäquate Strategien zur Systemsteuerung zur Verfügung?

Schätzen die Nutzer das Verhältnis von Aufwand und Nutzen der Arbeit als positiv ein?

Sind Grafik, Ton und interaktive Elemente so gestaltet und strukturiert, dass sowohl eine Unter- wie auch Überforderung unwahrscheinlich ist?

Passen die kognitiven Stile und Lerngewohnheiten zu den Programmangeboten? Andernfalls wirken Multimediaprogramme als frustrierend, demotivierend und werden als ineffizient empfunden.

Wie wird einer kognitiven Überlastung vorgebeugt? D. h.: Wie wird gewährleistet, dass ich mich erinnere, an welchem Auswahlknoten zur weiteren Verzweigung ich bereits gewesen bin und welche Inhalte noch aufgesucht werden sollten? Bei ungenügender Lösung dieses Problems kann es aufgrund der hohen Anforderungen an die Gedächniskapazität, Aufmerksamkeit und Fähigkeiten der metakognitiven Kontrolle durch das System zur Verhinderung einer tieferen Informationsverarbeitung kommen.

Abb.: U-5

die Bedeutung von Struktur-, Strategie- und Methodenentscheidungen der Lehrmedien bleibt hiervon aber weitgehend unberührt. Außerdem können Lernprozesse hier nur eingeleitet werden, wenn Vorerfahrungen zur Nutzung der Multimediaanwendungen bereits vorhanden sind.

8. Multimedia und Internet

Die Integration multimedialer Techniken in Internetangebote schreitet stetig voran. Recht begrenzt sind aber immer noch die Übertragungsgeschwindigkeiten z. B. von Filmsequenzen. Auch die Interaktivität von Internetangeboten hält sich oft in Grenzen, lässt man die Verzweigung zu weiteren Internetseiten über sog. **Hypertextverknüpfung** einmal unberücksichtigt. Besonders im Internet stellt sich die Strukturkomplexität der Angebote als ausgesprochenes Problem dar. „Lost in hyperspace" – der Verlust der Orientierung und des ursprünglichen Zielpunktes der Arbeit – ist oft die Folge.
Neue Perspektiven werden allerdings mit den erweiterten Möglichkeiten des Online-Lernens geboten: Virtuelle Klassenräume, Video-Conferencing, Vorgabe von strukturierten inhaltlichen Angeboten, deren Erschließung über Hypertext von der Auswahl des/der Anwender/-in oder Aushandlungsprozessen in Anwendergruppen abhängt, bieten erweiterte Möglichkeiten der erfolgreichen Umsetzung auch didaktisch fundierter Konzepte.

9. Entscheidungskriterien für computergestütztes Lernen?

Eine tragfähige Alternative zur aufwendigen Suche nach geeigneten Multimediaangeboten gibt es für Unterrichtende m. E. kaum. Informationen aus einschlägigen Zeitschriften sammeln, mit Kollegen/-innen austauschen, Seminare zum Thema besuchen und dann die Programme selbst ausprobieren (◁ Abb. U-5). Aus den Prospekten der Verlage sind keine fundierten Beurteilungen und Entscheidungen über die Eignung zu treffen. Außerdem ist leider häufig festzustellen, dass gerade die etablierten Verlage Produkte anbieten, die lediglich Text vor einem grafischen Hintergrund darbieten und äußerst begrenzte Interaktionsmöglichkeiten bieten. Umfangreiche Vorarbeiten sollten von Lehrenden und Entwicklern gemeinsam geleistet werden, um die derzeitigen Schwächen in der Produktpalette abzustellen.
TM

ICH GLAUBE, ICH BIN FÜR DIESES SEMINAR SCHON ZU ALT!
Warum gerade ich ???
Warum tut man mir so etwas an?
Mein Chef hätte ja auch Frau Molch-Möndersheim schicken können!
Die anderen sehen alle viel intelligenter aus!
Gruppenarbeit liegt mir eigentlich auch nicht!
Wann ist das denn zu Ende?
Hoffentlich nimmt der mich nicht dran!
Nach der Mittagspause bin ich nicht mehr da!
Der Kaffee war auch schon ganz mies!

Abb.: V-1

V. Arbeitsdisziplin und Verlässlichkeit

1. Ursachen für Störungen und Reaktionsmöglichkeiten
2. Einhaltung der Zeiten
3. Produktive Verarbeitung von Störungen
4. Verlässlichkeit im Leitungsteam

Alle Lern- und Arbeitsformen setzen ein Mindestmaß an Disziplin und Verlässlichkeit voraus. Zu einem diszipliniertem Sozialverhalten gehört die Einhaltung

- der allgemeinen Kommunikationsregeln
  (ausreden lassen, nicht ungeregelt stören etc.)
- vereinbarter Termine und Zeiten
  (Unpünktlichkeit ist Zeitraub bei den Pünktlichen)
- gemeinsam aufgestellter Regeln oder Hausordnungen
  (z. B. „kein Rauch in Arbeitsräumen")
- von Spiel- und Verhaltensregeln während bestimmter Arbeitsphasen
  (z. B. von Regeln für Kreativphasen, ☞ O. Kreativitätstraining)

Teilnehmer an Seminaren und Kursen sind im Allgemeinen motiviert und gehen relativ diszipliniert in solche Veranstaltungen hinein. Es ist jedoch zweckmäßig, nicht zu hohe Erwartungen an das Verhalten der Teilnehmerinnen und Teilnehmer zu stellen, denn es können Störungen der Arbeitsdisziplin durch verschiedene Einflüsse verursacht werden.

1. Ursachen für Störungen und Reaktionsmöglichkeiten

a) Die Mehrzahl der Teilnehmerinnen und Teilnehmer kommt mit bestimmten Erwartungen, die von der Kursleitung nicht abzusehen waren und die bei der Planung der Veranstaltung nicht berücksichtigt wurden. Die Erwartungshaltung wird enttäuscht, diese Teilnehmerinnen und Teilnehmer wollen das Programm so nicht akzeptieren, und sie äußern ihren Unmut verbal *(„Was soll ich hier überhaupt?")* oder nonverbal *(abweisende Miene, passives Verhalten, demonstrative Nichtbeteiligung)*. Ähnliche Reaktionen können auftreten, wenn die Teilnehmerinnen und Teilnehmer nicht freiwillig anwesend sind, sondern zur Teilnahme an der Veranstaltung „vergattert" wurden (◁ Abb.V-1).

Meine Damen und Herren,
wenn Sie zur Teilnahme an dieser Veranstaltung verpflichtet wurden und nicht freiwillig hier sind, möchte ich nicht mit Ihnen arbeiten.
Ich mache jetzt sofort eine Pause von 5 Minuten.
Anschließend beginnt eine Veranstaltung zum gleichen Thema auf freiwilliger Basis. Dazu sind Sie herzlich eingeladen!

Abb.: V-2

Das Neueste von mir

Mein Name ist Loni Kaltenberger aus Wetzlingen

Ich bin schon zum 3. Mal in diesem Haus.
Das Käse-Büfett hier ist einfach Spitze!

Wisst Ihr schon, dass unsere Kollegin Ellen aus Mutlangen
(war beim 2. Kurs als Teamerin dabei)
ganz süße Zwillinge bekommen hat?
(Janosch und Mirko)

Ich meine wir sollten am Freitag pünktlich um 14 Uhr Schluss machen. Ich und ein paar andere müssen noch über 100 km fahren!

Abb.: V-3

Da es sich in diesen Fällen um eine grundlegende Störung handelt, die Ablauf und Erfolg der ganzen Maßnahme infragestellt, ist ihr Vorrang einzuräumen. Nach einer kurzen Abstimmung im Leitungsteam ist es zunächst sinnvoll, die Interessen und Bedürfnisse der Unzufriedenheit zu erkunden (z. B. *per Kartenabfrage*, (☞ P. Referieren und Moderieren) und so weit wie möglich auf die Ansprüche und Anregungen einzugehen. Bei „dienstverpflichtenen" Teilnehmern empfiehlt G. Regenthal, die unfreiwillig Anwesenden von der weiteren Teilnahme freizustellen (◁ Abb. V-2). Sind es nur vereinzelte Teilnehmerinnen und Teilnehmer, bei denen eine entsprechende Störung auftritt, so sollte sich ein Mitglied des Leitungsteams die Zeit für ein persönliches Gespräch nehmen.

b) Häufig kommen Menschen auf Kurs- und Seminarveranstaltungen zusammen, die sich von früher her kennen und die beim Wiedersehen ein großes Bedürfnis nach Informationsaustausch entwickeln. Das Mitteilungsbedürfnis kann Arbeitsphasen massiv stören, insbesondere wenn es auf die Aufmerksamkeit aller Anwesenden ankommt.
In diesem Fall ist es hilfreich, eine Kommunikationsphase für „Klatsch und Tratsch" einzuplanen und evtl. in die Vorstellung einzubauen. Eine Austauschmöglichkeit kann auch geschaffen werden, wenn nach dem Eintreffen jeder einen Vordruck „Das Neueste von mir" (◁ Abb. V-3) ausfüllt. Die gesammelten Bögen ergeben eine informative Wandzeitung, die vor oder im Tagungsraum ausgehängt wird.

c) Kurse dienen häufig der Vor- und Nachbereitung von besonderen Ereignissen: Vorbereitung von Prüfungen, Tests, Auslandsaufenthalten, Intensiv- oder Einarbeitungsphasen; Nachbereitung oder Auswertung von Abschlüssen, Test- oder Probeläufen, Versuchsphasen. In solche Fällen ist das Interesse nicht primär auf die Kursinhalte gerichtet, sondern es zentriert sich um diese besonderen Ereignisse und führt zur Ablenkung.
Steht das Ereignis bevor, ist eine nervöse Angespanntheit erkennbar, die zur Beeinträchtigung der Konzentration und Arbeitsfähigkeit führen kann. Durch psychohygienische Maßnahmen (z. B. *Konzentrations- und Entspannungsübungen*, ☞ W. Wellness und Entspannung) kann wirkungsvoll Abhilfe geschaffen werden.

Abb.: V-4

Selbst**D**isziplin-**S**ervice

Der SDS besteht an jedem Tag
aus drei wechselnden Teilnehmern des Kurses.

Der SDS

- sorgt für die Einhaltung der vereinbarten Zeiten.
- erinnert an Vereinbarungen und das Ende von Pausen.
- fordert säumige Teilnehmer freundlich zum Arbeitsbeginn auf.

Abb.: V-5

Ganz anders ist es, wenn die Teilnehmerinnen und Teilnehmer vor dem Kurs einer Belastungs- oder Stressphase ausgesetzt waren, die nun beendet ist. Dann dürfte das Bedürfnis nach gezielter Entlastung („*Sau raus lassen!*") groß sein. Für solche Stimmungen und Gemütslagen muss ein Ventil in der Kursplanung berücksichtigt werden. Meistens sind einige der Teilnehmerinnen und Teilnehmer selbst gern bereit, einen Abend zu gestalten und die Feier zu organisieren.

2. Einhaltung der Zeiten

Immer wieder erlebt man bei Kursen und Seminaren solche Situationen:

- *Zum vereinbarten Arbeitsbeginn befindet sich die Hälfte der Teilnehmerinnen und Teilnehmer noch plaudernd am Frühstücksbüfett.*
- *Die kurze Zigarettenpause wird von den Rauchern extensiv genutzt und nimmt kein Ende.*
- *Zwei Gruppen sind nach 45 Minuten immer noch nicht erschienen, obwohl für die Gruppenarbeit eine Frist von 30 Minuten vereinbart wurde.*

Werden die vorgesehenen Zeiten nicht eingehalten, so gerät das Seminarprogramm in Gefahr, und die Mitglieder des Leitungsteams stehen vor einem Dilemma: Unternehmen sie nichts, wird der Zeitmangel noch größer. Drängen sie zur Pünktlichkeit, geraten sie leicht in die Rolle von Antreibern. Die folgenden Vorschläge können dazu beitragen, dass die Zeiten eingehalten werden.

a) Kalkulieren Sie bei der Kursplanung nicht zu knapp. Gruppenarbeiten, Kreativphasen und ähnliche Arbeitsabschnitte dauern in der Regel 25 Prozent länger als ursprünglich veranschlagt.

b) Sorgen Sie für eine transparente Zeiteinteilung. Hängen Sie das Seminarprogramm mit zeitlicher Gliederung und Pausenzeiten aus.

c) Schreiben Sie vor jeder Pause den Beginn des nächsten Arbeitsabschnitts groß an, oder basteln Sie sich eine Pappuhr, auf der Sie die Zeit einstellen (◁ Abb. V-4, ☞ Abb. J-6).

d) Halten Sie selbst die Zeiten ein und beginnen Sie mit dem entsprechenden Programmpunkt, auch wenn noch nicht alle Teilnehmerinnen und Teilnehmer im Raum sind.

Es ist auch möglich, einen Selbstdisziplinservice „SDS" (◁ Abb. V-5) zu organisieren. Für jeden Seminartag werden drei Teilnehmerinnen und Teilnehmer bestimmt, die alle anderen freundlich zur Pünktlichkeit anhalten. Damit die Personen sich für den SDS schnell finden lassen, können vor Beginn der Veranstal-

Medizinmann

(oder "Medizinfrau"?)

* hilft systematisieren
* vermittelt und baut Brücken

Wadenbeißer/in

* sorgt für Beachtung der Regeln
* achtet auf Einhaltung der Zeiten

Schriftgelehrte/r

* protokolliert Ergebnisse
* skizziert Übersichten

Abb.: V-6

tung für jeden Tag drei Farbpunkte unter die Stühle im Seminarraum geklebt werden. Durch die Wahl ihres Sitzplatzes haben sich die entsprechenden Teilnehmer selbst dem SDS zugeordnet.
Damit Gruppenarbeit strukturiert und rechtzeitig beendet wird, kann für jede Gruppe eine Rollenverteilung per Kärtchen vorgenommen werden. Jede Gruppe erhält einen Satz mit drei Karten und verteilt die Rollen in der Gruppe (◁ Abb. V-6). Wer als „Wadenbeißer“ oder „Zeitnehmer“ bestimmt ist, sorgt dafür, dass die Zeiten eingehalten werden und die Gruppe wieder rechtzeitig zurückkehrt. Elektronische Kurzzeitwecker sind mittlerweile so preiswert zu haben, dass man jeder Gruppe auch ein solches Gerät mit der eingestellten Arbeitsfrist auf den Weg geben kann. Das Piepen erinnert unerbittlich an die Frist, kann aber auch Handy-Inhaber verunsichern.
Wenn das Tagungshaus über eine Lautsprecheranlage verfügt und andere (Gruppen, Gäste) dadurch nicht gestört werden, kann der jeweilige Arbeitsbeginn auch akustisch markiert werden, z. B. mit einem Hit oder einer markanten Klassik-Passage (z. B. *„Les Preludes“*, *„Zarathustra“*). Bestandteil einer Kurskonzeption kann auch die Selbstverpflichtung der Teilnehmer zum pünktlichen Erscheinen sein. Diese ist Teil eines Bündels von Verpflichtungen, welche die Teilnehmer zu Beginn mit der Kursleitung vereinbaren („Commitments“).

3. Produktive Verarbeitung von Störungen

Da Störungen, Verspätungen und Verweigerung sehr oft das Resultat von Unbehagen im Kurs oder in der Gruppe sind, sollte dafür gesorgt werden, dass die betroffenen Teilnehmerinnen und Teilnehmer dies rechtzeitig äußern können. Dazu gibt es mehrere Möglichkeiten:
Störungen zwischendurch können kanalisiert werden, wenn das **„Blitzlicht“** eingeführt ist. Aus der „Themenzentrierten Interaktion“ (TZI) stammt diese Regel, dass jeder, wenn er sich dazu veranlasst fühlt, eine Störung anmelden kann. Diese Störung hat dann Vorrang, ähnlich wie ein Antrag zur Geschäftsordnung in Sitzungen. Auf diese Weise kann jeder eine persönliche Rückmeldung über sich uns seine Verfassung geben (☞ M. Gruppenarbeit und Gruppenbildung: Blitzlicht-Regeln und TZI-Modell mit Interaktionsregeln).
Ähnlich kann zu Beginn der Veranstaltung die **„Performance“** vereinbart werden. Auch sie hat jederzeit Vorrang. Bei der Performance wird eine kleine „Vorstellung“ von max. einer Minute gegeben (z. B. *Handstand, Gedicht oder Pantomime*). Die Performance gibt den Teilnehmern die Möglichkeit, aktiv zu werden, spontane Befindlichkeiten auszudrücken und für Abwechslung zu sorgen.

Bitte um kurze Rückmeldung!

Markieren Sie mit einem Kreuz,
wie Sie mein Training empfunden haben.

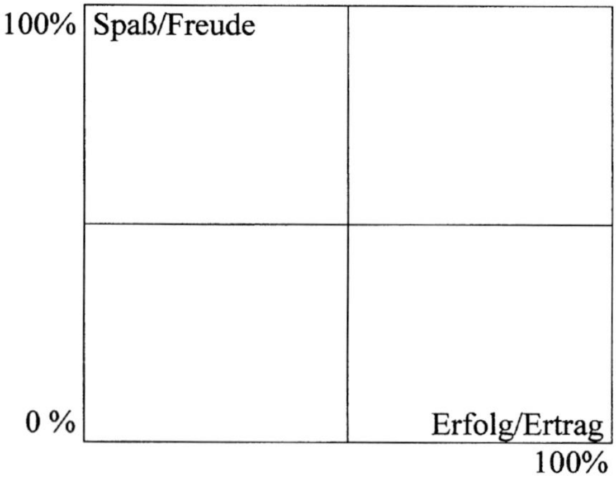

Abb.: V-7

Spielerisch lässt sich Wohlbefinden oder Unbehaglichkeit auch schnell herausfinden, wenn während einer Arbeitsphase ein Gegenstand, z. B. der Moderationskoffer, zum Symbol der inhaltlichen Arbeit erklärt wird. Die Teilnehmer werden dann aufgefordert, ihre Haltung und Befindlichkeit durch die Beziehung und Distanz zu diesem Gegenstand auszudrücken. Extreme Reaktionen wären in diesem Fall das Küssen des Koffers oder ein kräftiger Tritt dagegen.
Zum Abschluss von Arbeitsphasen können eine Beurteilung und die persönliche Befindlichkeit mit einem ausgehängten Bogen evaluiert werden (◁ Abb. V-7). Beim Verlassen des Raumes kreuzt jeder seine Wertung auf der entsprechenden Skala an. Häufig ist es schon entlastend, wenn auf eine dieser Arten Kritik geäußert werden kann. Darüber hinaus wird es dem Leitungsteam möglich gemacht, Probleme zu erkennen, Kritikpunkte aufzunehmen und angemessen darauf zu reagieren.

4. Verlässlichkeit im Leitungsteam

Bei der Planung und Durchführung von Kursen spielen ein diszipliniertes Verhalten und ein verlässlicher Arbeitsstil im Team eine wichtige Rolle (☞ D. Kursleitung und Seminarregie). Vereinbarungen und Absprachen untereinander müssen eingehalten werden, um die Kursdramaturgie (☞ C. Dramaturgie und Ablauf) insgesamt nicht infrage zu stellen. Abweichungen vom Programm oder vom Zeitplan sollten nur aus zwingenden Gründen und grundsätzlich erst nach Rücksprache im Leitungsteam vorgenommen werden. **HL**

Abb.: W-1

Vegetatives Nervensystem

Sympathikus

sorgt für Anspannung
und Leistungsbereitschaft

Parasympathikus

sorgt für Entspannung,
Ruhe und Regeneration

Beide Nervensysteme sollten im Gleichklang arbeiten

Ist der Sympathikus durch Stress, Hektik, Aufregung, Angst, Leistungsdruck etc. zu stark aktiviert, sorgen Entspannungs- und Lockerungsübungen für Ausgleich und Harmonisierung der Systeme.

Abb.: W-2

W. Wellness und Entspannung

1. Durch Entspannung zur Konzentration
2. Bewegen - lockern - loslassen
3. Phantasiereisen und kleine Meditationen
4. Musik zur Entspannung
5. Atmung und Stimme

Lernprozesse in Weiterbildungskursen und Seminaren müssen nicht nur thematisch-inhaltlich, sondern auch personen- und lerngruppenorientiert den passenden Rhythmus zwischen Entspannung und Spannung finden. Eine gute Dramaturgie des Kurs- und Seminarablaufes berücksichtigt dieses (☞ C. Dramaturgie und Ablauf).

Sich entspannen heißt, sich selbst – angeleitet – in einen körperlichen und geistigen Ruhezustand zu versetzen, um danach mit größerer Konzentration in den Lern- und Arbeitsphasen des Kurses präsent zu sein oder um abzuschalten, in den „Feierabend" zu gehen. Autogenes Training, Yoga und Meditation sind bekannte Entspannungsmethoden, die jedoch nicht in jedem Kurs und von jedem Leitungsteam eingesetzt werden können, da sie erlernt werden müssen (◁ Abb. W-1). Hingegen können kleinere Übungen zur Körper- und Muskelentspannung, angeleitete Phantasiereisen, Atem- und Stimmübungen, Einsatz von Musik relativ leicht in den Seminarablauf eingebracht werden. Die Teilnahme an solchen Übungen muss immer freiwillig bleiben. Erfahrungen zeigen, dass Teilnehmerinnen und Teilnehmer es in der Regel genießen können, während der täglichen Seminararbeit immer wieder zu kurzen Phasen körperlicher und mentaler Entspannung eingeladen und geführt zu werden, mit der sowohl beide Gehirnhälften wie auch beide Bereiche des vegetativen Nervensystems in Gleichklang oder zum Ausgleich gebracht werden können (◁ Abb. W-2). Wer Entspannungsübungen im Kurs anbieten will, sollte sich selbst sicher und vertraut in ihrem Ablauf fühlen, idealer Weise eine Schulung erfahren haben, mindestens aber die Übungen selbst ausprobiert und ihre Anleitung in Gruppen erprobt haben.

Im folgenden werden beispielhaft solche Übungen zur Lockerung und Entspannung dargestellt, die in dieser Form ohne besondere Schulung angeleitet werden können, weil sie keine unkontrollierten Reaktionen auslösen, die nur dann zu befürchten sind, wenn tiefere Bewusstseinsschichten angerührt werden. Sie kön-

Überanstrengung,

Stress,

Überforderungen

zeigen sich körperlich u. a. in:

⊗ flacher, gepresster, stockender, angehaltener Atmung

⊗ sich überschlagender, schriller oder gepresster Stimme

⊗ verhärteter Nacken- und Schultermuskulatur

⊗ hochgezogenen Schultern

⊗ verspannter Kinn- und Unterkieferpartie

⊗ zusammengekniffenen Augen

⊗ Kopfschmerzen

⊗ Müdigkeit

⊗ zu hohem Muskeltonus im Becken, Bauch, Gesäß sowie in den Beinen

Abb.: W-3

nen leicht in den Seminarablauf integriert werden und sind so ausgewählt, dass sie immer nur kurze Zeit in Anspruch nehmen (2–5 Minuten). Vorschläge für weitere kleine oder umfangreichere Entspannungsübungen finden sich in den Literaturhinweisen am Ende dieses Kapitels. Einige Übungen des Warming up (▷ K. Warming up und Einstimmung) eignen sich auch zur Entspannung im Kurs.

1. Durch Entspannung zur Konzentration

Sie können als Kursleiterin oder Kursleiter den Teilnehmerinnen und Teilnehmern Zugang zu dem Zustand wacher Entspannung ermöglichen, indem Sie aktivierende und entspannende Phasen in einen gut geplanten Rhythmus bringen. Stressforscher haben darauf hingewiesen, dass ein Zustand wacher Entspannung den thematisch-inhaltlichen Lernprozess wie auch die Fähigkeit zu kreativer Problemlösung begünstigt, die Wahrnehmungssensibilität für sich und andere stärkt und damit auch die Kommunikationsbereitschaft und -fähigkeit in der Gruppe begünstigt. Negative Anspannungen, Verspannungen und Stress drücken sich auch körperlich aus (◁ Abb. W-3).
Wenn sich der Lernende phasenweise körperlich, mental und affektiv entspannen kann (Intervallentspannung), dazu angeregt wird, negative Anspannungen an sich selbst wahrzunehmen und abzubauen, Störungen loszulassen, steigert sich seine Leistungsfähigkeit und Ausdauer, da Ermüdung weniger schnell einsetzt. Produktive und kreative Gehirnarbeit braucht den Zustand wacher Entspannung (☞ O. Kreativitätstraining). Durch Bewegung, Atmung und Musik können viele dieser körperlich aufgebauten Verspannungen wieder gelöst werden.
Es empfiehlt sich, nach einer 60 Minuten umfassenden Arbeitsphase, spätestens aber nach einem Arbeitsblock von 90 Minuten eine kurze Entspannungsphase von ca. 2–5 Min. einzulegen, um dann erfrischt an die thematisch-inhaltliche Arbeit zurückzukehren. Ein solcher Wechsel von Anspannung und Entspannung ermöglicht, immer wieder „Dampf abzulassen" und trägt so dazu bei, eine Atmosphäre von ganzheitlichem Wohlgefühl zu schaffen. Intervallentspannung ist als Verhalten erlernbar und auf betriebliche oder schulische Lern- und Arbeitsprozesse übertragbar, indem Teilnehmerinnen und Teilnehmer dazu befähigt werden, an sich selbst die aufgebauten negativen Spannung wahrzunehmen und abzubauen.

Abb.: W-4

Abb.: W-5

2. Bewegen – lockern – loslassen

a) *Samurai-Sprung (ca. 2 Min)*

Wenn wir uns geärgert haben über etwas oder jemanden, uns klein und unfähig fühlen oder angespannt und blockiert, so können wir diese Gefühle mit dem Samurai-Sprung auf „Ha" nach draußen lassen.

Wir suchen uns einen Platz im Raum, der es allen ermöglicht, mindestens die Arme ausstrecken zu können und nach vorne ca. 1,5 m Freiraum bietet. Die Füße stehen etwa zwei Fuß breit auseinander und finden festen Halt auf der Erde. Die Zehen sind leicht nach außen gerichtet. Wir winkeln die Arme locker an und gehen leicht in die Knie. Dann ballen wir alle Energie in uns zusammen und machen mit beiden Füßen zugleich einen kräftigen Sprung nach vorne. Beim Aufkommen lassen wir mit einem lauten, entschlossenen „Ha" alle Spannung und Energie zugleich mit der Luft heraus (◁ Abb. W-4).

Nach drei oder vier Samurai-Sprüngen gehen wir mit schlenkernden Armen, Beinen, gelockerten Schulter- und Nackenmuskeln eine halbe Minute aufrecht und gelöst durch dem Raum, vielleicht schauen wir uns dabei an, lächeln uns zu und nehmen dann unsere Arbeit wieder auf.

b) *Losschütteln (ca. 2 Min)*

Wir suchen uns einen Platz im Raum, der uns rundum ca. 1,5 m Freiraum bietet. Zu lebhafter Hintergrundmusik schütteln wir im ganzen Körper die Muskeln locker – Beine, Becken, Arme und Schultergürtel, Kopf und Nacken. Wir schütteln die Verspannungen los, lassen den Körper wie eine Rüttelmaschine vibrieren zur Musik (◁ Abb. W-5).

Wenn wir uns danach noch ein wenig weiter bewegen mögen, tanzen wir zur Musik durch den Raum.

c) *Feueratmung / Stoßausatmen (ca. 2 Min)*

Wir suchen uns einen Platz im Raum, der uns rundum ca. 1,5 m Bewegungsfreiheit bietet. Unsere Füße suchen festen Stand. Wir lenken unsere Aufmerksamkeit auf den Atem und atmen dreimal durch die Nase ruhig und tief in den Bauch ein und durch den Mund tief und hörbar aus. Dann heben wir beim vierten tiefen Einatmen mit dem Einfließen des Atems die Arme langsam hoch über den Kopf, der sich mit hebt und in den Nacken legt. Wenn wir mit Atem prall gefüllt sind wie ein Luftballon vorm Platzen, atmen wir mit einem Stoß alle Luft hörbar durch den Mund aus und unterstützen das stoßhafte Ausatmen damit, dass wir Arme, Kopf und Oberkörper nach vorne

Abb.: W-6

Abb.: W-7

fallen lassen, bis unsere Hände - fast - den Boden berühren. Dieses wiederholen wir ein zweites und drittes Mal. Wenn uns etwas geärgert oder angestrengt hat, können wir diesem ein Bild geben oder einen Ton und mit dem Stoß des Ausatmens nach draußen schicken.

3. Phantasiereisen und kleine Meditationen

Phantasiereisen können als Methode mentaler Entspannung ebenso zum Loslassen wie zum Einstimmen in neue Arbeitsphasen eingesetzt werden. Sie können negative Gefühle oder Stimmungen abbauen und Gelöstheit vermitteln, indem eine mit Alpha-Musik unterlegte Geschichte vorgelesen wird, die durch ihre ausgebreiteten Bilder oder Vorstellungen die Phantasie der Teilnehmer einlädt, mit zu reisen, die Realität zu verlassen und Teil der Geschichte zu werden bzw. sich in der Geschichte wiederzufinden (◁ Abb. W-6).
Die Teilnehmerinnen und Teilnehmer suchen entweder eine bequeme Sitzposition auf dem Stuhl oder eine entspannte Liegeposition (Rückenlage mit leicht angewinkelten Beinen) im Raum auf dem Fußboden. Die Augen sollten möglichst geschlossen werden. Die Phantasiereise kann von einer Tonkonserve vorgespielt oder von einem Mitglied des Leitungsteams zur Musik vorgelesen werden. Auch kleine Meditationen – mit sanfter Musik unterlegt oder ohne Begleitmusik - führen den Geist, das Denken aus ihren Verklammerungen heraus in die Weite, zum Loslassen.

a) Der Blick ins Leere (ca. 2 Min)

Wir suchen uns eine bequeme Sitzposition, lassen unseren Atem tiefer werden, fixieren mit den Augen einen Gegenstand im Raum oder durch das Fenster im Draußen und schauen durch ihn hindurch ins Leere (◁ Abb. W-7). Nach ca. einer Minute kehren wir mit unserer Aufmerksamkeit in den Raum, in die Gruppe zurück und lassen uns einen Moment Zeit zu fühlen, wie sich die Augen- und Mundpartie, der Nacken und Schultergürtel entspannt haben.

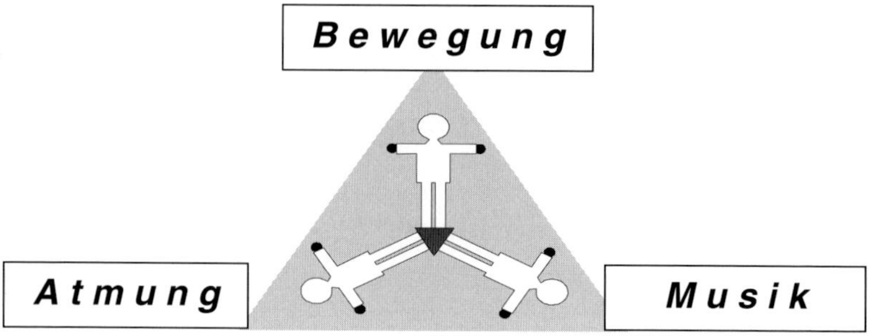

- ✓ *lösen mentale Spannungen beim einzelnen und in der Gruppe*
- ✓ *bieten ein Ventil für Aggressionen und Frust*
- ✓ *lockern Muskulatur und Stimmung*
- ✓ *heben den Energielevel*
- ✓ *bringen den Kreislauf in Schwung*
- ✓ *versorgen das Gehirn mit Sauerstoff*
- ✓ *führen aus der Enge des Denkens zu mehr Kreativität*

Abb.: W-8

b) Zentriert stehen (ca. 2 Min)

Im Hintergrund spielt sanfte, meditative Musik sehr leise. Mit ruhiger Stimme werden die Übungsteile angesagt:

„Wir suchen uns einen Platz, wo wir bequem stehen können, schließen unsere Augen und atmen tiefer, ruhiger in den Bauch. Ausatmend lassen wir Ärger und Anspannung los. (5 Sek. Pause)

Sagt euren Augen, dass sie sich in der Dunkelheit ausruhen dürfen. Lasst die Ohren für eine Weile die Arbeit der Augen übernehmen. (5 Sek. Pause)

Sagt jetzt euren Beinen, dass sie sich entspannen können. (10 Sek. Pause)

Sagt euren Knien, dass sie locker lassen.(10 Sek. Pause). Sagt dem Bauch, dass er loslässt. (10 Sek. Pause). Sagt der Brust, dass sie sich entspannt … (5 Sek. Pause) und sagt auch den Schultern, dass sie sich entspannen können. (10 Sek. Pause)

Jetzt lasst euren Körper sanft von einer Seite zur anderen pendeln, verlagert dabei euer Gewicht von einem Bein auf das andere. Lasst das Pendeln langsamer werden, bis ihr eine Position gefunden habt, in der ihr gut ausgependelt stehen könnt. (– Warten, bis jeder Teilnehmer diesen Punkt gefunden hat. –)

Jetzt stellt euch vor, dass ihr einen kleinen Körper in euch habt, den von außen keiner sehen kann. Pendelt auch diesen kleinen Körper in euch zwischen rechts und links aus, so dass er in der Mitte zur Ruhe kommt. Pendelt ihn auch zwischen vorne und hinten aus, so dass er ausbalanciert ist. (15 Sek. Pause)

Jetzt konzentriert euch auf euer Bewusstsein und stellt euch vor, dass es langsam hinabsinkt in euer Zentrum, jene Stelle kurz unter dem Nabel, die auch das Sonnengeflecht heißt. (10 Sek.) Genießt das Gefühl, was jetzt entstanden ist, ausbalanciert, entspannt, zentriert.

Macht euch klar, dass ihr dieses Empfinden jederzeit wieder erreichen könnt, wenn ihr euch entspannt und in Übereinstimmung mit euch fühlen wollt (10 Sek. Pause) und kommt jetzt langsam mit eurer Aufmerksamkeit in die Gruppe zurück.“ (⊲ Abb. W-8)

4. Musik zur Entspannung

Musik beeinflusst unsere Pulsfrequenz, den Herzschlag und Atemrhythmus. Das wissen z. B. Techno-Fans, die ihre Musik so intensiv als Aufputschmittel konsumieren können, dass sie rauschartige Zustände erreichen. Diesen Einfluss erreicht die Musik auf uns über Lautstärke, Tempo, Rhythmus, Klangfarbe und -fülle, die Art der Instrumentierung etc. Wir verbinden subjektive Erfahrungen und Erinnerungen oft mit Musiktiteln, können uns mit Hilfe von Musik in verschiedene Stimmungen versetzen, bzw. diese verstärken oder abmildern. Soll Musik Ent-

Krowatschek: **Mit dem Zauberteppich unterwegs** (Fantasiereisen zum Entspannen und Mandalas zum Ausmalen, Buch und CD-Set), AOL Nr. A 106

Entspannungsmusik „**mentalis**“ (CDs: Meer, Classic, Garten der Stille) AOL Nr. V 660-662)

Wagner, H.: **VIOLA** - Musik für lebendiges Lernen. Handbuch und Musikset. (Jünger) Offenbach, 1993

Naturgeräusche, „**Voices of the earth**“, Verlag Zweitausendeins, CD Nr. 22586

Musik zum **Entspannen und Träumen**, Vol. 1 – 3, Bell-Records

Abb.: W-9

spannungszustände herbeiführen oder begleiten, so ist es wichtig, ruhig fließende Stücke mit einem gleichmäßigen Rhythmus in langsamem Tempo von sanfter Klangfarbe auszuwählen, deren Wirkung zusammen mit bewusster Bauchatmung unsere Pulsfrequenz auf 60 bis 70 senken kann – den Entspannungspuls. Geeignet ist klassische Musik, z. B. des Barock – ein Largo oder Adagio von Albinoni, Bach, Corelli, Grieg, Tschaikowsky, Vivaldi – bzw. Meditationsmusik – z. B. Meeresrauschen, „Voices of the earth“ – die es in verschiedensten Zusammenstellungen gibt (◁ Abb. W-9).
Zur Entspannung können wir nach einer ca. 60-minütigen Arbeitsphase eine bequeme Sitzposition suchen, den Atem tiefer werden lassen, bewusst in den Bauch atmen, Schultergürtel und Nacken loslassen, die Augen schließen und drei Minuten dem Rauschen des Meeres zuhören oder 6 Minuten lang dem Klavierkonzert A-Moll Op. 16 von Edvard Grieg lauschen, dabei den Atem tiefer und ruhiger werden lassen. Wir fühlen vor Beginn der Übung und am Ende unsere Pulsfrequenz, bemerken den Unterschied und registrieren bewusst die wohltuende Wirkung des Loslassen-Könnens. Vielleicht notieren wir uns Bilder, Eindrücke, Einfälle, kleine Visionen, die mit der Musik kamen und gingen, um sie im Anschluss oder später auszutauschen.

5. Atmung und Stimme

Unsere Stimme verrät ebenso wie unsere Atmung viel über unseren inneren Zustand, unsere Stimmung, den Zustand von Anspannung, Verspannung oder Entspannung, ruhiger Gelöstheit, in dem wir uns befinden. Flache Atmung oder angehaltener Atem verrät Anspannung und Stress. Zudem wird das Gehirn nicht ausreichend mit Sauerstoff versorgt, was seine Leistungsfähigkeit mindert. Tiefe rhythmische Bauchatmung fördert die Sauerstoffversorgung, unterstützt die Gehirntätigkeit, beruhigt. Selbst tiefe Seufzer und „Stöhner“, zu denen wir die Teilnehmerinnen und Teilnehmer während einer anstrengenden Arbeitsphase auffordern können, bauen Anspannung mit der Atmung ab.

Abb.: W-10

Wenn Sie die Fantasie auf Reisen schicken wollen:

Krowatschek, D.:
Mit dem Zauberteppich unterwegs,
Lichtenau 1998.

Müller, E.:
Du spürst unter deinen Füßen das Gras,
Frankfurt/M. 1988.

Abb.: W-11

a) Impulskreis

Alle Teilnehmerinnen und Teilnehmer stehen im Kreis, mit sicherem Stand auf der Erde bei leicht geöffneten Füßen. Es wird zunächst nur der Impuls-Mechanismus und die Reaktionsschnelligkeit trainiert, indem ein „Ha" an den rechten Nachbarn weitergegeben wird, dieser muss das „Ha" ebenfalls sofort, ohne Verzögerung an den rechten Nachbarn weitergeben. Wenn der Impuls-Mechanismus beim Aufnehmen und unverzögerten Weitergeben des „Ha" funktioniert, so verändern wir das „Ha": es kann laut, leise, weich, ärgerlich, skeptisch, fragend vom Impulsgeber gesendet werden.
Wir können die Übung zur Einstimmung auf eine anschließende Gruppenarbeitsphase verwenden, zum Aufbau von Konzentration und Aufmerksamkeit in der Gruppe.

b) Ja/Nein (ca. 3 Min)

Alle Teilnehmerinnen und Teilnehmer suchen sich einen ähnlich großen Partner bzw. eine ähnlich große Partnerin und finden gemeinsam einen Platz im Raum, der ca. 2 m Bewegungsraum bietet. Die Partner stellen sich gegenüber und legen fest, wer „Jasager" und „Neinsager" ist. Nach ein oder zwei Minuten wechseln die Rollen. Ziel ist es, durch die Intonation des Ja und Nein – laut, energisch, schmeichelnd, überredend, leise, gefährlich etc. – den anderen zu überzeugen. Wir können auch alle Register der Körpersprache zu Hilfe nehmen, wenn wir wollen. Gesprochen wird aber jeweils nur das Wort „Ja" oder „Nein" (◁ Abb. W-10). Diese Übung baut sehr wirksam Aggressionen ab und lässt die Kraft unserer Stimme deutlich werden. Sie zeigt uns die Wirksamkeit der Körpersprache, spielt mit unserem „Durchsetzungsvermögen" und wirkt bei vollem Einsatz während der Übung so spannungsabbauend wie 30 Minuten Lauftraining. **EB**

Literatur

HANNAFORD, C.: *Bewegung – das Tor zum Lernen, Lichtenau XXX.*
KRAGH, E.: *Yoga in der Schule, Lichtenau 1997.*

Wo kämen wir hin, wenn alle sagten „wo kämen wir hin?“ und keiner ginge um zu sehen, wohin wir kämen, wenn wir gingen.	Aus einer Kursdokumentation von Gerhard Regenthal

Abb.: X-1

X. Kursergebnisse und Dokumentation

1. Ergebnisse für die Kursleitung

Die gesammelten Ergebnisse einer Veranstaltungen geben denjenigen, die den Kurs oder das Seminar veranstaltet haben, wichtige Aufschlüsse über Ablauf und Erfolg. Die Auswertung der Kursergebnisse (Protokolle, Wandzeitungen, Fotos, Charts) ist somit ein Bestandteil des Evaluationsprozesses (☞ Z. Evaluation und Rückmeldung). Darüber hinaus können die dokumentierten Ergebnisse noch weiteren Zwecken dienen:

- In den Kursergebnissen findet sich die geballte Kreativität und der Ideenreichtum einer Gruppe von Menschen. Häufig lassen sich daraus wichtige Einsichten, originelle Ideen und kreative Vorschläge entnehmen, welche die eigene Arbeit bereichern können (◁ Abb. X-1).
- Wenn Sie mit der selben Gruppe einen weiteren Kurs durchführen, dient das erarbeitete Material als vertraute Ausgangsbasis für die nächsten Arbeitsschritte. Es zeigt, wie weit die Gruppe war, und erleichtert den inhaltlichen Einstieg.
- In neuen Kursen mit einem anderen Teilnehmerkreis kann das Material zur Anregung und Illustration der Arbeit eingesetzt werden. Jeder kann sehen, was möglich und machbar ist. In diesem Fall darf das Material allerdings nicht perfekt gestaltet sein, weil das eher entmutigend wirkt.

Archivieren Sie die dokumentierten Kursergebnisse der von Ihnen veranstalteten Kurse und Seminare. Auf diese Weise haben Sie immer eine Rückgriffsmöglichkeit zu den einzelnen Aspekten der von Ihnen gestalteten Aktivitäten.

2. Ergebnisse für die Teilnehmerinnen und Teilnehmer

Fort- und Weiterbildungsveranstaltungen umfassen relativ kurze Zeitspannen, in denen sich sehr viel Neues für die Teilnehmerinnen und Teilnehmer abspielt. In komprimierter Form werden sie mit neuen Inhalten, anderen Methoden und unbekannten Menschen konfrontiert. Ein Teil der neuen Erfahrungen wird erst nach dem Ablauf des Kurses verarbeitet. Dabei bieten die dokumentierten

Teilnahmebescheinigung

Frau/Herr ______________________________ hat an dem Weiterbildungskurs 2-98

„Corporate Identity für Non-Profit-Organisationen"

vom 27. Juli - 30. Juli 1998 im Bildungszentrum Hannover – Mitte teilgenommen.

Sie/er hat Kursgebühren in Höhe von 580 DM entrichtet.

Anreise, Unterkunft und Verpflegung wurden von den Teilnehmern selbst getragen.

CI-Akademie	Hackelkamp 9 38110 Braunschweig T./F.: 05307-35 60	Datum	Unterschrift der Kursleitung

Abb.: X-2

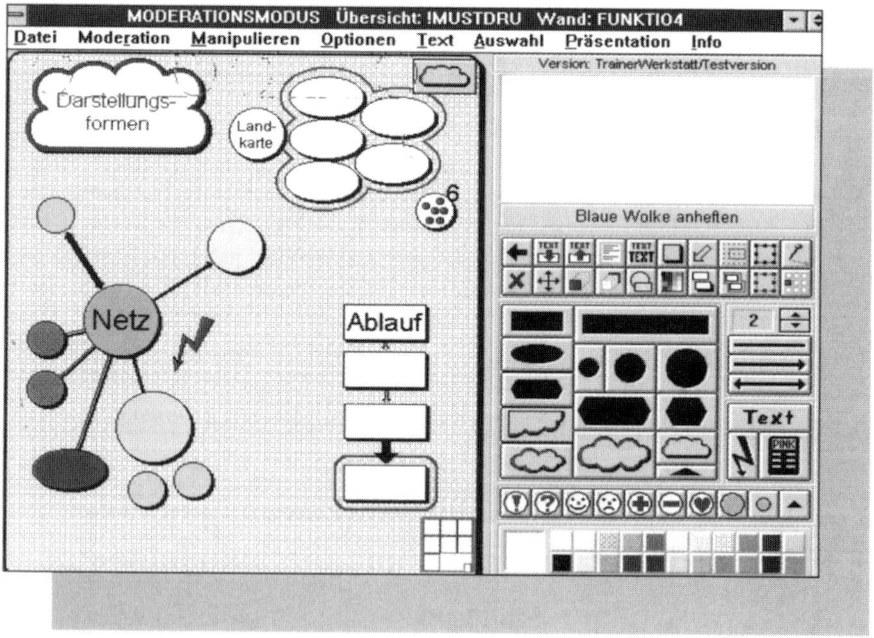

Abb.: X-3

Kursergebnisse eine große Hilfe. Anhand dieses Materials lassen sich Lernprozesse nachvollziehen und Ergebnisse mit zeitlichem Abstand reflektieren.
Eine weitere wichtige Funktion erfüllen Kursergebnisse bei der Befriedigung des Anspruchs, „etwas mit nach Hause nehmen“ zu wollen. Dokumentierte Kursergebnisse belegen, dass die Veranstaltung „etwas gebracht hat“ und dienen der Rechtfertigung des Kursbesuchs, die ein Teilnehmer für sich selbst oder gegenüber anderen (z. B. Kollegen oder Vorgesetzten) vornimmt. Auch wenn Ihnen dieses Argument als aufgesetzt erscheint, sollte Ihnen klar sein, dass dieser Anspruch bei vielen Teilnehmerinnen oder Teilnehmern vorhanden ist und eine gewisse Befriedigung erfahren sollte.

3. Inhalte der Dokumentation

Damit die Dokumentation zu einer echte Hilfe für die Nachbearbeitung und Auswertung der Veranstaltung wird, sollten folgende Inhalte aufgenommen werden:

- Programm bzw. Kursablauf
- Teilnehmerliste
- Referentenverzeichnis
- Thesenpapiere der Referenten
- Kopien ausgewählter Folien oder Übersichten
- Arbeitsergebnisse der Gruppen
- Im Seminarverlauf entstandene Charts oder Übersichten
- Bezugsquellen für vorgestellte bzw. empfohlene Materialien/Medien
- Teilnahmebescheinigung (◁ Abb. X-2)

Wichtige Ergebnisse, die großflächig erarbeitet wurden (z. B. Charts), können Sie fotografieren oder mit einem Grafikprogramm nachzeichnen (◁ Abb. X-3). Es gibt auch entsprechend kostspielige Tafeln, die mit einer Kopiereinrichtung versehen sind und Ablichtungen im A4-Format ausspucken (☞ Abb. H-6).
Stellen Sie dem gesammelten Material ein übersichtliches Verzeichnis voran, das die Orientierung erleichtert. Es kommt bei der Dokumentation nicht auf den Umfang, sondern auf den Informationsgehalt und den schnellen Zugriff an. Deshalb gilt auch hier der Grundsatz „Weniger ist häufig mehr!“

Tipps zur Kursdokumentation

Wie Sie Ihr Kursmaterial bei mehrtägigen Veranstaltungen aktuell und trotzdem blitzschnell erstellen!

Erkundigen Sie sich vorher, ob es in der Nähe des Veranstaltungsortes einen „Blitzdruck“ oder ein Kopiergeschäft mit Eilzustellung gibt und bestellen Sie dort einen Eilauftrag für den letzten Kurstag vor.

Bereiten Sie die Unterlagen für die Kursdokumentation schon zu Hause vor: Fertigen Sie das Deckblatt an, erstellen Sie eine Inhaltsübersicht und alle Seiten, die Sie schon vorbereiten können.
Wenn Sie vor Ort keinen PC nutzen können, nehmen Sie einige Blätter mit Ihrer Kopfzeile mit.
Am Abend vor Kursende stellen Sie das Kursmaterial zusammen: entweder mit der Hilfe eines PC, oder Sie kleben die Ergebnisse in die vorbereiteten Seiten ein.
Stellen Sie sicher, dass die Druckvorlage am nächsten Morgen rechtzeitig beim Kopierdienst eingeht.
Zwei Stunden später liefert der Kopierdienst die fertigen Exemplare, abgeheftet in die Mappe mit der vereinbarten Farbe.
Die Teilnehmerinnen und Teilnehmer erhalten die Kursdokumentation im Anschluss an das Back home und müssen nicht darauf warten. Sie sparen Porto und haben nach dem Kursabschluss den Kopf frei für neue Aufgaben!

Abb.: X-4

4. Form und Gestaltung der Dokumentation

Auch bei einer Kursdokumentation stehen Form und Inhalt in einem Wechselverhältnis zueinander. Ist der Inhalt dürftig, kann auch die Form nicht mehr viel retten. Aber der beste Inhalt nützt nichts, wenn eine schlechte Form den Zugang zu ihm erschwert.

Überprüfen Sie im Hinblick auf Ihre Zielgruppe, welche der folgenden zehn Gebote zu berücksichtigen sind:

- Fertigen Sie saubere und kontrastreiche Kopie- bzw. Druckvorlagen an.
- Fügen Sie auf allen Blättern Kopf- oder Fußzeile mit Seitenzahl und Ihrem Logo ein.
- Achten Sie auf Rechtschreibung und Zeichensetzung (besonders bei von Ihnen verfassten Texten).
- Vermeiden Sie Seiten mit „Bleiwüsten", lockern Sie längere Textabschnitte mit Abbildungen und Übersichten auf (Visualisierung).
- Gliedern Sie die Hauptabschnitte des Materials optisch gut erkennbar.
- Versehen Sie die Dokumentation mit Deckblatt und Inhaltsverzeichnis.
- Lassen Sie die Dokumentation so heften oder einmappen, dass einzelne Blätter herausgenommen werden können.
- Bedanken Sie sich in einem kurzen Anschreiben für die Teilnahme und die Mitarbeit an der Veranstaltung.
- Fügen Sie der Dokumentation Ihre Karte bei.
- Geben Sie die Dokumentation zum Kursende aus oder versenden Sie diese, so schnell es geht (◁ Abb. X-4).

Die Kursdokumentation ist eine Visitenkarte Ihrer Veranstaltungstätigkeit und damit ein wichtiger Bestandteil des Kursmarketing (☞ B. Zielgruppen und Kursmarketing). Deshalb sollten die nächsten Kursangebote mit Termin, Ort und Vorschau angekündigt werden. Unter diesem Gesichtspunkt ist es positiv, wenn die Unterlagen weitergegeben (und auch kopiert) werden. Wollen Sie jedoch vermeiden, dass dabei Ihr geistiges Eigentum ohne Herkunftsbezeichnung vervielfältigt wird, so sollten Sie einen Copyright-Vermerk (◁ Abb. X-4) in jede selbst gestaltete Seite einbauen. **HL-GR**

Bildkartenübung

Die letzte Sequenz eines Seminars sollte die emotionale und die kognitive Ebene der Teilnehmerinnen und Teilnehmer ansprechen. Dies kann mit Bildkarten oder mit verschiedenen Gegenständen erreicht werden. Mit deren Hilfe erhält die Gruppe ein Feedback darüber, was der einzelnen Teilnehmerin bzw. dem einzelnen Teilnehmer gefehlt hat, was ihr bzw. ihm gefallen hat und was für die künftige Arbeit hilfreich ist.

Die Teilnehmerinnen und Teilnehmer verlassen den Raum. Ein offener Stuhlkreis wird vom Kursleitungsteam aufgebaut. Die Anzahl der Stühle entspricht der der Teilnehmerinnen und Teilnehmer einschließlich der Kursleitungsmitglieder. In der Mitte des Stuhlkreises liegen auf einer Papier- oder Stofftischdecke gleichmäßig verteilt Bildkarten (Fotografien, Drucke, Tarotkarten usw.) oder verschiedene Gegenstände. Der Raum ist von leiser Entspannungsmusik erfüllt, Duftlampen verbreiten den aus der Eröffnungsphase (☞ J. Empfang und Eröffnung) bekannten Duft. Die Teilnehmerinnen und Teilnehmer werden nun in den Seminarraum gebeten. Sie gehen langsam nacheinander im Kreis um die ausgelegten Bildkarten oder Gegenstände. Ihre Aufgabe - sie muss vom Kursleitungsteam angesagt werden - ist es, sich eine Karte oder einen Gegenstand, die bzw. der ihnen gefällt, aufzunehmen und sich dann auf einen der Stühle im Stuhlkreis zu setzen. Auch das Kursleitungsteam nimmt an der Übung teil. Wenn alle Platz genommen haben, wird wie folgt verfahren:

Ein Mitglied des Kursleitungsteams bittet eine Teilnehmerin bzw. einen Teilnehmer zu beginnen. Die Reihenfolge, in der das Feedback begonnen und gegeben wird, ist freiwillig. Es ist hilfreich, die folgenden Fragen, zu denen die Gruppenmitglieder Stellung nehmen können, auf Plakaten zu visualisieren.

1. *Warum habe ich diese Bildkarte bzw. diesen Gegenstand gewählt?*
2. *Was hat mir in diesem Kurs gefehlt?*
3. *Was hat mir in diesem Kurs gefallen?*
4. *Was nehme ich aus diesem Kurs mit?*

?

Die erste Frage ermöglicht es, etwas über sich selbst, über die eigenen Gefühle und Gedanken zu sagen. Dabei dient die Karte bzw. der Gegenstand als Anker für die Selbstoffenbarung. Wie weit sich ein Gruppenmitglied öffnen möchte, entscheidet es selbst. Über den Sinn der anderen Fragen finden Sie einige Ausführungen im Informationsteil dieses Kapitels.

Abb.: Y-1

Y. Abschluss und Back home

1. Erleben und verstärken

Der Abschluss eines erfolgreichen Seminars ist ein wichtiger Bestandteil der gesamten Kursdramaturgie. Ebenso, wie sich die Teilnehmerinnen und Teilnehmer von Beginn an wohl fühlen sollen, ist es am Ende einer Seminarveranstaltung, nachdem die Kursergebnisse vorliegen und dokumentiert sind (☞ X. Kursergebnisse und Dokumentation), wichtig, einen „runden" Abschluss des Seminars zu gestalten. Die Ergebnisse, die Spannung und das sich Wohlfühlen während eines Kurses werden in dieser letzten Phase noch einmal erlebt und verstärkt. Dadurch eröffnen sich für die Teilnehmerinnen und Teilnehmer Möglichkeiten, das im Seminar Erlernte länger präsent zu haben, es leichter anzuwenden und es motivierter an andere Menschen weitergeben zu können.

2. Back home

Häufig kranken Lernveranstaltungen daran, dass zwar sehr viel Neues und auch für die Berufsausübung Wichtiges erlernt wird, die Lernenden aber im Seminar nur wenig auf die Umsetzung der neuen Inhalte vorbereitet werden. Hierzu kann eine gut geplante Abschlussphase beitragen. Sie soll allen am Seminargeschehen Beteiligten, also auch dem Kursleitungsteam, Gelegenheit geben, in einem stilvollen Rahmen noch einmal das Seminargeschehen zu reflektieren. (◁ Abb. Y-1). Ausserdem können in dem Feedback Vorstellungen darüber entwickelt werden, welche Seminarinhalte für die bzw. den Einzelnen im Hinblick auf die eigene Arbeitssituation wichtig sind und auch dort eingebracht werden sollen. Diese gezielt gedankliche Auseinandersetzung wirkt vorbereitend auf die Realsituation und strukturiert die erlernten Seminarinhalte nach deren individueller Wichtigkeit für die einzelne Person. Eine solche emotional kognitve Vorbereitung der Teilnehmerinnen und Teilnehmer auf die Realsituation „zu Hause" wird als Back home bezeichnet. Sie ist Bestandteil des Abschlusses.

Abb.: Y-2

Blumenübung

Das Kursleitungsteam fertigt drei Scheiben aus unterschiedlich farbiger Pappe an, die einen Durchmesser von etwa 30 cm haben. Diese Scheiben entsprechen dem Mittelpunkt einer Blüte, auf dem jeweils eine Frage geschrieben steht. Die Fragen können lauten: Was hat mir gefehlt? Was hat mir gefallen? Was nehme ich mit? Dazu fertigen die Teilnehmerinnen und Teilnehmer ebenfalls aus Pappe die „Blütenblätter" an, auf die Sie Ihre Antworten auf die jeweilige Frage schreiben. In der Gesamtgruppe trägt anschließend jedes Gruppenmitglied seine Antworten vor, kommentiert sie gegebenenfalls und legt dann sein Blütenblatt an die entsprechende Blüte.

Diese Übung eignet sich nur für kleinere Gruppen von 12 bis 15 Mitgliedern.

Abb.: Y-3

3. Abschluss

Der Begriff Abschluss umfasst hier das Gesamtarrangement der letzten Sequenz eines Seminars. Dazu gehören unter anderen:

a) die Auswahl der Art und Weise des Abschlusses
b) die Gestaltung des Seminarraums
c) die Abschlussfragen, die gestellt werden sollen
d) die Schlussübung

Als erstes müssen Sie eine Entscheidung darüber treffen, wie Sie den Abschluss gestalten wollen. Das wird sowohl vom den Teilnehmerinnen und Teilnehmern als auch vom Kursthema abhängen. Soll der Abschluss ausschließlich auf der kognitiven Ebene ablaufen oder sollen mehr oder weniger emotionale Anteile enthalten sein? Eine generelle Antwort auf diese Frage gibt es nicht. Die hier aufgezeigten Beispiele beziehen alle gefühlsbetonte Aspekte mit ein.
Hinweise zur Gestaltung des Seminarraums finden Sie im Kapitel (☞ J. Empfang und Eröffnung. Die nebenstehende Abbildung (◁ Abb. Y-2) vermittelt einen Eindruck, wie das Arrangement aussehen kann.
Ein wichtiger Baustein für die Abschlussrunde eines Seminars sind die Fragen, auf die alle Beteiligten eingehen sollen (aber nicht müssen). Es ist Aufgabe des Kursleitungsteams oder einer Vorbereitungsgruppe, die aus Teilnehmerinnen und Teilnehmern bestehen kann, die Fragen exakt zu formulieren. Dabei wird das Kursleitungsteam in der Regel mitwirken. Diese Fragen sollen noch einmal eine kurze Evaluation ermöglichen, aber auch im bereits beschriebenen Sinne des Back home zukunftsgerichtete Elemente enthalten. Ich habe mit den Fragen der Beispiele auf den nebenstehenden Seite gute Erfahrungen gesammelt (◁ Abb. Y-3).
Ein wichtiger Aspekt dieser Fragen ist die Reihenfolge, in der sie beantwortet werden sollten. Als Voraussetzung für positives, in die Zukunft gerichtetes Arbeiten sollen zuerst Störungen, also negative Eindrücke, offen geäußert werden können. Deshalb muss die Möglichkeit zur Kritik an erster Stelle stehen. Danach bietet es sich an, auf positive Eindrücke einzugehen und letztendlich das zukünftige eigene Verhalten in der Praxis vorwegzunehmen. Für die Beantwortung der Fragen im Sinne eines Feedbacks bieten sich in modifizierter Form die Regeln für das Blitzlicht an (☞ N. Gruppenbildung und Gruppenarbeit). Nur wenn diese Regeln gelten und die Beteiligten die Gewissheit haben, dass ihre Wortbeiträge nicht unterbrochen und kritisiert werden, kann sich Offenheit weitestgehend entwickeln. Diese Offenheit zwischen den Teilnehmerinnen und Teilnehmern auf der einen und dem Kursleitungsteam auf der anderen Seite erlaubt es später in der Praxis, bei auftretenden Anliegen den Kontakt leicht wieder herzustellen. Man ist miteinander vertraut. Die Gruppe kann sich so auch künftig gegenseitig stützen und helfen. Möglicherweise ist ein Wir-Gefühl entstanden.

Abschlusskreis

Alle Teilnehmerinnen und Teilnehmer eines Seminars stehen im Kreis Schulter an Schulter. Sie legen Ihre beiden Arme auf die Schultern des jeweils rechten und linken Nachbarn. Ein Kursleitungsmitglied bittet um Ruhe und Konzentration auf den Boden in der Mitte des Kreises. Es ist auch denkbar, dass alle Gruppenmitglieder die Augen schließen. Nach einiger Zeit gemeinsamer Ruhe, bedankt sich ein Kursleitungsmitglied bei den Teilnehmerinnen und Teilnehmern dieses Kurses für ihre Mitarbeit, wünscht einen guten Heimweg und bringt die Hoffnung zum Ausdruck, dass die Kraft dieser Gruppe die Arbeit daheim noch möglichst lange weiter tragen werde. Anschließend wird der Kreis schweigend aufgelöst.

Abb.: Y-4

Bravo

Die Gruppenmitglieder stehen im Kreis. Ein Kursleitungsmitglied beginnt laut „Brrr" zu sagen. Dies wird von dem rechts daneben stehenden Gruppenmitglied aufgenommen usw. bis die gesamte Gruppe „Brrr" sagt. Als Höhepunkt wird nun bei allen abschließend aus dem „Brrr" das Wort „Bravo", dass alle zugleich laut rufen und in die Höhe springen.

Abb.: Y-5

Eine Schlussübung soll das Gemeinsame, das Wir-Gefühl der Gruppe, noch einmal erleben lassen. Die Kraft dieses Wir-Gefühls kann den Teilnehmerinnen und Teilnehmern helfen, die sich aus den Seminarinhalten ergebenden Konsequenzen in der Zukunft zu meistern. In diesem Sinne ist die Schlussübung auch Bestandteil des Back home. Zwei einfache Beispiele für solche Schlussübungen sind der Abschlusskreis (◁ Abb. Y-4) und „Bravo" (◁ Abb. Y-5). Die Auswahl der Schlussübung erfordert vom Kursleitungsteam viel Einfühlungsvermögen in die Struktur, die Stimmung und die Bedürfnisse der Seminargruppe. Eine endgültige Entscheidung, welche Schlussübung durchgeführt werden soll, kann häufig erst gegen Ende des Kurses getroffen werden, weil dann die Gruppe bekannt ist. Ziel muss es sein, das Seminar mit einem positiven Erlebnis enden zu lassen.

PV

LITERATUR

REINERS, A.: *Praktische Erlebnispädagogik, 3. Auflage, München 1993.*

SCHWÄBISCH/SIEMS: *Anleitung zum sozialen Lernen für Paare, Gruppen und Erzieher, Reinbek bei Hamburg 1989.*

SKILL-AUTORENTEAM: *Kreativ lehren und Lernen, Offenbach 1995.*

ULSAMER, B.: *NLP in Seminaren, Bremen 1994.*

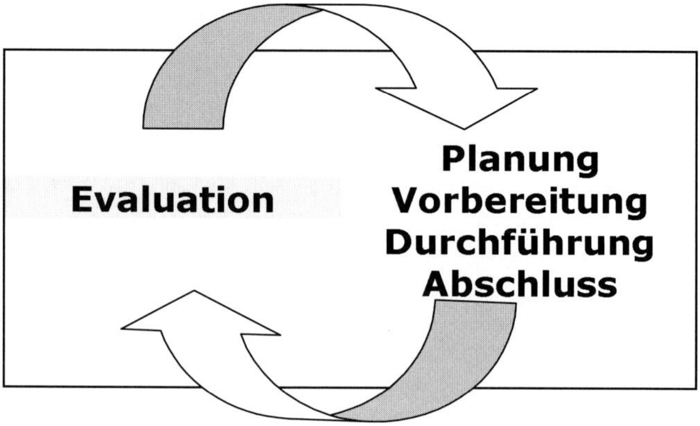

Abb.: Z-1

Begleitende Evaluation	
mündlich	schriftlich
Blitzlicht	Kursthermometer Matrix/Punkteraster
Abschließende Evaluation	
mündlich	schriftlich
Bildkartenrunde im Rahmen des Back home Moderierte Evaluationsrunde	Fragebogen Polaritätsprofil Kursbilanz (aus Kartenabfrage)

Abb.: Z-2

Z. Evaluation und Rückmeldung

1. Sinn und Zweck von Evaluation

Evaluation ist die Einschätzung und Bewertung von Lehr-/Lernarrangements durch die Adressaten. Sie soll es denjenigen, welche die Maßnahme geplant und durchgeführt haben, ermöglichen, Schwächen und Verbesserungsmöglichkeiten zu erkennen, um diese bei erneuten Durchläufen berücksichtigen zu können (◁ Abb. Z-1).

Evaluation trägt somit bei zur

- Verbesserung der Planung von Veranstaltungen,
- Vermeidung von Fehlern, die bereits einmal gemacht wurden,
- ständigen Fortschreibung von Kursprogrammen,
- Anpassung an neue Rahmenbedingungen,
- realistischen Einschätzung des Potenzials der Kursleitung.

Grundsätzlich kann jeder einzelne Aspekt eines Kurses oder Seminars evaluiert werden. Evaluation sollte jedoch ökonomisch und zielgerichtet durchgeführt werden: d. h. nur so viel, wie nötig, und nur das, was sinnvoll ist. Dazu haben Sie mehrere Möglichkeiten, die in der Übersicht (◁ Abb. Z-2) dargestellt sind. Für die Durchführung von Kursen und Seminaren hat die begleitende Evaluation einen genau so hohen Stellenwert wie die abschließende Evaluation.

2. Begleitende Evaluation

Die kursbegleitende Evaluation ist darauf ausgerichtet, Einstellungen und Stimmungen der Teilnehmerinnen und Teilnehmer während der Veranstaltung festzustellen, um unmittelbar darauf reagieren zu können. So ist es z. B. zweckmäßig, die Stimmung im Kurs nach Ablauf des ersten Tages zu erfassen, um zu sehen, inwieweit Warming up-Übungen (☞ K. Warming up und Einstimmung) oder Wellnessangebote (☞ W. Wellness und Entspannung) für den Teilnehmerkreis notwendig und förderlich sind. Häufig konzentriert sich Unzufriedenheit auch nur bei einzelnen Personen, denen mit persönlicher Zuwendung in einem Einzelgespräch geholfen werden kann.

Wie hat Ihnen mein Vortrag gefallen?

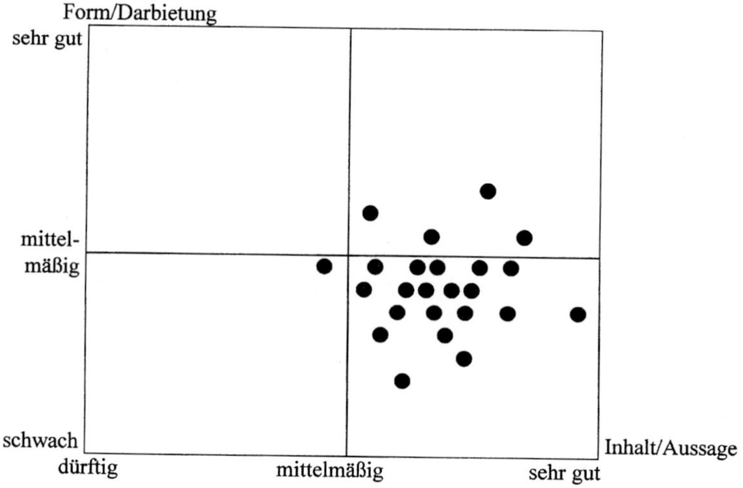

Abb.: Z-3

Gütekriterien von Erhebungen

Validität	Die Validität gibt an, wie gut die Erhebung die Funktion erfüllt, für die sie eingesetzt wird (Gültigkeit). *Die Frage „Wie haben Sie sich während des Kurses gefühlt?“ ist nicht geeignet, das Bemühen der Kursleitung um eine gute Kursatmosphäre zu evaluieren, da das subjektive Wohlbefinden durch Zahnschmerzen, Liebeskummer, einen Kater oder ähnliche externe Einflüsse beeinträchtigt werden kann.*
Reliabilität	Die Reliabilität bezieht sich auf die Genauigkeit und Treffsicherheit der Erhebung (Zuverlässigkeit). *Decken die Urteile über die Unterbringung der Teilnehmer, die bei allen gleich war, alle Stufen von „ungenügend“ bis „sehr gut“ ab, so ist die Erhebung als Messung unreliabel, weil sie offensichtlich unzuverlässige Ergebnisse produziert.*
Objektivität	Die Objektivität bezieht sich darauf, inwieweit die Ergebnisse einer Erhebung vom Untersuchenden unabhängig sind. *In einem Rundgespräch, in dem die Kursleitung die Teilnehmer fragt, wie ihnen die Kursgestaltung durch das Team gefallen hat, ist es unmöglich Ergebnisse zu erzielen, die Objektivität beanspruchen können. Dasselbe gilt für Erhebungen, bei denen Bewertungen öffentlich abgegeben werden.*

Abb.: Z-4

Die generelle Stimmung oder Kursatmosphäre lässt sich sehr schnell und im wahrsten Sinne des Wortes „im Vorbeigehen" erfassen, wenn ein Kursthermometer ausgehängt wird, in dem alle, die den Raum verlassen, ihre Befindlichkeit auf einer Skala markieren (◁ Abb. C-3). Dabei wird das anonyme Gesamturteil der Gruppe zu einer Dimension des Geschehens erfasst.
Zu einer differenzierteren Evaluation kann man durch den Einsatz einer Matrix in der Form eines Punkterasters kommen. Hierdurch lässt sich wiederum ein anonymes Gesamturteil zu zwei Dimensionen einer Maßnahme erfassen, z. B. zu der inhaltlichen Qualität und der methodischen Vielfalt eines Vortrags (◁ Abb. Z-3). Die Abbildung gibt darüber Aufschluss, dass der Inhalt des Vortrages als gut eingeschätzt wurde, die Art der Darbietung aber bei den meisten Teilnehmern nicht ankam.
Eine Erfassung von persönlichen Meinungen kann durch die Einführung des Blitzlichtes (☞ Abb. M-3/4) erreicht werden. Auf diese Weise können einzelne Personen, die besonders unzufrieden sind oder ein spezielles Anliegen haben, erfasst werden. Es ist wichtig, solche Problemfälle zu ermitteln und darauf zu reagieren, weil diese Personen potenzielle Störfaktoren für eine Veranstaltung darstellen (☞ V. Arbeitsdisziplin und Verlässlichkeit).

3. Abschließende Evaluation

Die abschließende Evaluation sollte bereits vor Kursbeginn geplant und in die Abschlussphase eingebaut werden. Durch mündliche Evaluationsformen erhält das Leitungsteam eine persönliche und subjektive Rückmeldung, die jedoch nicht dem Kriterium der Objektivität entsprechen (◁ Abb. Z-4). Bei einer Bildkartenübung im Rahmen des Back home (☞ Y. Abschluss und Back home) zentrieren sich die Äußerungen um die Punkte, die von den einzelnen Teilnehmerinnen und Teilnehmern als bedeutsam wahrgenommen und empfunden wurden. Bei einer durch die Kursleitung moderierten Gesprächsrunde können dagegen ganz bestimmte Aspekte gezielt angesprochen werden, um wertende Kommentare von allen aus dem Teilnehmerkreis zu erhalten. Damit die geäußerten Urteile und Bewertungen verwertet werden können, ist es notwendig, dass ein Mitglied des Leitungsteams diese protokolliert.

Wir bitten Sie um Ihre Beurteilung!			
Bitte geben Sie jedem der angeführten Punkte eine Note von 1 (sehr gut) bis 6 (ungenügend).			
Tagungsstätte:		**Bildungsmaßnahmen:**	
Unterbringung	☐	Referate	☐
Mahlzeiten	☐	Gruppenarbeit	☐
Freizeitmöglichkeiten	☐	Videotraining	☐
		Persönl. Lernerfolg	☐
Kursatmosphäre:			
Rahmenprogramm	☐	**Leitungsteam:**	
Zusammenarbeit	☐	Leitung des Kurses	☐
Kursklima	☐	Gruppen-Betreuung	☐

Abb.: Z-5

Wir bitten Sie um Ihr Urteil!
Markieren Sie Ihr Urteil mit einem Kreuz auf der Skala!

1. Kurseröffnung und Warming up

--	-	0	+	++

2. Lernspiele mit Frau Harms und Herrn Gruber

--	-	0	+	++

3. Referat von Herrn Dr. Weiß

--	-	0	+	++

4. Videotraining von Frau Köhler

--	-	0	+	++

5. Qualität der Gruppenarbeit

--	-	0	+	++

6. Präsentation der Gruppenergebnisse

--	-	0	+	++

7. Abschluss und Back home

--	-	0	+	++

8. Mein persönlicher Lernzuwachs

--	-	0	+	++

Abb.: Z-6

Bei den schriftlichen Evaluationsformen haben sich drei Verfahren bewährt, die sich hinsichtlich der Dauer, der Aussagekraft und der Vorbereitung unterscheiden. Wählen Sie jeweils die Form aus, die das erfragt, was für Sie von Bedeutung ist.

a) Mit dem **Fragebogen** erheben Sie Urteile zu von Ihnen vorgegebenen Kriterien. Der Einsatz eines Fragebogens ist relativ aufwendig, da sowohl die Erstellung als auch die Auswertung Zeit erfordern. Dafür erhalten Sie ein Ergebnis, das relativ zuverlässig und differenziert ist. Aus dem Beispiel wird ersichtlich, welche Punkte erfragt werden sollten (◁ Abb. Z-5). Zu einzelnen Referenten oder Arbeitsformen können weiter differenzierende Urteile erfragt werden.

b) Durch das **Polaritätsprofil** erhalten Sie ein skaliertes Urteil zu einer begrenzten Zahl von Kriterien in sehr kurzer Zeit. Die Profile werden als Flip-Chart aufgehängt und die Teilnehmerinnen und Teilnehmer geben ihr Urteil anhand einer entsprechenden Zahl von Klebepunkten oder Kreuzen ab (◁ Abb. Z-6).

c) Die **Kursbilanz** entsteht aus einer Kartenabfrage, bei der alle Teilnehmerinnen und Teilnehmer die Möglichkeit haben, ihre Kritik und Rückmeldung auf roten Karten (negativ) und grünen Karten (positiv) aufzuschreiben. Die Karten werden in Bilanzform angeheftet und geben Aufschluss durch das Verhältnis von positiven zu negativen Karten und durch die darauf angesprochenen Punkte.

4. Rückmeldung durch die Kursleitung

Nachdem Sie Ihre Teilnehmerinnen und Teilnehmer mehrfach veranlasst haben, Ihnen im Rahmen der begleitenden und abschließenden Evaluation Rückmeldung zu geben, sollten auch Sie ihnen eine Rückmeldung aus Ihrer Sicht geben. Bereits zwischendurch ist es wichtig, einzelnen Personen und Arbeitsgruppen für besondere Leistungen Lob auszusprechen und für gute Mitarbeit zu danken. Diese psychologische Bestärkung wirkt sich positiv auf das Arbeitsverhalten und die Kursatmosphäre aus.

Im Rahmen einer Abschlussbesprechung ist die Möglichkeit gegeben, intensiv Rückmeldung zu geben und auch einzelne Personen besonders anzusprechen.

Wir sagen Dank

- Ihnen, unseren Teilnehmerinnen und Teilnehmern. Sie haben sich auf unsere Ideen und Vorschläge eingelassen. Sie haben engagiert mitgearbeitet, eine ausdauernde Aktivität entwickelt und wunderbare Ergebnisse präsentiert. Sie haben alle dazu beigetragen, dass sich eine sehr angenehme Kursatmosphäre entwickelt hat. Es hat uns Spaß gemacht, mit Ihnen zu arbeiten.

- den Referenten und der Trainerin, die unsere Augen für etwas Neues geöffnet haben. Sie haben uns nicht belehrt, sondern Wege gezeigt, die auch wir gehen können. Der Beifall für die Beiträge war keine Pflichtübung, sondern kam von Herzen.

- an die Mitarbeiterinnen und Mitarbeiter der Tagungsstätte. Sie haben dafür gesorgt, dass wir uns rundherum wohl fühlen konnten. Die Mahlzeiten waren ein Genuss, die Technik hat gestimmt, und wir haben stets gefühlt, dass Sie um Ihre Gäste bemüht waren.

Ihr Leitungsteam

Abb.: Z-7

Für diesen Zweck können Ihnen die folgenden Formulierungsangebote Hilfestellung bieten:
Wir waren gern mit Ihnen im Kurs zusammen, weil …
- *Sie sich gruppendienlich verhalten haben,*
- *Sie viele positive Ideen eingebracht haben,*
- *Ihr Engagement immer erkennbar war,*
- *Sie zu einer positiven Kursatmosphäre beigetragen haben,*
- *Sie das Leitungsteam unterstützt haben,*
- *Sie sich Verdienste um das Rahmenprogramm erworben haben,*
- *Sie sich um die Integration neuer Teilnehmer bemüht haben,*
- *Sie stets verlässlich mitgearbeitet haben,*
- *von Ihnen entscheidende Impulse ausgingen,*
- *Sie Ruhe und Gelassenheit ausstrahlen,*
- *durch Ihre Beiträge Entscheidungen erleichtert wurden,*
- *Konflikte durch Ihr Eingreifen beseitigt werden konnten,*
- *Sie sich in kritischen Situationen besonnen gezeigt haben,*
- *Sie Fröhlichkeit ausstrahlen und vermitteln,*
- *wir von Ihnen akzeptable Kritik erhalten haben,*
- *Sie andere Teilnehmer wirkungsvoll unterstützt haben.*

Ein professionelles Verständnis von Fort- und Weiterbildung geht davon aus, dass die Veranstaltung eine Dienstleistung für die Teilnehmerinnen und Teilnehmer ist. Bedanken Sie sich deshalb abschließend für die Teilnahme und die Mitarbeit, am besten doppelt: bei der Verabschiedung mündlich/persönlich und im Begleitschreiben zu den dokumentierten Kursergebnissen schriftlich/allgemein (⊲ Abb. Z-7).
Die Leitung der Tagungsstätte und im Kurs aufgetretene Referenten haben vermutlich auch ein Interesse an einer Rückmeldung durch das Leitungsteam. Dabei können Sie sich auf die in der Evaluation erhobenen Beurteilungen stützen.
HL-GR

Literaturhinweise

1. Grundlagen des gehirngerechten Lernens
(Taschenbuchausgaben)

BIRKENBIHL, V. F.: *Stroh im Kopf? Gebrauchsanleitung fürs Gehirn. Speyer, 32. Aufl. 1997 (mvg-Taschenbuch).*

BUZAN, T.: *Kopftraining. Anleitung zum kreativen Denken, Tests und Übungen, München 1993 (Goldmann-Taschenbuch).*

2. Lerntechniken und Lernmethoden

BRÜHWILER, H.: *Methoden der ganzheitlichen Jugend- und Erwachsenenbildung. 2. Aufl., Opladen 1994.*

DECKER, F.: *Die neuen Methoden des Lernens und der Veränderung. Lern- und Organisationsentwicklung mit NLP, Kinesiologie und Mentalpädagogik, München und Lichtenau 1996.*

SKILL-AUTORENTEAM: *Kreativ lehren und lernen. 2. Aufl., Offenbach 1995.*

3. Moderations- und Präsentationsverfahren

KLEBERT, K., SCHRADER, E., STRAUB, W. G.: *KurzModeration. 2. Aufl., Hamburg 1987.*

SEIFERT, J. W.: *Visualisieren – Präsentieren – Moderieren. 4. Aufl., Speyer 1992.*

4. Bücher zu relevanten Themen

DIERICHS, J., HELMES, B., SCHRADER, E. UND STRAUB, W. G.: *Workbook. Ein Methoden-Angebot als Anleitung zum aktiven Gestalten von Lern- und Arbeitsprozessen in Gruppen, Hamburg 1992.*

REGENTHAL, G.: *Identität & Image. Praxishilfen für den Umgang mit Corporate Identity, 2. Aufl., Köln 1996.*

OBERMANN, C. UND SCHIEL, F. (HRSG): *Trainingspraxis. 22 erfolgreiche Seminare zu Vertriebstraining, Führung, Teambuilding, Unternehmensentwicklung, Köln 1997.*

PAWLOWSKI, K., LUNGERSHAUSEN, H. UND STÖCKER, F.: *Jetzt rede ich. Ein Spiel- und Trainingsbuch zur praktischen Rhetorik. 2. Aufl., Hannover 1995.*

SCHULZ VON THUN, F.: *Miteinander reden. Bd. 1 Störungen und Klärungen, Bd. 2 Stile, Werte und Persönlichkeitsentwicklung, Reinbek/Hamburg 1981/1989.*

WACK, O. G., DETLINGER, G. UND GROTHOFF, H.: *Kreativ sein kann jeder. Kreativitätstechniken für Leiter von Projektgruppen, Arbeitsteams, Workshops und von Seminaren, Hamburg 1993.*

5. Literatur mit (nicht ganz ernst zu nehmenden) Organisationshinweisen

BLOCH, A.: *Gesammelte Gründe, warum alles schiefgeht, was schiefgehen kann. Murphy's Gesetze in einem Band. 10. Aufl., München 1982.*

BREITENSTEIN, R.: *Nichts ist so einfach, wie es aussieht. Frankfurt/M. 1986.*

PARKINSON, C. N.: *Das Mañana-Gesetz, Reinbek 1973.*

PARKINSON, C. N.: *Parkinsons neues Gesetz, Reinbek 1984.*

PETER, L. J., HULL, R.: *Das Peter-Prinzip oder Die Hierarchie der Unfähigen. Reinbek 1970*

Autorin und Autoren

Elke Brunkenhövers (EB),
Dipl.-Hdl., ist Koordinatorin an einer berufsbildenden Schule in Northeim. Sie war Referentin im Niedersächsischen Kultusministerium und ist Autorin mehrerer Deutschbücher für berufsbildende Schulen.

Wilfried Kappher (WK),
ist Koordinator an einer gewerblichen Berufsschule in Hannover. Er hat Berufsschulklassen, Kollegien und gewerkschaftliche Gruppen in die Zukunftswerkstatt geführt und zu kreativer Arbeit angeleitet.

Helmut Lungershausen (HL),
Dr. univ. (H), ist Leiter einer kaufmännischen berufsbildenden Schule in Hannover. Seine Arbeitsschwerpunkte sind Warenlehre, Warenverkaufskunde und kreative Lernmethoden. Dazu hat er Bücher verfasst und Kursfolgen durchgeführt.

Thomas Mahlau (TM)
Theologe und Informatiker, hat sich nach der Tätigkeit als Referent in der kirchlichen Bildungsarbeit selbstständig gemacht und betreibt das Institut für berufliche Qualifizierung und Softwareanpassung (ibs) in Göttingen.

Gerhard Regenthal (GR)
ist Begründer und Leiter der CI-Akademie in Braunschweig. Er berät Unternehmen, Organisationen und Schulen und publiziert mit dem Schwerpunkt „Corporate Identity".

Michael Szewczyk (MS)
ist Leiter einer kaufmännischen Schule in Osnabrück. Er hat als Fachleiter Lehrer ausgebildet und hat Fachbücher für Wirtschaftslehre veröffentlicht.

Reinhold Thiel (RT)
Dipl.-Hdl., ist Lehrer und Fachberater für Wirtschaft in Trier. Seine Arbeitsschwerpunkte sind Fortbildungsveranstaltungen zum handlungsorientierten Lernen, die er in mehreren Bundesländern organisiert und durchführt.

Peter Voß (PV)
Dipl.-Hdl., ist Leiter einer berufsbildenden Schule in Hildesheim. Er engagiert sich für gehirngerechtes Lernen und vermittelt alternative Lernmethoden in Kursen und Seminaren. Er ist Autor mehrerer Fachbücher.

Danksagung

Wir bedanken uns bei allen Teilnehmerinnen und Teilnehmern unserer Kurse und Seminare. Von allen, mit denen wir im Laufe der Zeit gearbeitet, trainiert und gespielt haben, konnten wir viel lernen, aufnehmen und weiter verarbeiten.

Wir bedanken uns bei **Udo Rzadkowski,** dessen Auge und Kamera bei der Dokumentation hilfreich und nützlich waren, und bei **Fritz Stöcker,** der unermüdlich kreative Spielfelder für uns erschloss und organisierte.

Wir bedanken uns beim **Niedersächsischen Landesinstitut für Fortbildung und Weiterbildung im Schulwesen und Medienpädagogik (NLI)** in Hildesheim, beim Landesinstitut für Lehrerfortbildung, **Lehrerweiterbildung und Unterrichtsforschung von Sachsen-Anhalt (LISA)** in Halle und beim **Staatlichen Institut für Lehrerfort- und -weiterbildung Rheinland-Pfalz (SIL)** in Speyer für die Möglichkeit, in Kursen zu lernen und Erkenntnisse in Kursen zu vermitteln.

Wir bedanken uns bei allen, die uns bei der Arbeit an diesem Buch unterstützt haben, durch Fotos oder Materialien, durch Ideen oder Hilfestellung. Ohne diese Unterstützung wäre uns vieles schwerer gefallen.

Im Namen aller, die an diesem Buch mitgearbeitet haben,
Helmut Lungershausen

Stichwortverzeichnis